PUNIÇÃO E CIDADANIA

CONSELHO EDITORIAL
Ana Paula Torres Megiani
Eunice Ostrensky
Haroldo Ceravolo Sereza
Joana Monteleone
Maria Luiza Ferreira de Oliveira
Ruy Braga

PUNIÇÃO E CIDADANIA

Adolescentes e liberdade assistida na cidade de São Paulo

Liana de Paula

Copyright © 2017 Liana de Paula

Grafia atualizada segundo o Acordo Ortográfico da Língua Portuguesa de 1990, que entrou em vigor no Brasil em 2009.

Edição: Haroldo Ceravolo Sereza
Editora assistente: Danielly de Jesus Teles
Projeto gráfico, diagramação e capa: Danielly de Jesus Teles
Assistente acadêmica: Bruna Marques
Revisão: Alexandra Collontini
Imagens da capa: Rogério Fernandes

CIP-BRASIL. CATALOGAÇÃO-NA-FONTE
SINDICATO NACIONAL DOS EDITORES DE LIVROS, RJ

P347p
Paula, Liana de
    Punição e cidadania : adolescentes e liberdade assistida na cidade de São Paulo / Liana de Paula. -- 1. ed. -- São Paulo : Alameda, 2017.
    23 cm.

1. Assistência a menores - São Paulo (SP). 2. Delinquentes juvenis - Reabilitação - São Paulo (SP). 3. Liberdade assistida - São Paulo (SP). I. Título.

ISBN 978-85-7939-467-6

17-41510
CDD: 364.36
CDU: 364.2-053.6-058.55

ALAMEDA CASA EDITORIAL
Rua 13 de Maio, 353 – Bela Vista
CEP 01327-000 – São Paulo, SP
Tel. (11) 3012-2403
www.alamedaeditorial.com.br

A Lígia e Clara

Sumário

Prefácio **Juventude e cidadania**	**17**
Introdução	**27**
1. A constituição do campo sobre infância e adolescência pobre em São Paulo	**43**
Um campo emergente: discursos e práticas sobre adolescentes pobres na cidade de São Paula da Primeira República	44
A Era Vargas e a organização dos serviços de assistência social à infância pobre na cidade de São Paulo	59
A Ditadura Militar e a criação das fundações de bem-estar do "menor"	68
A Nova República, o Estatuto da Criança e do Adolescente e a proposta de reconfiguração de discursos e práticas	80
As práticas pós-Estatuto: dados dos anos 1990 sobre o sistema socioeducativo	87
2. A liberdade assistida e a socialização dos pobres enquanto um problema político	**95**

A liberdade assistida em três tempos	97
A Pastoral do Menor e a Liberdade Assistida Comunitária	111
O encontro da Liberdade Assistida Comunitária com proteção integral: a formação de indivíduos e cidadãos	120
Socialização e cidadania na liberdade assistida: o duplo sentido político	134

3. Reconfigurações do campo: a liberdade assistida como política municipal — 137

Organizações da sociedade civil, redemocratização e a reforma do Estado na década de 1990	140
Velhos atores do campo: a filantropia, os operadores do direito e os gestores públicos	150
Novas articulações: a municipalização da liberdade assistida como diretriz federal	159
A municipalização da liberdade assistida em São Paulo	172
A liberdade assistida na direção da assistência social: continuidades do campo	183

Enfim, os Núcleos de Proteção Psicossocial Especial — 187

4. Práticas da liberdade assistida: intervenções, conflitos e resistências — **191**

Participações das famílias no processo socioeducativo: rupturas, solidariedades e intervenções — 194

Famílias e violência: o lugar não declarado das famílias no processo socioeducativo — 222

Não há vagas: as trajetórias escolares dos adolescentes em cumprimento de liberdade assistida — 231

Educação profissional e mundo do trabalho: inserções possíveis — 238

"Não gosto de falar da minha vida": as práticas de intervenção ante o uso de drogas — 246

Trajetórias socioeducativas: os limites da intervenção e a circulação de adolescentes no sistema socioeducativo — 251

5. Liberdade assistida e território: acomodando as intervenções — **255**

A liberdade assistida enquanto política social territorializada: entrando do "lado errado" da favela — 256

Segregação urbana e relações centro-periferia na cidade de São Paulo: definindo os territórios — 264

Re-significação de espaços segregados: grupos sociais, pertencimento e os conflitos da comunidade — 270

Considerações finais — 277

Referências bibliográficas — 279

Agradecimentos — 293

Siglas

BE	Associação Brasileira de Educação
ABI	Associação Brasileira de Imprensa
ABMP	Associação Brasileira de Magistrados, Promotores de Justiça e Defensores Públicos da Infância e Juventude.
AMA	Assistência Médica Ambulatorial
ASA	Ação Social Arquidiocesana
BID	Banco Interamericano de Desenvolvimento
CAPS	Centro de Atenção Psicossocial
CBIA	Centro Brasileiro para a Infância e Adolescência
CEAS	Centro de Estudos e Ação Social

CEB	Comunidades Eclesiais de Base
Cedeca	Centro de Defesa dos Direitos das Crianças e dos Adolescentes
CFP	Conselho Federal de Psicologia
CFSS	Conselho Federal de Serviço Social
CGT	Confederação Geral dos Trabalhadores
CIEJ	Centro Integrado de Educação de Jovens e Adultos
CLT	Consolidação das Leis do Trabalho
CMDCA	Conselho Municipal de Defesa dos Direitos da Criança e do Adolescente
CNAS	Conselho Nacional da Assistência Social
CNBB	Confederação Nacional dos Bispos do Brasil
CNE	Conselho Nacional de Educação
CNS	Conselho Nacional de Saúde
COF	Centro de Observação Feminina
COHAB	Companhia Metropolitana de Habitação
COMAS	Conselho Municipal de Assistência Social (São Paulo).
Conanda	Conselho Nacional dos Direitos da Criança e do Adolescente
CRAS	Centro de Referência da Assistência Social
CREAS	Centro de Referência Especializado da Assistência Social
CUT	Central Única dos Trabalhadores

DCA	Departamento da Criança e do Adolescente
ECA	Estatuto da Criança e do Adolescente
EMEF	Escola Municipal de Ensino Fundamental
ESG	Escola Superior de Guerra
Febem	Fundação Estadual do Bem-Estar do Menor
FNCA	Fundo Nacional da Criança e do Adolescente
Fonacriad	Fórum Nacional de Organizações Governamentais de Atendimento à Criança e ao Adolescente
Funabem	Fundação Nacional do Bem-Estar do Menor
Fundação CASA-SP	Fundação Centro de Atendimento Socioeducativo ao Adolescente, São Paulo
Fundação Pró-Menor	Fundação Paulista de Promoção Social do Menor
Fundação Seade	Fundação Sistema de Análise de Dados
IAP	Instituto de Aposentadoria e Pensão
IBGE	Instituto Brasileiro de Geografia e Estatística
IVJ	Índice de Vulnerabilidade Juvenil
JECRIM	Juizados Especiais Criminais
LBA	Legião Brasileira de Assistência
LA	Liberdade Assistida
LAC	Liberdade Assistida Comunitária
LAI	Liberdade Assistida Institucional

LDBEN	Lei de Diretrizes e Bases da Educação Nacional
LOAS	Lei Orgânica da Assistência Social
MARE	Ministério da Administração Federal e da Reforma do Estado
MDB	Movimento Democrático Brasileiro
MDS	Ministério do Desenvolvimento Social e Combate à Fome
MEB	Movimento de Educação de Base
MNMMR	Movimento Nacional dos Meninos e Meninas de Rua
MSE	Medida Socioeducativa
MSE/MA	Serviço de Medidas Socioeducativas em Meio Aberto
NOB	Norma Operacional Básica
NPPE	Núcleo de Proteção Psicossocial Especial
PNAD	Pesquisa Nacional por Amostra de Domicílios
PNAS	Política Nacional de Assistência Social
PNBEM	Polícia Nacional do Bem-Estar do Menor
PNCFC	Plano Nacional de Convivência Familiar e Comunitária
PNDH	Plano Nacional de Direitos Humanos
PSC	Prestação de Serviço à Comunidade
OAB	Ordem dos Advogados do Brasil
OEA	Organização dos Estados Americanos

ONG	Organização Não-Governamental
ONU	Organização das Nações Unidas
OS	Organização Social
OSCIP	Organização da Sociedade Civil de Interesse Público
OSS	Organização Social de Saúde
RPM	Recolhimento Provisório de Menores
SAB	Sociedade de Amigos do Bairro
SAS	Secretaria Municipal de Assistência Social (atual SMADS, do município de São Paulo)
SAT	Serviço de Abrigo e Triagem
SBPC	Sociedade Brasileira para o Progresso da Ciência
SDH	Secretaria de Direitos Humanos (antiga SEDH, vinculada à Presidência da República)
SEADS	Secretaria Estadual de Assistência e Desenvolvimento Social (São Paulo)
SEDH	Secretaria Especial de Direitos Humanos (atual SDH, vinculada à Presidência da República)
SGD	Sistema de Garantia de Direitos
Sinase	Sistema Nacional de Atendimento Socioeducativo
SMADS	Secretaria Municipal de Assistência e Desenvolvimento Social (antiga SAS, do município de São Paulo)
SMDU	Secretaria Municipal de Desenvolvimento Urbano (município de São Paulo)

SNDH	Secretaria Nacional dos Direitos Humanos (atual SDH)
SPDCA	Subsecretaria de Proteção dos Direitos da Criança e do Adolescente
SUAS	Sistema Único de Assistência Social
SUS	Sistema Único de Saúde
VEIJ	Varas Especiais da Infância e Juventude

PREFÁCIO
Juventude e cidadania

Quinze anos se passaram desde o primeiro encontro entre Liana de Paula e eu, para conversarmos sobre a possibilidade de um trabalho conjunto, em seu mestrado. Desde então, tenho acompanhado de perto o seu percurso intelectual, e constatado a seriedade com que o desenvolve. Mais do que isso, tenho podido perceber sua contínua e atenta ligação com o tema ao qual se tem dedicado desde o curso de graduação em Ciências Sociais – a (tensa e difícil) relação entre jovens e o sistema de justiça juvenil – que ela tem focalizado por variados ângulos.

Deve ser realçado o respeito com que trata os sujeitos envolvidos em situações nem sempre tranquilas. Envolve comprometimento e ética na busca por caminhos e recursos que possibilitem o seu melhor entendimento, determinação e profundidade analítica, ao enfrentar temas e questões relacionados, respeito e independência, ante a literatura com que dialoga, além de profundidade analítica, na busca por compreender o sentido dos fenômenos observados e obter respostas pertinentes às questões propostas.

Por todos esses motivos, é prazeroso compartilhar esse momento importante da atividade acadêmica, em que se abre, para um público mais amplo, o acesso a descobertas feitas durante investigação séria e cuidadosa que embasou o seu doutorado, cujo resultado demonstra o amadurecimento intelectual da autora. A publicação deste livro é muito oportuna e tem sido aguardada desde a defesa pública da tese que lhe deu origem.

O foco central do trabalho diz respeito à análise da medida socioeducativa liberdade assistida, ao mesmo tempo instrumento de ressocialização e de punição utilizado pelo sistema de justiça juvenil, buscando avaliar o grau possível de exercício pleno da cidadania por adolescentes pobres que a cumprem, na cidade de São Paulo. Para focalizar de maneira mais ampla as questões tratadas, além de traçar a trajetória das políticas de assistência dirigidas, principalmente, aos adolescentes, num longo período de tempo, a autora também analisa as repercussões dessas políticas, quando há mudanças em seu eixo e ocorre a sua municipalização, isto é, há um deslocamento em sua atuação, do estado para o município.

A hipótese levantada afirma que a implantação da liberdade assistida possibilitou a emergência de novas práticas de intervenção, atuantes sobre e transformadoras das relações familiares e comunitárias dos adolescentes envolvidos; indica que, contemporâneos a essas práticas – associadas à promoção da cidadania –, surgiram novos discursos, consolidados com a promulgação do Estatuto da Criança e do Adolescente (ECA). Desse modo, mesmo envolvendo punição, a liberdade assistida possibilitaria "o ingresso do adolescente pobre na cidadania" (p. 12).[1] Para testar essa hipótese, a pesquisa foi desenvolvida em dois núcleos, localizados, respectivamente, na região central e em um bairro periférico, na zona norte da cidade de São Paulo.

Foi construído com muito cuidado o percurso que demonstra como os processos de socialização de crianças e adolescentes pobres passaram a ser vistos como problemas e de que modo a intervenção governamental sobre eles emergiu como necessidade: foram examinadas detidamente as várias matrizes de explicação que buscam compreender "o envolvimento de adolescentes com atos ilícitos" (p. 1), percebidos como condutas transgressoras e violentas; também foram reconstruídos, com muito cuidado, os "discursos e práticas sobre a adolescência pobre na cidade de São Paulo" (p. 13), que emergiram em diferentes momentos – da segunda metade do século XIX ao início do século XXI – procurando suas aproximações e suas diferenças, examinando as formas que assumiram, as ênfases que tiveram, e as (des)continuidades existentes entre eles.

---

[1] Todas as indicações de páginas se referem àquelas onde as passagens se encontram no livro.

Quatro períodos históricos e as políticas que, voltadas para crianças e adolescentes, então se desenvolveram, foram destacados: a Primeira República e o primeiro Código de Menores, de 1927; a Era Vargas e o Serviço de Assistência a Menores – SAM, no Rio de Janeiro, bem como o Serviço Social de Menores, em São Paulo; a Ditadura Militar e a Fundação Nacional do Bem-Estar do Menor – Funabem, cujas diretrizes deveriam ser executadas pelas Fundações Estaduais do Bem Estar do Menor – Febem, além do Segundo Código de Menores, criado em 1979, em cuja vigência a internação em larga escala foi adotada como regra; a Nova República e o Estatuto da Criança e do Adolescente – ECA, criado em 1990. Convém acrescentar, ainda, a mudança havida no estado de São Paulo, que, em 2006, alterou de Febem para Fundação Casa a denominação do órgão encarregado das crianças e adolescentes, pretendendo que essa alteração não fosse apenas nominal, mas também se estendessem aos procedimentos adotados no tratamento dado àqueles que estão sob sua responsabilidade.

> No cenário político ... a cidadania e o acesso a direitos passaram a ser temas centrais. Nesse contexto, a promulgação da Constituição Federal, em 1988, e o Estatuto da Criança e do Adolescente, em 1990, redefiniram as crianças e os adolescentes pobres enquanto sujeitos de direitos e não mais objetos da tutela estatal, como constavam nos Códigos de Menores. (p. 55)

De um lado, crianças e adolescentes passaram a ser sujeitos de direitos, de outro, foram acolhidos pela doutrina da proteção integral, que lhes confere o status de cidadãos, ainda que sua cidadania tenha limites. Assim, adolescentes pobres, quando cometem infrações, são submetidos a medidas socioeducativas, cujo caráter duplo, simultaneamente punitivo e educativo, lhes garantiria os direitos fundamentais. Das medidas socioeducativas aplicadas aos adolescentes infratores, há as consideradas leves – advertência, obrigação de reparar o dano causado e prestação de serviços à comunidade – e aquelas mais severas – liberdade assistida, semiliberdade e internação.

> [Entretanto], o Estatuto da Criança e do Adolescente não chega a romper o trinômio pobreza, desvio e delinquência, o qual continua enraizado tanto nos discursos quanto nas práticas sobre a infância e adolescência pobres. (p. 61)

Apoiando-se em outras pesquisas, a autora mostra como, nos primeiros anos após a promulgação do ECA, discursos e práticas dos Códigos de Menores, a internação entre eles, permaneceram no sistema de justiça juvenil e que, em meados da década de 1990, a sentença judicial variava conforme a cor da pele, a escolaridade e a inserção no mercado de trabalho do autor de ato infracional: os casos de adolescentes brancos, com nível de escolaridade mais alto, que tinham ocupação ou eram estudantes, tendiam (e assim continuam) a ser arquivados ou a obterem remissão, enquanto ocorria (e continua ocorrendo) o inverso com os negros, cujo nível de escolaridade era mais baixo, estavam desempregados e não estudavam. No final da década de 1990, os adolescentes cumprindo medida de internação provinham, em sua maioria, de famílias ocupantes dos segmentos menos privilegiados da população. (Cf. p. 62-66)

Com a prevalência da internação, como forma privilegiada pelo poder judiciário, e a superlotação das unidades que recebiam os adolescentes, houve muitas e violentas rebeliões, o que, no final dos anos 1990, levou ao esgotamento do modelo Febem, em São Paulo, e provocou o início de seu processo de remodelação e desmonte.

> A liberdade assistida, medida socioeducativa que propõe o acompanhamento e a orientação do adolescente autor de ato infracional em seu meio de origem, emergiu, nos anos 2000, enquanto prática privilegiada de intervenção, no Brasil e em São Paulo, como resultado das mudanças ocorridas no campo de discursos e práticas sobre a infância e a adolescência pobres [...]. (p. 70)

A autora mostra que, desde os dois Códigos de Menores (1927 e 1979), existiam medidas (aparentemente) semelhantes (no primeiro, aparecia como "liberdade vigiada" e, no segundo, já era apresentada como "liberdade assistida"), e rastreia em profundidade o modo de sua execução e os traços que as distinguem. Lembra que a liberdade vigiada funcionava como mecanismo de vigilância dos adolescentes que, mesmo não tendo sido condenados por qualquer infração, eram vistos como potenciais infratores, podendo também ser utilizada em situações de abandono dos filhos pelos pais, desse modo tornando-os os vigiados, com o risco de perderem o pátrio poder. Por sua vez, a liberdade assistida do segundo Código, além de vigiar, tinha as funções de auxiliar, tratar e orientar os adolescentes que haviam cometido infração e também aqueles que eram vistos como potenciais infratores. Comparando-os, diz a autora:

> Se, no primeiro Código de Menores, a liberdade vigiada deveria ser aplicada aos adolescentes autores de ato infracional, principalmente como complemento à internação, fazendo sua transição ou progressão para a liberdade plena, no segundo Código, a liberdade

assistida já poderia ser aplicada em vez da internação. O Estatuto da Criança e do Adolescente consolidou a ruptura promovida no segundo Código, além de fortalecer o investimento na liberdade assistida, ao restringir a aplicação da medida de internação, associando-a aos princípios de excepcionalidade e brevidade. (p. 78)

É percebido que o ECA apresenta continuidades em relação aos Códigos de Menores, na medida em que reforça a ideia de que "a formação das individualidades dos adolescentes autores de ato infracional" deve ser mediada por sua inserção em atividades de trabalho, o que concorreria para "a produção de indivíduos economicamente úteis ao mercado de trabalho". Entretanto, também é realçada a percepção de que não se trata de mera continuidade, mas, também, de "investimento no desenvolvimento pessoal desses adolescentes e em sua formação enquanto cidadãos". Esse investimento é formativo e incide sobre dois aspectos: direciona-se para a formação de cidadãos -percebendo que é essa a condição dos adolescentes – e à formação de indivíduos – investindo na individualização dos adolescentes, visando promover o seu desenvolvimento pessoal. (p. 105-107)

Teria havido uma "ruptura inovadora do Estatuto da Criança e do Adolescente em relação aos Códigos de Menores": trata-se da "introdução da formação do cidadão enquanto problema sobre o qual é necessário intervir". Nesse caso, é importante lembrar que a cidadania representa mais do que o acesso a direitos – também é resultado de um "processo de subjetivação a partir do qual os indivíduos aderem a valores que conferem sentido a essa experiência". Além disso, a doutrina da proteção integral, incorporada pelo ECA, "confere a crianças e adolescentes o status de cidadãos, não obstante os limites traçados para o exercício de sua cidadania em face da condição peculiar de desenvolvimento em que se encontram". (p. 102-109)

A duplicidade de objetivos parece ter influenciado a centralidade das práticas de internação, diminuindo-as, na medida em que prejudicariam "a convivência familiar e comunitária" e poderiam "vir a causar danos ao desenvolvimento dos adolescentes como consequência da privação de liberdade". No mesmo movimento, teria ocorrido a valorização da liberdade assistida[2], que lhes permite permanecer com suas famílias. (p. 106)

---

2   Conforme dados da FEBEM, no período 1995-2004, as tendências observadas no sistema socioeducativo paulista foram: (a) o crescimento continuado do número de adolescentes internados no sistema, bem maior do que o crescimento populacional do conjunto formado pelas crianças (de dez a quatorze anos) e adolescentes (de quinze a dezenove anos) – 198% sobre 2,3%; (b) a relativa estabilidade da proporção de adolescentes cumprindo as medidas

A liberdade assistida representa um investimento de poder que atua sobre a socialização dos adolescentes, tanto de forma repressiva como de forma assistencial, e focaliza instituições centrais da vida social, como a família, a escola e o mundo do trabalho; além disso, apresenta mais capilaridade do que outras formas de intervenção, como a internação e a semiliberdade. (p. 108)

> Com o Estatuto, os movimentos sociais de defesa dos direitos das crianças e dos adolescentes, que vinham se mobilizando desde fins da década de 1970, conseguiram demarcar uma nova posição: a da comunidade e da sociedade sendo responsáveis pela defesa e promoção dos direitos dos adolescentes, juntamente com o Estado e a família. (p. 114)

Entre os efeitos do processo de democratização, corporificado na Constituição de 1988, encontra-se a institucionalização dos movimentos sociais, entre eles os que atuavam na defesa dos direitos de crianças e adolescentes. Eles formalizaram-se como entidades e organizações da sociedade civil, relativamente similares em seus discursos e prática, defendendo a lei e lutando pela garantia dos direitos conquistados. Entretanto, uma das formas pelas quais a sua atividade pôde prosseguir, com a ampliação de seus quadros e do seu âmbito de atuação, foi a busca e obtenção de recursos, públicos e internacionais, para a manutenção de sua estrutura e a remuneração de suas equipes.

Segundo a autora, isso levou a que perdessem a sua autonomia em relação ao Estado. A explicação dada a esse resultado é a que se segue. Em face da descentralização política havida no período, emergiu um duplo movimento: por um lado, "a municipalização, a partir da qual os municípios assumem a prestação de parte dos serviços públicos, notadamente nas áreas de saúde, educação e serviço social, com repasse de verbas de fundos nacionais e estaduais para municipais"; por outro, "o estabelecimento de convênios com as organizações da sociedade civil para a prestação de alguns desses serviços". Uma vez posta em marcha a descentralização política, houve a possibilidade de, progressivamente, municípios e organizações da sociedade civil serem incorporados à esfera de ação do Estado, sem que tenha havido, de fato, "alterações nas posições mais centrais de poder". Exemplo disso é o fato de essas entidades passarem a executar projetos que não se originaram, obrigatoriamente, de seu campo de

---

em meio aberto em relação aos que cumpriam medidas restritivas de liberdade – em 2004, 12.820 (65,89%) para 6.637 (34,11%). (ver p. 149-151)

prioridades, na medida em que dependem de financiamentos, o que pode ser percebido como "a armadilha do financiamento público". (p. 122; 123)

São dois os tipos de entidades abrangidas por esse termo: as entidades assistenciais herdeiras das práticas filantrópicas, dedicadas aos serviços assistenciais, e as organizações da sociedade civil originadas dos movimentos sociais, além de outras formas de associação que podem atuar nas questões relacionadas à infância e à adolescência. Apesar de sua origem ser diversa e suas perspectivas serem até antagônicas no ponto de partida, no que se refere aos dois primeiros tipos, "as fronteiras que as separam ... estão cada vez menos definidas". (p. 126) "Assim, no caso brasileiro e, principalmente, paulista, se a aproximação das práticas das entidades sociais e das organizações originadas dos movimentos sociais pode politizar as primeiras, há também a possibilidade de que despolitize as segundas". (p. 128)

A principal questão existente entre as duas instituições diz respeito às suas práticas e aos efeitos dela decorrentes: enquanto as práticas das entidades assistenciais não viam a mediação dos adolescentes pobres com o espaço público, as organizações originadas dos movimentos de defesa dos direitos das crianças e dos adolescentes têm essa mediação como característica específica. (p. 128)

Uma das interpretações do Estatuto da Criança e do Adolescente, acentua a existência de três eixos de atenção na busca pela defesa dos direitos das crianças e dos adolescentes. O eixo da "promoção de direitos" leva em conta políticas e ações que promovam a universalidade do acesso a eles; o eixo da "proteção e defesa de direitos" dirige-se às políticas e ações voltadas para o enfrentamento de situações de ameaça ou violação dos direitos; o eixo do "controle social" busca a efetivação de direitos, em face da atuação da sociedade civil e de órgãos públicos.

> O atendimento socioeducativo está vinculado ao eixo de proteção e defesa de direitos, implicando que o adolescente autor de ato infracional seja percebido como estando dentre aqueles cujos direitos estão ameaçados ou violados. Nesse sentido, o atendimento socioeducativo é concebido como uma estratégia de promoção de direitos em situação específica, na qual é requerida proteção especial. (p. 135)

Colocadas as premissas com as quais a autora trabalha, encontram-se analisadas, nos três últimos capítulos do livro, as consequências advindas da municipalização das políticas que focalizam crianças e adolescentes. A discussão a respeito dessa mudança no atendimento – do nível estadual para o municipal – teve início, na capital paulista, em 2002, sua efetivação começou em 2004, foi suspensa em 2005 (por mudanças na gestão municipal), retomada em 2006 (sob novos termos) e concluída em 2008.

A única atribuição que restou à Fundação Casa – até 2009, quando os recursos do atendimento em meio aberto passaram a ser responsabilidade da Secretaria Estadual de Desenvolvimento e Assistência Social – foi a de transferir recursos para a Prefeitura: a Secretaria Municipal de Assistência e Desenvolvimento Social (SMADS) passou a ser responsável pelo "desenho da política municipal e dos programas de atendimento", neles incluídos "o estabelecimento de convênios e as formas de supervisão e prestação de contas"; a municipalização implicou a inclusão da liberdade assistida "no conjunto de atendimentos da assistência social", e passou a ser financiada com recursos dos fundos estadual e municipal de assistência social. (p. 155-156; 165) A Secretaria Municipal criou Núcleos de Proteção Psicossocial Especial (NPPE) nos bairros, para que os adolescentes fossem atendidos em suas regiões de moradia.

A partir do início dos anos 2000, mais acentuado na segunda metade da década, houve consenso entre os gestores dos níveis federal, estadual e municipal "de que o atendimento socioeducativo em meio aberto" deveria fazer parte da assistência social, ser inclusivo, "integrando os socialmente excluídos", e que a proteção a que se referia diria respeito ao "território", atingindo "os indivíduos, suas famílias e as circunstâncias em que vivem". (Cf. p. 157-160)

> ... a nova proposta é que [a nova política de assistência e as diretrizes do atendimento socioeducativo] promovam a transformação da realidade das populações que vivem na pobreza, investindo em sua inclusão social por meio do acesso a direitos sociais. (p. 160)

A autora desenvolveu as suas observações de pesquisa em dois núcleos, um na região central e o outro na zona norte de São Paulo, tendo acompanhado a maneira como, em ambos, nove adolescentes em liberdade assistida eram orientados. Os dois núcleos eram administrados por organizações sociais conveniadas, criadas, respectivamente, em 1980 e 1998; a primeira era experiente na luta pela garantia dos direitos das crianças e adolescentes, o que não acontecia com a segunda. Não obstante, executavam de modo muito parecido as práticas de liberdade assistida.

> Em termos formais, as práticas de intervenção sobre a vida familiar dos adolescentes eram as mesmas nos dois grupos, havendo três tipos principais: as visitas domiciliares, o atendimento individual ao adolescente e a seus pais ou responsáveis e os grupos de pais e responsáveis". (p. 190)

Liana realça dois efeitos do atendimento aos adolescentes enquanto seu foco é posto na pobreza: a "naturalização da liberdade assistida enquanto prática a ser aplicada aos adolescentes pobres" e "o fato de a violência ocupar lugar secundário nos discursos que planejam e nas práticas que executam a liberdade assistida", enquanto os adolescentes e suas famílias a colocavam constantemente em foco, seja a presente nas relações familiares, seja a existente fora do espaço familiar (p. 196-203). Também ressalta que, embora o ECA indique a importância do processo educativo na ressocialização dos adolescentes e destaque a educação como o direito de todos, além do próprio desinteresse e da percepção de que a frequência à escola é menos um direito do que um dever, eles encontram muita resistência por parte das escolas, que lhes negam vagas, por estarem cumprindo a medida da liberdade assistida. Ao mesmo tempo, o terceiro pilar que poderia conduzi-los à vida ordenada, o do trabalho, dificilmente é alcançado e, quando isso ocorre, na maioria das vezes é no espaço da informalidade e ou da ilegalidade.

As palavras finais da autora apresentam certo tom de frustração. Enquanto no ponto de partida, ela destacou que a proclamação do ECA e vigência da medida socioeducativa "liberdade assistida" apresentavam a possibilidade de que os adolescentes pobres conquistassem a cidadania, seu texto chega ao fim afirmando que essa medida contribuiu para "a naturalização da desigualdade da distribuição das punições penais" – não tratada no trabalho agora publicado – e para a sua percepção de que:

> a associação entre punição e pobreza reitera a que se faz entre pobreza e infração, legitimando a ação da polícia sobre os adolescentes pobres, a qual lhes impõe a ordem pela violência e pelo medo e nega seu reconhecimento enquanto cidadãos. (p. 247)

Em consequência, reconhece ser reposta, na liberdade assistida, "a dissociação entre discursos e práticas" que ocorria antes, na maneira como eram vistas e tratadas a infância e a adolescência pobres, ao longo do século XX. Segundo ela, na prática dos funcionários, a possibilidade de acesso a direitos, de exercício de cidadania, prometida pelos discursos que exaltam a liberdade assistida, acaba por confirmar a manutenção, "nas capilaridades do mundo social e político", dos adolescentes pobres em débito com o sistema de justiça juvenil "não realizando as promessas de promoção da cidadania". O mesmo sinal indesejado – a permanência dos jovens distantes da vivência cidadã – é percebido na conduta dos adolescentes observados, cuja conduta oscila entre a revolta e a acomodação.

No término da leitura deste texto tão cuidadoso e solidário com o tema tratado, é possível perceber quão rico é o rol de conceitos utilizados pela autora para comparar os diversos momentos, e como seu uso exige um olhar atento aos contextos e situações envolvidas, uma vez que seu significado é mutante. Afinal, trata-se de interpretações (ou "nomeações") que emergem da vida social e sofrem modificações resultantes dos movimentos nela presentes, em momentos históricos distintos, a partir de pontos de vista diversos, que os constituem diferentemente. Essa observação vale para as noções de família, adolescência e juventude, para os significados de indivíduo, individualismo e individualização, a compreensão do que seja liberdade, para os sentidos atribuídos à educação e ao trabalho, ou para a compreensão dos significados de instituição, comunidade, sociedade, violência ou cidadania. A utilização precisa dos conceitos e palavras permeia todo o texto, permitindo que o(a) leitor(a) prossiga confiante em sua leitura, na medida em que percebe estar diante de uma reflexão responsável e consistente, reflexão essa que demonstra o profundo envolvimento de Liana de Paula com as questões que dizem respeito à possibilidade, ainda que remota, de transformação efetiva das condições que geraram o desencontro entre as expectativas e a realidade da vida dos adolescentes pobres.

São Paulo, 20 de abril de 2016
Maria Helena Oliva Augusto

Introdução

Crimes violentos que envolvem adolescentes como autores ou coautores são um fenômeno social que aterroriza a população das grandes cidades brasileiras. Independentemente de esse envolvimento ser ou não estatisticamente relevante, há no imaginário social urbano uma associação entre violência, juventude e pobreza. Casos de crimes violentos que envolvam adolescentes como autores ou coautores ganham rapidamente espaço e divulgação na mídia, reiterando a imagem que associa adolescentes e jovens pobres à violência e revelando o mal-estar de parte da sociedade diante de uma geração com a qual parece não saber lidar.

Para compreender – e intervir sobre – a violência e a transgressão desses adolescentes, operadores do sistema de justiça juvenil (juízes, promotores, defensores e advogados), educadores, especialistas e pesquisadores lançam mão de variados esquemas de interpretação de condutas. Desses, alguns se destacam por encontrarem maior adesão entre os operadores do sistema de justiça e, também, entre os educadores e especialistas responsáveis pelo atendimento dos adolescentes sentenciados por cometerem infrações penais.

Há, por exemplo, o esquema de interpretação de matriz psiquiátrica, no qual a natureza e a dimensão biológica têm papel preponderante. Nesse esquema, os indivíduos e suas condutas são analisados com base em escalas que visam medir sua periculosidade e tipificar transtornos de personalidade. As escalas classificam os indivíduos em diferentes categorias (o hiperativo, o compulsivo, o psicopata, etc.) e buscam identificar a existência de transtornos congênitos causadores de condutas tidas como antissociais. Essa interpretação pressupõe a existência de indivíduos nascidos sem os requisitos neurológicos necessários para a vida em sociedade e, por ser essa uma falha de natureza biológica, não haveria tratamento ou intervenção capaz de promover sua cura, cabendo somente sua segregação permanente.[1]

O esquema de matriz psiquiátrica é acionado, principalmente, por juízes e promotores do sistema de justiça juvenil em casos de crimes cometidos com extrema violência, mas, como esses crimes são esporádicos, o próprio esquema acaba sendo menos utilizado. Em contrapartida, para a média dos casos de desvio e violência de adolescentes que são inseridos no sistema de justiça juvenil, aparece com maior frequência outro esquema, que tratarei aqui como de matriz sociopsicológica.

O esquema de matriz sociopsicológica, embora não descarte a interpretação psiquiátrica das condutas, tende a considerar principalmente outras dimensões da vida e a buscar outros elos de causalidade para o desvio e a violência. Esse esquema, resultante principalmente do acúmulo de saberes psicológicos e assistenciais ao longo do último século, tende a privilegiar o contexto familiar e econômico como chaves interpretativas da conduta desviante. Assim, para esse esquema, uma das principais causas que levariam os adolescentes a transgredirem as leis e a agirem de forma violenta seria a incapacidade educativa das famílias no que diz respeito à oferta de condições materiais e morais consideradas adequadas ao seu desenvolvimento psicológico e social saudável.

A inserção e a atuação de psicólogos e assistentes sociais, como técnicos auxiliares dos juízes e como especialistas dos estabelecimentos educacionais destinados a receber os adolescentes sentenciados por cometerem infrações penais, possibilitaram a difusão, durante a segunda metade do

---

[1] Não pretendo esgotar aqui todos os esquemas possíveis, apenas apresentar os que apareceram com maior recorrência durante a pesquisa de campo do doutorado para poder focar naquele que teve maior relevância para a tese, qual seja, o esquema de matriz sociopsicológica. Para maior aprofundamento dos esquemas interpretativos, cf. Fonseca, 2004.

século XX, desse esquema de interpretação e da noção de família desestruturada (ou desorganizada) a ele associada.

A noção de família desestruturada relaciona a suposta incapacidade de educar os filhos à "pobreza, miséria, ignorância e falta de laços de solidariedade" (Rodrigues, 2001:73). Essa noção implica, por um lado, a percepção da pobreza como fator gerador de criminalidade, desconsiderando ou negligenciando as violências e desvios dos adolescentes provenientes dos segmentos médios e altos da população. Por outro, desvaloriza formas de organização familiar divergentes do modelo nuclear, definido pela constituição legal do casamento civil e pela composição centrada nas relações afetivo-sexuais e consanguíneas mais imediatas (marido/pai, esposa/mãe e filhos). São considerados desestruturados, portanto, os núcleos familiares pobres constituídos sem casamento civil (os casais "amasiados") ou em que haja somente um dos genitores, devido à separação ou falecimento do outro. Essa desestruturação é entendida como fonte de uma despreocupação com os filhos, ou seja, a noção de família desestruturada relaciona a suposta incapacidade em cuidar dos filhos a um desregramento das relações afetivo-sexuais dos pais.[2]

Difundida entre psicólogos e assistentes sociais da antiga Fundação Estadual do Bem-Estar do Menor – Febem de São Paulo, a noção de família desestruturada serviu para justificar, entre os anos 1970 e 2000, a substituição dos cuidados familiares por cuidados institucionais. O tratamento proposto para os adolescentes vindos de famílias desestruturadas que viessem a apresentar conduta desviante ou violenta era a internação temporária em estabelecimentos educacionais, os quais promoveriam o ajustamento de suas condutas.

Nesse sentido, o esquema de interpretação desdobrava-se em prescrições de tratamento, isto é, em um esquema de intervenção que propõe um conjunto de técnicas a serem desenvolvidas. A princípio voltadas para o próprio adolescente, tais como a psicoterapia, a terapia em grupo e a inserção em curso profissionalizante, essas técnicas passaram, num segundo momento, a incluir sua família, por meio de terapia familiar, atendimentos com grupos de pais, inserção da família em programas assistenciais, entre outros.

---

2   Para maior detalhamento de como a noção de família desestruturada esteve (e, de certo modo, ainda está) presente na forma como os especialistas (psicólogos e assistentes sociais) interpretavam (e interpretam) as condutas de crianças e adolescentes, cf. Marin, 1999; Passetti, 1999; Rodrigues, 2001 e Paula, 2004. Para crítica dessa noção e aprofundamento da discussão sobre diferentes formas de organização familiar e processos de socialização de crianças e adolescentes pobres, ver Gregori, 2000; Sarti, 1994.

Paralelamente à inserção das famílias nas técnicas de intervenção e tratamento, parece ter havido um deslocamento no esquema de interpretação da estrutura para as relações familiares, emergindo a noção de família disfuncional na primeira década do século XXI. Essa noção parece ser menos voltada às formas de constituição e organização do núcleo familiar e mais centrada nas relações familiares e nas funções de proteção e socialização dos filhos. Ao não desempenhar essas funções, a família tornar-se-ia disfuncional, independentemente da forma como esteja organizada (se são dois genitores ou um genitor, se houve casamento civil, etc.).[3] Há, nessa nova noção, uma separação entre a interpretação do impacto das relações afetivo-sexuais de mães e pais na vida dos filhos e a das relações intergeracionais propriamente ditas, focalizando nesse segundo conjunto de relações a busca de causalidade para o comportamento dos filhos. As condutas desviantes ou violentas porventura desenvolvidas por eles seriam um sinal de que a família não estaria funcionando como deveria, demandando, por isso, reorientações externas para promover ajustes em suas relações internas.

Mais recentemente, tem-se destacado um novo esquema, que se assemelha ao de matriz sociopsicológica por se apoiar também nas relações familiares dos adolescentes para interpretar suas condutas desviantes. Porém, diferentemente do anterior, o novo esquema, tratado aqui como de matriz socioassistencial, desloca a interpretação do desvio dos efeitos psicológicos resultantes do fracasso das famílias pobres em educar seus filhos para os efeitos sociais da pobreza. Assim, a pobreza urbana, caracterizada nesse esquema pela precariedade de condições de vida, pela ausência ou limitação de recursos públicos de infraestrutura e serviços, e pelo enfraquecimento das solidariedades entre vizinhos, transforma-se na principal causa a ser combatida, propondo-se como intervenção a promoção social do adolescente e sua família.

O ponto de aplicação das intervenções advindas do esquema de matriz socioassistencial não está, portanto, circunscrito às relações familiares do adolescente, mas abrange as relações que ele e sua família estabelecem com a comunidade que os cerca e com a sociedade. Suas intervenções resultam de saberes e tecnologias seculares de filantropia e caridade aos pobres, convertidos pela higienização filantrópica em assistência social, e sua articulação a novos saberes

---

3 A "família disfuncional" é expressão que tem se tornado recorrente nas falas de psicólogos e assistentes sociais da Fundação Centro de Atendimento Socioeducativo ao Adolescente – CASA-SP (antiga Febem).

e tecnologias advindos dos movimentos sociais de base e da incursão em territórios caracterizados pela pobreza.

O tratamento para os adolescentes desviantes passa a envolver, então, o acompanhamento das dinâmicas entre as relações familiares, comunitárias e sociais em seu contexto de origem e a orientação social, visando ajustá-las de modo a promover a incorporação de condutas não-desviantes. Nesse sentido, as práticas de intervenção prescritas vão desde as orientações individuais e familiares, passando pelas orientações em grupos de pais e de adolescentes; pelas visitas domiciliares, à escola e a outros recursos disponíveis na comunidade de origem; e incluindo também a inserção em programas sociais, a matrícula e o acompanhamento escolar, a inclusão em cursos de educação profissional e, enfim, no mercado de trabalho.

A tese, que agora publico como livro, teve como ponto de partida as relações que se estabelecem entre adolescentes, famílias, orientadores e técnicos em torno do problema das condutas desviantes. Busquei, assim, investigar em que medida o esquema de interpretação socioassistencial e suas práticas de intervenção significam uma ruptura com práticas anteriores e quais são seus efeitos para os adolescentes pobres, alvo privilegiado das intervenções. Considerando que esse esquema focaliza as relações sociais dos adolescentes, as práticas de intervenção colocam-se, em termos sociológicos, enquanto ações deliberadas e racionalmente planejadas que investem em seu processo de socialização, visando promover ajustamentos que os conduzam ao mundo social da ordem.

A discussão sociológica referente aos processos de socialização e às diferentes práticas de intervenção social que pretendem incidir sobre eles não é nova e associa o problema socialização-intervenção social à própria emergência da sociedade moderna.[4] Nesse sentido, a modernização da vida social possibilitou a institucionalização de novos espaços e formas de organização, destacando-se o desenvolvimento da empresa, que retirou a base da produção econômica das

---

4   No encerramento do curso ministrado em Bordeaux em 1892, Émile Durkheim já colocava como característica mais marcante da família moderna a "intervenção sempre crescente do Estado" em sua vida íntima (Durkheim, 1975, p. 38). O aumento de complexidade da vida social, entendida como a extensão do meio social no interior do qual os indivíduos se relacionam, levaria à restrição dos laços de parentesco e ao desenvolvimento das diferenças e divergências privadas entre os indivíduos. Dito de outro modo, essa alteração produziria, ao mesmo tempo, a individualização e a restrição dos vínculos familiares e da própria família. No entanto, ao mesmo tempo em que os laços de parentesco se concentraram nas relações mais imediatas entre pais e filhos, eles tornaram-se indissolúveis, justamente pela intervenção do Estado, que, ao garanti-los, "retirou dos particulares o direito de rompê-los" (Durkheim, 1975, p. 38).

tradicionais associações familiares e comunitárias; e do Estado, que levou os indivíduos a prescindirem da família e da comunidade para a garantia de sua segurança. Dessa forma, as instituições modernas da empresa e do Estado passaram a concorrer com as formas tradicionais, pois:

> (...) com a multiplicação das possibilidades de vida o indivíduo suporta com crescente dificuldade a vinculação a formas de vida fixas e indiferenciadas, prescritas pela comunidade, e deseja cada vez mais dar a sua vida uma forma individual e gozar do produto de suas capacidades individuais como lhe convém. (Weber, 1994, p. 258).[5]

Ao possibilitarem a existência, para além dos vínculos sociais tradicionais da família e da comunidade, as instituições modernas implicaram também o aparecimento de trajetórias individuais não mais decorrentes exclusivamente desses vínculos.[6] No contexto europeu, o desenvolvimento da escola moderna e a expansão do sistema educacional foram decisivos na formação dessas trajetórias não tradicionais (Ver Beck e Beck-Gernsheim, 2002; Dubar, 2001).

Por um lado, a retirada da família como lócus da produção e sua substituição pela empresa foi acompanhada pela limitação da transmissão hereditária da propriedade e do direito de sucessão dos herdeiros. Com essa limitação, as ocupações profissionais deixaram de ser simplesmente transmitidas de uma geração a outra de uma mesma família e passaram a resultar cada vez mais da educação escolar e da consequente obtenção dos certificados e diplomas escolares (Cf. Singly, 2007).

Por outro, a organização do Estado moderno, como instituição que garante a segurança dos indivíduos ao reclamar para si "o monopólio da coação física legítima" (Weber, 1999, p. 525), foi acompanhada da construção da ideia de nação enquanto comunidade política. No contexto europeu, coube à escola despertar o sentimento de solidariedade e de pertencimento a essa comunidade, estabelecendo vínculos entre os cidadãos e fazendo da nação um fim coletivo superior

---

5 Cabe aqui ressaltar que, para Max Weber, o conceito de família é ambíguo historicamente, sendo-lhe preferível adotar a noção de comunidade doméstica, entendida como comunidade sexual, de criação e de sustento. Ver Weber, 1994.

6 O desenvolvimento das instituições modernas do Estado e da empresa, implicando a diversificação das dimensões da produção, da política e da vida íntima familiar, foi observado por diferentes autores e com abordagens distintas. Além de Durkheim, 1975 e Weber, 1994, já referidos nas notas anteriores, ver também Ariès, 1981; Beck, 1992; Beck e Beck-Gernsheim, 2002; Tönnies, 2002.

aos fins individuais ou do grupo familiar (Ver Durkheim, 1947).[7] A escola moderna tornou-se, no referido contexto, o espaço privilegiado de socialização dos futuros cidadãos, estabelecendo o sentimento coletivo de solidariedade entre diferentes gerações unidas por um passado comum.[8]

Sendo a produção, a política e a educação realizadas principalmente por outras instituições e em outros espaços, a família moderna tornou-se o lugar da intimidade e das relações afetivas. Fenômeno observado por Émile Durkheim (1975), a organização familiar passou, na modernidade, a centrar-se nas pessoas e não nas coisas (bens e propriedade familiar), ou seja, a ligação à família tornou-se a ligação às pessoas da família. Juntamente com essa ligação e fortalecendo-a, o espaço da casa fechou-se para o exterior, para os amigos, os clientes e os serviçais, criando as noções de intimidade doméstica e vida privada (Cf. principalmente, Ariès, 1981; Singly, 2007).

Porém, ao contrário do que Durkheim propunha, de que essa organização familiar seria caracterizada principalmente pela relação entre os esposos – levando-o a chamá-la família conjugal –, o que parece ter sido decisivo para o surgimento da família moderna foi "o lugar da criança nesse ambiente caloroso" (Singly, 2007, p. 47). Nesse sentido, para Philippe Ariès, "a família transformou-se profundamente na medida em que modificou suas relações internas com a criança" (Ariès, 1981, p. 225).

Segundo Ariès (1981), a valorização da infância, que colocou a criança no centro da vida familiar, esteve relacionada ao reaparecimento do cuidado com a educação no início da era moderna. Essa preocupação levaria a mudanças na forma de transmissão do conhecimento, que deixava de ser feita principalmente por meio da aprendizagem, isso é, da participação prática na vida dos adultos. Na aprendizagem, muitas famílias colocavam os filhos em casa alheia por um período limitado para aprender a vida adulta, principalmente, pela execução de serviços domésticos, por meio dos quais "o mestre transmitia a uma criança, não a seu

---

7   Estudos posteriores apontaram o quanto a expansão do sistema educacional esteve – e ainda está – profundamente relacionada à construção da ideia de nação e do nacionalismo. Ver Anderson, 1989; Gellner, 1981.

8   Nesse sentido, Benedict Anderson definiria a nação como uma comunidade política imaginada porque "nem mesmo os membros das menores nações jamais conhecerão a maioria de seus compatriotas, nem os encontrarão, nem sequer ouvirão falas deles, embora na mente de cada um esteja viva a imagem de sua comunhão" (Anderson, 1989, p.14). A nação é entendida como comunidade, para Anderson, por haver um companheirismo profundo e horizontal que desconsidera a desigualdade e a exploração que prevalece nas nações.

filho, mas ao filho de outro homem, a bagagem de conhecimentos, a experiência prática e o valor humano que pudesse possuir" (Ariès, 1981, p. 228). A aprendizagem foi substituída pela escola moderna, na qual a transmissão do conhecimento era organizada em grupos divididos por idades – as classes, com conteúdos distribuídos de acordo com essas idades e em complexidade crescente.

A separação por idades foi acompanhada da introdução da disciplina, característica essencial da vida escolar moderna que fez da escola uma instituição não somente de transmissão de conhecimento, mas também de vigilância e enquadramento moral de crianças e jovens (Ver Ariès, 1981; e também Foucault, 1999a). A disciplina também se impunha às famílias por meio do respeito pelo ciclo escolar integral. Não bastaria passar algum tempo na escola, ou frequentá-la na idade adulta. A educação nas escolas se tornou, na modernidade, uma questão para crianças e jovens, um "instrumento normal da iniciação social, da passagem do estado da infância ao do adulto" (Ariès, 1981, p. 231).

Ao chamar a atenção para a educação das crianças e dos jovens, a escola moderna e seus idealizadores levaram a família a aproximar-se mais deles, ocupando-se de sua trajetória escolar. Assim,

> (...) a família moderna não se define exclusivamente pela 'prodigiosa proeminência do sentimento familial'; ela se baseia nas preocupações educativas. Essas duas dimensões não são incompatíveis: a criança pode ser, ao mesmo tempo, objeto de afeição e de ambição (Singly, 2007, p. 48-9).

Além das preocupações educativas, outra questão que veio a colocar-se para a família moderna foi o tema da conservação da infância por meio da saúde. Um novo conjunto de conselhos e preocupações somou-se ao proveniente da educação escolar com a emergência da medicina doméstica e da figura do médico na família. A conservação da infância levou os médicos para dentro do espaço familiar, o qual se abria a esse profissional especializado, embora se fechasse para o mundo exterior e se restringisse como lugar da convivência entre as pessoas da família.

Ainda no contexto europeu, com a intervenção da medicina doméstica, houve um rearranjo nas relações da família com a escola, uma vez que os médicos passaram a incentivar os pais para que organizassem associações e propusessem mudanças na disciplina escolar (Cf. Donzelot, 1986). Dentre elas, estavam o fim dos internatos e a defesa da educação mista, familiar e escolar. Destacaram-se também, as demandas das associações de pais pela melhoria das condições de salubridade nos internatos, pela supressão dos castigos corporais e dos perigos físicos no espaço escolar, pelo desenvolvimento da ginástica e pela vigilância dos arredores das escolas.

Os processos tratados até aqui como relacionados à emergência da família moderna – ou seja, a retirada da produção e da política do âmbito familiar, a personalização das relações familiares, a valorização da infância e a centralidade das preocupações familiares com sua educação e saúde – não foram vivenciados por todos os segmentos sociais da mesma forma. Nesse sentido, P. Ariès (1981) chama a atenção para o fato de essa organização familiar ser essencialmente burguesa e estar relacionada à construção de sua identidade de classe.

Jacques Donzelot (1986), por sua vez, salienta que, embora o tema da conservação da infância seja comum aos diferentes segmentos sociais, as estratégias educativas organizaram-se de forma distinta em torno de dois polos:

> O primeiro tem por eixo a difusão da medicina doméstica, ou seja, um conjunto de conhecimentos e técnicas que devem permitir às classes burguesas tirar seus filhos da influência negativa dos serviçais e colocar esses serviçais sob a vigilância dos pais. O segundo poderia agrupar, sob a etiqueta de 'economia social' todas as formas de direção da vida dos pobres com o objetivo de diminuir o custo social de sua reprodução, de obter um número desejável de trabalhadores com um mínimo de gastos públicos, em suma, o que se convencionou chamar de filantropia (Donzelot, 1986, p. 21-22).

No primeiro eixo, desenvolviam-se técnicas familiares de proteção das crianças que se baseavam nos conselhos especializados dos médicos sobre educação, criação e medicação e visavam resguardá-las dos excessos da disciplina escolar e dos métodos e preconceitos dos serviçais. Tratava-se, assim, de um modelo educacional de liberdade protegida, em que se delimitava um campo no qual o desenvolvimento do corpo e do espírito da criança era encorajado com uma vigilância discreta dos pais, apoiados pelos médicos (Ver Donzelot, 1986, p. 48).

No segundo eixo, as técnicas desenvolvidas não eram de proteção, mas de vigilância, e visavam limitar liberdades assumidas pelas famílias populares, tais como o abandono de crianças em hospícios para menores e nutrizes; controlar as uniões livres, diminuindo o concubinato; e impedir linhas de fuga em relação à produção. Resultante da aplicação dessas técnicas, a família popular moderna seria uma "*redução* de cada um dos seus membros aos outros, numa relação circular de vigilância contra as tentações do exterior, o cabaré, a rua"

(Donzelot, 1986, p. 47, grifo original). O modelo educacional que se constituía, nesse eixo, era o da liberdade vigiada, que buscava solucionar o problema do excesso de liberdade por meio de técnicas que dirigissem a criança dos segmentos populares "para espaços de maior vigilância: a escola e a habitação familiar" (Donzelot, 1986, p. 48).

Segundo esse autor, essas técnicas se desenvolveram, principalmente, em torno de três polos. Primeiro, estaria o polo assistencial, que transformou a caridade em filantropia e o Estado em agente nivelador de integração social por torná-lo responsável pela satisfação das necessidades dos cidadãos por meio da seguridade social e das políticas sociais. A filantropia, diferentemente da caridade, é pragmática e visa fazer da assistência uma forma de superação da pobreza por meio da promoção da família. O segundo polo, médico higienista, elegeria a escola como solução para os problemas que ameaçavam a ordem pública e introduziria uma coerção em relação aos pais pela impossibilidade de lucrar sobre o trabalho dos filhos. Por fim, constituir-se-ia o polo jurídico, também chamado por ele de complexo tutelar. Esse complexo atuaria de modo a reduzir a autonomia familiar onde as normas sociais não fossem respeitadas e fossem acompanhadas de pobreza, ou seja, aliava os objetivos sanitários e educacionais aos métodos de vigilância econômica e moral (Cf. Donzelot, 1986).

Para tanto, a operacionalidade do complexo tutelar dependeria da colaboração entre justiça e obras filantrópicas, ocasionando a confluência dos temas da infância em perigo e infância perigosa. Tal colaboração foi possível pelo surgimento das profissões de trabalho social (assistentes sociais, educadores, orientadores), as quais não estavam vinculadas a uma instituição específica, mas se disseminavam naquelas já existentes de intervenção junto aos menos favorecidos. Com a atuação dos trabalhadores sociais, foram produzidos os saberes criminológicos que estabeleciam o perfil padrão do pré-delinquente, a partir dos dados coletados sobre os adolescentes apreendidos, e possibilitavam, com isso, a instauração de uma estrutura preventiva ligando o judiciário à ação educativa que impediria a criança em perigo de se tornar a criança perigosa. A fim de produzir esses saberes,

> "Estudar-se-á com refinamento o clima familiar, o contexto social que faz com que determinada criança se transforme numa criança 'de risco'. O repertório desses indícios permite recobrir todas as formas de desadaptação a fim de construir um segundo círculo da prevenção. Partindo da vontade de reduzir o recurso ao judiciário, ao penal, o trabalho social se apoiará num saber psiquiátrico,

sociológico, psicanalítico, para antecipar o drama, a ação policial, substituindo o braço secular da lei pela mão estendida do educador. (...) A substituição do judiciário pelo educativo pode ser vista, igualmente, como extensão do judiciário, aperfeiçoamento de seus procedimentos, ramificação infinita de seus poderes" (Donzelot, 1986, p. 92-3).

O tema da conservação da infância, fosse ele abordado da perspectiva de prevenção da infância em perigo, da infância perigosa ou da perspectiva da formação do adulto saudável (como foi o caso para as famílias de elite), permite perceber o quanto os processos modernos de socialização são permeados por diferentes formas de intervenção social.

No Brasil, a emergência do tema da conservação da infância visto da perspectiva da infância em perigo e da infância perigosa deu-se entre o final do século XIX e início do século XX, organizando um campo de discursos e práticas que buscavam intervir sobre os processos de socialização da infância e adolescência pobre.[9] Porém, se no contexto europeu, essa conservação fez-se acompanhar da constituição dos polos assistencial e de higiene e educação, como pontuou Donzelot (1986) em relação ao caso francês, o Brasil se caracterizou pelo pouco investimento público nesses polos, ao menos até meados do século XX. Destaca-se, porém, a organização do polo jurídico, o qual se expandiu, ao longo do século XX, adotando as internações em estabelecimentos educacionais como forma privilegiada de intervenção.

Nesse sentido, houve um movimento de transferência do cuidado sobre a educação (e a punição) de parte das crianças e dos adolescentes pobres de suas famílias para o Estado. Esse movimento foi consolidado com a promulgação do primeiro Código de Menores, em 1927, que regulamentou a destituição do pátrio poder para o Estado (Ver Alvarez, 1989). Estabelecia-se, assim, por parte do Estado e seus representantes, uma forma de tutelar a vida das famílias pobres mediante a vigilância e restrição de sua participação nos processos de socialização e individualização dos próprios filhos.

---

[9] A noção de campo aqui utilizada tem como base a proposta de campo de discursos feita por Michel Foucault (2000 e 2002) e que envolve o estabelecimento de um léxico comum e de regras de formação dos discursos que organizam as formas de problematização das questões empíricas. A essa proposta, incorporei as práticas, contrapondo a problematização discursiva às intervenções efetivadas, e também os grupos que, no campo, disputam as posições mais privilegiadas, de modo a conferir a essa noção maior dinamicidade e operacionalização empírica.

Atualmente, porém, a relevância crescente e o destaque que as medidas socioeducativas em meio aberto – a liberdade assistida e a prestação de serviço à comunidade – têm ganho indica a emergência de novas formas de intervenção sobre os adolescentes pobres, as quais passam a incorporar o investimento em seus contextos de origem. Se, na internação, os procedimentos institucionais totalizadores se opunham à vida familiar, impedindo sua transformação em objeto privilegiado de tratamento, as barreiras por eles colocadas não aparecem nas intervenções da liberdade assistida, uma vez que ela não se contrapõe à vida doméstica do assistido. Assim, suas intervenções se estendem em direção às famílias e às relações que o adolescente estabelece com seu contexto de origem, fazendo delas não somente fonte de produção de saberes sobre as condutas infracionais, mas também alvos da intervenção.

Desse modo, no Estatuto da Criança e do Adolescente, os orientadores sociais da liberdade assistida visam "promover socialmente o adolescente e sua família" (art. 119, inciso I, ECA). Por intermédio da orientação familiar, a participação da família é constantemente incitada e quase exigida como signo do sucesso da socioeducação, de modo que a "promoção social" do adolescente não pode ocorrer sem a promoção social de sua família. Sendo ambos, adolescentes e famílias, alvos da orientação socioeducativa, a liberdade assistida parece apontar a ascensão de novas práticas de intervenção sobre os processos de socialização dos pobres.

Por conseguinte, a hipótese inicialmente investigada foi a de que a implantação da liberdade assistida implica a emergência de novas práticas de intervenção que investem nos contextos de origem do adolescente e produzem, como efeitos, a transformação de suas relações familiares e comunitárias. Essas práticas estão relacionadas também à emergência de novos discursos, que se consolidam com a promulgação do Estatuto da Criança e do Adolescentes e que as associam à promoção da cidadania. Nesse sentido, a liberdade assistida se coloca como uma medida que, embora punitiva, possibilita o ingresso do adolescente pobre na cidadania por meio das intervenções realizadas em seu contexto social.

Em termos metodológicos, a pesquisa de doutorado, cujos resultados apresento aqui, recorreu a duas principais fontes, os documentos oficiais e a observação não participante das práticas de intervenção em duas regiões da cidade de São Paulo. Foram feitas, também, algumas entrevistas, as quais foram consideradas somente em caráter exploratório de preparação das observações, exceto a entrevista com Ruth Pistori, uma das fundadoras da Pastoral do Menor e que participou da experiência pioneira de liberdade assistida comunitária na cidade de São Paulo.

Nos documentos, busquei analisar os discursos que idealizam e normatizam a liberdade assistida enquanto medida socioeducativa promotora de cidadania. Entre os documentos, analisei (i) a legislação atual e a anterior, com o intuito de comparar em que medida a regulamentação da liberdade assistida proposta no Estatuto da Criança e do Adolescente (1990) se distancia daquela proposta no Código de Menores de 1979 e de outras leis anteriores; (ii) as convenções, regras e outros documentos das Nações Unidas dos quais o Brasil é signatário e que abordam a questão do atendimento de adolescentes autores de atos infracionais, com o intuito de mapear o impacto da Doutrina da Proteção Integral no que se refere, especificamente, à liberdade assistida; e (iii) outros documentos de referência produzidos, a partir de 1990, pelos órgãos responsáveis pelo planejamento das políticas nacional e estadual, objetivando entender as interpretações, leituras e ressignificações que ocorreram a partir da proposta inicial da liberdade assistida, tal como promulgada no Estatuto.

Para o levantamento das práticas de intervenção, propus, a princípio, a realização de entrevistas em profundidade. Porém, com o início do campo e dadas suas especificidades, fiz um redirecionamento desse levantamento para a coleta de dados por meio de observação não-participante. Justifico o redirecionamento pelo fato de que, na operacionalização da medida socioeducativa de liberdade assistida, está prevista a construção do Plano Individual de Atendimento - PIA, instrumental que visa traçar, junto com o adolescente e sua família, um histórico de seu passado, um projeto de vida para seu futuro e um roteiro de intervenções para o presente. Optei, assim, pela observação dos primeiros atendimentos, momento em que o PIA é construído, e terminei por estender a observação para os primeiros seis meses da medida.

A seleção dos adolescentes a serem acompanhados levou em consideração, principalmente, os critérios de perfil familiar e a inserção prévia em outras medidas socioeducativas. A partir desses critérios, selecionei seis casos para observação em um núcleo de liberdade assistida na região central de São Paulo e seis, em outro núcleo situado em um bairro periférico, o que totalizaria doze casos. Porém, em três casos desse último, houve desistência ou negativas dos participantes e os casos não foram substituídos, tendo sido coletadas informações dos casos de nove adolescentes. As observações dos atendimentos mantiveram-se como não-participantes, a fim de não interferir das intervenções feitas pelos orientadores.

Enfim, o livro segue a organização da tese, apresentada em cinco capítulos, que partem do contexto de emergência da liberdade assistida no campo de discursos e práticas sobre a infância e adolescência pobres para a apresentação e análise de seus discursos e suas práticas de intervenção.

Nesse sentido, o primeiro capítulo faz uma reconstrução histórica do contexto de emergência do campo de discursos e práticas sobre a adolescência pobre na cidade de São Paulo durante a Primeira República, buscando indicar os principais elementos e práticas em jogo nesse campo (trabalho *versus* vadiagem, urbanização e controle das ruas, pobreza e controles sociais, práticas de recolhimento) e em que medida esses elementos fundantes do campo foram sendo ressignificados e as práticas foram se alterando ao longo do século XX, principalmente com a criação da Fundação Nacional do Bem-Estar do Menor – Funabem e das Fundações Estaduais de Bem-Estar do Menor Febem e, posteriormente, com a promulgação do Estatuto da Criança e do Adolescente, em 1990. A ênfase deste capítulo é demonstrar, por meio da abordagem histórica, o que está em jogo nesse campo, isto é, as formas pelas quais se busca circunscrever os processos possíveis de socialização dos pobres.

O segundo capítulo aprofunda a análise do campo sobre adolescência pobre em São Paulo, tendo como foco a problemática dos adolescentes autores de ato infracional após o Estatuto da Criança e do Adolescente. A doutrina da proteção integral, que rege o Estatuto, explicita uma nova questão no campo ao transformar os adolescentes em sujeitos de direitos e lhes conferir, assim, o *status* de cidadãos. Assim, com a proteção integral, abre-se um novo debate sobre a dimensão política no processo de socialização dos pobres, assegurando aos adolescentes o direito de participarem da sociedade política. Os discursos sobre as medidas socioeducativas, voltadas a esses adolescentes em conflito com a lei, organizam-se também em torno da tarefa de formar os futuros cidadãos. Porém, ao permanecerem sendo pensadas somente para os pobres, as medidas associam infração penal a pobreza e exclusão social, além de explicitarem um ideal de socialização em muito atrelado à concepção moderna desse processo (isto é, centrado nas instituições família, escola e trabalho). Nesse sentido, a liberdade assistida é, declaradamente, um conjunto de práticas de intervenção no processo de socialização dos adolescentes pobres, a fim de promover os ajustes necessários à sua inclusão na produção (dimensão econômica) e na vida pública (dimensão política).

O terceiro capítulo busca atualizar o campo da adolescência em conflito com lei, trazendo os principais atores e focando em seus desdobramentos na cidade de São Paulo. O capítulo trata da transição da execução da medida socioeducativa de liberdade assistida do Estado para o município de São Paulo e apresenta os principais atores tanto do processo de transição quanto da execução atual da medida: no nível federal, a Secretaria Especial de Direitos Humanos e o Sistema Nacional de Atendimento Socioeducativo – Sinase; no nível estadual, a Fundação CASA e a Secretaria Estadual da Assistência e Desenvolvimento Social (SEADS); no nível municipal, a Secretaria Municipal de Desenvolvimento e Assistência Social (SMADS) e os convênios com entidades socioassistenciais para a gestão dos Núcleos de Proteção Psicossocial Especial (NPPE); no nível local, as equipes dos NPPE (coordenadores, técnicos e orientadores sociais) e sua interação com os adolescentes em cumprimento da liberdade assistida e seus familiares.

O quarto capítulo trata especificamente das práticas de atendimento observadas na liberdade assistida, estabelecendo a relação entre elas e os discursos idealizadores. Discuto, mais especificamente, as formas de intervenção dos técnicos e orientadores sociais visando as instituições de socialização consideradas foco da medida (família, escola e trabalho), bem como as resistências dos atendidos, principalmente no que se refere às contradições inerentes ao processo de socialização que vivenciam.

O quinto capítulo, por fim, aborda a questão espacial implícita à execução da medida socioeducativa de liberdade assistida, utilizando a discussão sobre os territórios urbanos e as relações centro-periferia como forma de problematizar os efeitos da municipalização da medida.

1

A constituição do campo sobre infância e adolescência pobre em São Paulo

A transformação dos processos de socialização de crianças e adolescentes pobres residentes nas cidades brasileiras em um problema sobre o qual era preciso intervir marcou a fundação do campo de discursos e práticas que se organiza em torno da infância e da adolescência pobres urbanas. A análise histórica que apresentarei neste capítulo foi construída tendo como ponto de partida acontecimentos que considero fundantes, a saber, a criação das primeiras instituições de reforma especificamente voltadas para crianças e adolescentes pobres e a elaboração de um conjunto de regras legais específicas para pautar a intervenção, sistematizado no Código de Menores.

Este capítulo foca, mais especificamente, a trajetória local desse campo na cidade de São Paulo, traçando um paralelo entre o que ocorria nesta e na então capital federal, o Rio de Janeiro. Além disso, minha leitura dessa trajetória priorizou a relação do campo com a dimensão política, destacando quatro momentos históricos – a Primeira República, a Era Vargas, a Ditadura Militar e a Nova República – a fim de analisar seus impactos para a elaboração e reelaboração dos discursos e práticas sobre a infância e a adolescência pobres.

Nesse sentido, parto da indicação dos principais elementos discursivos e das práticas em jogo na fundação do campo – tais como a discussão sobre trabalho *versus* vadiagem, a urbanização, a pobreza e a internação em instituições de reforma – para analisar em que medida foram sendo ressignificados ao longo do século XX, principalmente com a criação da Funabem (nacional) e da Febem (estadual) e, posteriormente, com a promulgação do Estatuto da Criança e do Adolescente, em 1990. Esta análise permitirá compreender, na atualidade, o lugar ocupado pela liberdade assistida no campo de discursos e práticas sobre a infância e a adolescência pobres.[1]

Um campo emergente: discursos e práticas sobre adolescentes pobres na cidade de São Paulo da Primeira República

O campo de discursos e práticas que problematiza social, política e economicamente a adolescência pobre emergiu durante a Primeira República e procurava responder às mudanças engendradas pelo processo de modernização nas formas de organização da vida social, entre a segunda metade do século XIX e o início do século XX. Essas mudanças levaram à problematização de novas questões que até então não existiam ou não eram aparentes ou relevantes. Uma delas – advinda, principalmente, da abolição da escravatura e da industrialização – era a consolidação do mercado de mão-de-obra assalariada como forma de assegurar a produção industrial. Outra questão colocada se referia à reorganização da esfera política, com a proclamação da República, em 1889, a introdução do modelo federativo e a mudança do eixo de poder da política nacional, do Nordeste para o Sudeste, sobretudo para os estados de São Paulo e Minas Gerais (Ver, principalmente, Carvalho, 2004; Fernandes, 2006).

Na cidade de São Paulo, o fluxo constante de gente vinda do interior e de outros países – destacando-se os imigrantes espanhóis e italianos – assegurava, por um lado, o crescimento de uma massa populacional cujo trabalho poderia ser explorado. Por outro lado, surgia a demanda pelo disciplinamento dessa recém-chegada mão-de-obra para o árduo trabalho nas fábricas e oficinas.

---

1 Uma versão resumida das discussões, principalmente, deste e do terceiro capítulos encontra-se no artigo Da "questão do menor" à garantia de direitos – Discursos e práticas sobre o envolvimento de adolescentes com a criminalidade urbana, que publiquei na Revista *Civitas* em 2015. Ver Paula, 2015.

A implantação da produção industrial em São Paulo, como em outros lugares, significou para os operários a submissão a condições brutais de trabalho, que iam "desde o ar frequentemente impregnado de partículas nocivas que, de forma insidiosa, minavam a saúde dos trabalhadores, até o acidente que, repentinamente, fazia estancar o curso de sua vida" (Moura, 1999, p. 264). Homens e mulheres, adultos, adolescentes e crianças pobres enfrentavam longas jornadas de trabalho nas instalações precárias e insalubres das fábricas e oficinas. Não raro, as mulheres, as crianças e os adolescentes exerciam funções inadequadas para sua compleição física e idade, o que, juntamente com a precariedade das instalações, levava a acidentes de trabalho que deixavam sequelas permanentes, quando não causavam a morte (Ver Moura, 1999).

A dureza do mundo da produção e do trabalho estendia-se também para a vida íntima dos trabalhadores. As habitações coletivas – principalmente, os cortiços – do início do século XX ilustram o quanto seu cotidiano familiar se distanciava das experimentações higienistas que as famílias de elite vivenciavam desde o século XIX (Cf. Marins, 2002). Essa vivência pautava-se pela implementação do modelo da família nuclear burguesa à paulista, o qual se esparramava pelo tempo tanto em direção ao passado, com as genealogias que apagavam da história familiar os desvios às regras da Igreja Católica e às normas de higiene e formulavam "origens sociais notáveis" da elite emergente do café (Marins, 2002, p. 52), quanto em direção ao futuro, com o investimento na preservação e proteção da criança como forma de assegurar a formação do adulto saudável. A preservação das crianças levaria, dentre outras mudanças, ao investimento na assepsia da casa, implicando não somente a retirada das impurezas físicas como também a restrição à circulação de estranhos (Ver Costa, 1999). Nesse cenário, os cortiços e habitações coletivas eram, sem dúvida, uma afronta à assepsia higienista, tanto na questão da insalubridade quanto na da presença constante de pessoas estranhas ao "núcleo" familiar.

As condições de vida e moradia dos trabalhadores pobres da cidade levaram-nos a serem associados à doença, sujeira, promiscuidade e ao crime pelas autoridades públicas municipais e membros da elite local. Uma das soluções encontradas pelo poder público para essa questão foi o investimento no saneamento urbano, sendo criados, ainda na última década do século XIX, o Serviço Sanitário do Estado (1890) e o Código Sanitário (1894). Em suas visitas às moradias dos pobres, os agentes sanitários procuravam por doentes e mantinham estatísticas e registros, o que fez os trabalhadores perceberem sua atuação como de controle social (Ver Caldeira, 2000, p. 214-218).[2]

No afluxo de gente dos cortiços e habitações coletivas para as ruas, a presença de crianças e adolescentes e suas arruaças, farras e molecagens chamavam a atenção da imprensa da época (Cf. Fausto, 2001; Moura, 1999; Santos, 1999). Para poder trabalhar, muitos pais e mães operários, quando não levavam seus filhos para as fábricas e oficinas, ocasionando sua precoce inserção no mundo do trabalho, deixavam-nos sozinhos durante a jornada, uma vez que não havia um amparo institucional público ou privado capaz de absorver a demanda por creches, liceus e escolas de educação profissional. As poucas instituições existentes no período eram restritivas em relação ao público atendido, de modo que mesmo o Estado – por meio das autoridades do executivo e do judiciário – tinha dificuldade em encaminhar para elas crianças e adolescentes (Ver Santos, 1999). Na ausência dos pais ou outros adultos que se responsabilizassem por eles, meninos e meninas pobres buscavam diversão e sustento nas ruas da cidade e, por vezes, envolviam-se em atividades ilícitas.

Aqueles cuja sobrevivência material não estava relacionada ao trabalho em estabelecimentos industriais (fábricas e oficinas) ou na construção civil encontravam nas ruas da cidade a possibilidade de exercer atividades da economia informal (tais como engraxar sapatos, vender jornais, entre outras) ou fazer uso de outras práticas de sustento, dentre elas a mendicância, a prostituição e o cometimento de pequenos delitos (principalmente, o furto). Ingressando em atividades "de rua", sua circulação pelo espaço público incomodava tanto as forças policiais e autoridades públicas quanto os industriais. Para as primeiras, sua presença nas ruas era a causa da desordem urbana; para os segundos,

---

2   No Rio de Janeiro, a ação sanitarista coordenada por Oswaldo Cruz foi o estopim de uma das mais importantes revoltas populares urbanas da Primeira República: a Revolta da Vacina, em 1904. Segundo José Murilo de Carvalho, ela "foi um protesto popular gerado pelo acúmulo de insatisfações com o governo" (Carvalho, 2004, p. 74). As insatisfações estavam relacionadas à reforma urbana e higiênica da capital, iniciada pelo prefeito Pereira Passos, em 1902, e que havia destruído várias habitações de moradores pobres, desabrigando-os para a construção de avenidas e o alargamento das ruas. Em 1904, com a vacinação contra a varíola tornada obrigatória, os agentes sanitários foram enviados para vacinar os moradores, desinfetar ruas e casas e interditar as habitações consideradas infestadas. A associação entre a ação sanitarista e o controle social pode ser percebida analisando-se os alvos da revolta, pois a "ira da população dirigiu-se principalmente contra os serviços públicos, a polícia, as autoridades sanitárias, o ministro da Justiça" (Carvalho, 2004, p. 74). Ver também Caldeira, 2000, p. 214.

deixá-los fora das fábricas era lançá-los "no vício, na ociosidade, na delinquência" (Fausto, 2001, p. 95).

As autoridades e agentes policiais da época – chefes de polícia, praças da Força Pública e membros da Guarda Cívica – miravam exercer o controle sobre aqueles indivíduos que consideravam os causadores da desordem na crescente metrópole: os desocupados, embriagados e arruaceiros. Não por acaso, os dados referentes às prisões de crianças e adolescentes nos anos de 1904 a 1906, indicam a maior concentração de apreensões policiais pelas infrações de desordem (40,5%), vadiagem (20,0%) e embriaguez (17,4%). As demais apreensões do período ocorreram devido a furtos, roubos (somando 16,6%) e lesões corporais (5,2%), infração comumente resultante de brigas e agressões (Cf. Fausto, 2001, p. 99).

No relatório anual de 1904, o chefe de polícia Antonio de Godoy orientava seus subordinados a deterem "os indivíduos de qualquer sexo e idade encontrados a pedir esmola" ou que fossem "reconhecidamente vagabundos" (Godoy *apud* Santos, 1999, p. 222). Nessa ótica, o controle exercido pelas forças policiais recaía sobre determinadas condutas de determinados indivíduos, como descreve Marco Antonio Cabral do Santos:

> As ruas da cidade, repletas de trabalhadores rejeitados pelo mercado formal de mão de obra e ocupados com atividades informais, era palco de inúmeras prisões motivadas pelo simples fato de as 'vítimas' não conseguirem comprovar, perante a autoridade policial, sua ocupação. Boa parte dessas prisões arbitrárias tinha como alvo menores, que perambulando pelas ruas, eram sistematicamente capturados pela polícia." (Santos, 1999, p. 221-2).

Sendo ponto comum entre forças policiais, autoridades públicas e industriais que o lugar das crianças e adolescentes pobres não era as ruas, restava definir o que seria feito com eles. Para os industriais, a solução vinha de suas atividades filantrópicas, que focavam, principalmente, o recrutamento de crianças e adolescentes na condição de aprendizes e enalteciam o trabalho "enquanto instrumento que permitia, (...), resgatá-los e preservá-los do contato pernicioso das ruas, que projetava sobre a cidade as sombras de uma crescente criminalidade" (Moura, 1999, p. 276). Havia, certamente, motivação econômica na exploração da força de trabalho infanto-juvenil, porém havia também a crença de que a inserção precoce no mundo do trabalho serviria à preservação da infância pobre diante das situações de abandono, desamparo e criminalidade. Nesse sentido, Boris Fausto (2001, p. 94) pontua que o "caminho da inserção do menor infrator na sociedade correspondia a sua conversão pura e simples em força de trabalho desqualificada".

O Código Penal Republicano, de 1890, fornecia certo respaldo aos industriais, uma vez que autorizava o encaminhamento de crianças e adolescentes apreendidos pelas forças policiais a estabelecimentos industriais especiais.[3] No entanto, essa solução era precária, fosse porque dependia de ajustes e acordos *ad hoc* entre industriais e autoridades policiais,[4] fosse porque a demanda de vagas crescia consideravelmente, conforme indicavam as estatísticas dos órgãos policiais (Ver Fausto, 2001, p. 98; Santos, 1999, p. 222-4). Como tampouco existia instituição pública de recolhimento, muitas autoridades policiais faziam uso de expedientes extrajudiciais, como a prisão temporária junto a adultos, ou enviavam os jovens para o cumprimento de sua pena disciplinar junto a infratores adultos em penitenciárias, contrariando a diretriz, posta no Código Penal Republicano, de separação das crianças e adolescentes de adultos infratores.

A campanha de criação de uma instituição pública de recolhimento em São Paulo foi estimulada pelo jornal *A Nação* (Cf. Fausto, 2001, p. 96) e por autoridades principalmente relacionadas ao universo jurídico, com destaque para o jurista e então deputado estadual Candido Motta (Ver Alvarez, 2003, p. 107). O resultado da campanha foi a criação do Instituto Disciplinar e da Colônia Correcional (Lei n. 844, de 10 de outubro de 1902), cuja instalação na Chácara do Belém gerou temor nas famílias que moravam nas regiões vizinhas.[5] Em movimento semelhante, a Escola Correcional XV de Novembro foi criada no Rio de Janeiro em 1903.

---

3 No Código Penal de 1890, eram consideradas inimputáveis as crianças menores de 09 anos. Crianças e adolescentes entre 09 a 14 anos poderiam ser punidos caso tivessem agido com discernimento. Já para os adolescentes entre 14 e 17 anos, o discernimento era presumido. Ver Alvarez, 1989; Fausto, 2001; Santos, 1999.

4 Na análise de jornais do início do século, Esmeralda Blanco Bolsonaro de Moura (1999, p. 276-7) transcreve trecho de reportagem em que o chefe de polícia de São Paulo, Oliveira Ribeiro, acordou com um industrial e fazendeiro de Rio Claro (interior do estado de São Paulo) enviar-lhe um grupo de adolescentes apreendidos para trabalharem em suas propriedades, sem formalização judicial ou contrato de trabalho. O acordo acabou sendo noticiado porque, ao ver o grupo de adolescentes que chegava à estação, um agente de segurança de Rio Claro achou que se tratava de um grupo de "gatunos", prendendo-os e conduzindo-os à repartição central.

5 No decorrer do século XX, o terreno da Chácara do Belém, doado ao Estado para o atendimento de crianças e adolescentes, em 1902, passaria a abrigar o maior complexo de unidades de internação de São Paulo: o complexo do Tatuapé, que chegou a comportar entre 1500 e 2000 adolescentes divididos em 17 unidades e foi desativado somente em 2007. Atualmente, o local abriga o Parque do Belém, que tem uma faculdade e uma escola técnica de educação profissional de jovens.

Embora corressem boatos de que a polícia passaria recolhendo em carrocinhas, como as utilizadas para recolher animais, quaisquer crianças e adolescentes encontrados pelas ruas, o ingresso no Instituto Disciplinar e na Colônia Correcional dependia de determinação judicial, e tinha como clientela crianças e adolescentes abandonados e infratores, que eram tratados como "menores" (Cf. Fausto, 2001; Penteado, 2003; Santos, 1999).[6]

O regulamento do Instituto previa a alternância entre jornadas de trabalho essencialmente agrícola com aulas de ginástica moderna, instrução militar e o programa educacional, que compreendia "leitura, princípios de gramática, escrita e caligrafia, cálculo aritmético, frações e sistema métrico, rudimentos de ciências físicas, químicas e naturais (...), moral prática e cívica" (Santos, 1999, p. 225). Atividades de lazer ou recreação não eram previstas.

A partir dos registros das atividades efetivamente desenvolvidas no Instituto, cabem algumas considerações. Primeiramente, o programa educacional não parece ter sido prioritário, pois, conforme aponta Marco Antonio Cabral do Santos (1999, p.225), eram "frequentes os casos de jovens que, após uma longa estadia, de lá saíam sem nada aprender, em estado de semi-analfabetismo". Em contrapartida, as jornadas de trabalho agrícola quase totalizavam seu funcionamento cotidiano. Essa centralidade do trabalho indica a adesão a uma concepção segundo a qual a disciplina necessária para o ingresso no mundo do trabalho seria aprendida por meio da vivência cotidiana e reiterada de suas rotinas – acordar cedo, realizar trabalhos braçais, como o cultivo da terra, ter horário para refeições e descanso, suportar longas jornadas de atividade sem lazer, dormir cedo. A operacionalização dessa concepção, chamada de pedagogia do (e para o) trabalho, pode ser encontrada no relato de Jacob Penteado em suas memórias sobre o bairro do Belém:

> Os meninos do Instituto levavam vida bem dura. Levantavam às 4 horas, no verão, e às cinco, no inverno. Após o banho no Tietê, tomavam café e iam, sem mais demora, para o guatambu, cultivar a imensa área, aos dois lados do rio. Devido aos maus tratos dos feitores, que lhes batiam com rabo de tatu, muitos fugiam, uniformizados, buscando refúgio nas casas da vizinhança. Quando

---

6 A necessidade de determinação judicial não significa que os expedientes policiais extrajudiciais tenham sido suprimidos. Embora a polícia afirmasse que só fazia o encaminhamento de crianças e adolescentes para o Instituto Disciplina sob ordem judicial (Ver Fausto, 2001, p. 97), haveria uma seção do Instituto destinada a receber crianças e adolescentes encaminhados "por ordem do chefe de polícia ou da autoridade policial competente" (Santos 1999, p. 225).

apanhados, eram açoitados e metidos em banho de salmoura. (Penteado, 2003, p. 66).

O regimento interno do Instituto vedava castigos físicos (Ver Art. 7º da Lei Estadual 844/1902). Porém, o relato de Jacob Penteado aponta que existiam e eram aplicados pelos "feitores", isto é, pelos funcionários responsáveis pela vigilância dos internos. O descompasso entre o que o regimento permitia e o que era feito de fato explicitava o que viria a arraigar-se como uma das principais contradições do funcionamento das instituições públicas de abrigo e reeducação que sucederam o Instituto, qual seja, a dissonância entre os discursos dos idealizadores e, em certos casos, das equipes dirigentes, sobre as práticas ideais para a reeducação, e as práticas que eram realmente executadas no dia-a-dia institucional, pelos operadores mais imediatos.

Também indica a coexistência de duas formas diferentes de tratar os desvios à ordem social que se implantava. De um lado, o regulamento do Instituto buscava imprimir técnicas modernizadoras de correção dos desvios, dentre elas a ginástica e a instrução militar, que se aproximavam das técnicas disciplinares tal como analisadas por Michel Foucault (1999a) ao tratar da emergência da ordem social burguesa, sobretudo, na França e em outros países europeus. Nesse sentido, o Instituto Disciplinar foi um dos primeiros experimentos na cidade de São Paulo em que se buscava com o encarceramento – chamado de recolhimento justamente por recolher das ruas – converter indivíduos socialmente indesejáveis em indivíduos socialmente necessários por meio da fabricação de trabalhadores economicamente disciplinados e politicamente obedientes (Ver Alvarez, 2003, p. 128).

Por outro lado, porém, a realidade cotidiana do Instituto, com ênfase no trabalho agrícola e na aplicação de punições corporais pelos "feitores", apontava a permanência das práticas herdadas da ordem social escravocrata.[7] Assim, o cotidiano do Instituto bem como a atuação das forças policiais da cidade refletiam a tendência de utilização da violência física como um dos instrumentos de governo da Primeira República para resolução dos conflitos que a modernização da

---

7   A Primeira República ficou conhecida como "república dos coronéis" por manter as estruturas de poder local herdadas do Império e centradas na figura do coronel, cujo poder tinha como fonte sua força militar, por ocupar o posto mais alto da Guarda Nacional. Ainda no Império, os coronéis passaram a controlar a política local, indicando quem seriam os chefes políticos. Findo o Império, o poder dos coronéis se manteve, articulando as escolhas dos presidentes dos estados e estes a do presidente da República. Ver Carvalho, 2004, p. 41.

sociedade brasileira engendrava. E não foram poucas as manifestações de resistência da população urbana e rural do país diante de uma modernização que se impunha de cima para baixo: desobediências, revoltas e greves explicitavam os conflitos inerentes aos processos de inclusão na e exclusão da nova ordem. Esses conflitos foram tratados, num primeiro momento, de forma repressiva.[8]

O descompasso entre os discursos expostos no projeto de criação e no regulamento do Instituto Disciplinar, que lhe conferiam uma proposta institucional modernizadora por meio do investimento na recuperação e educação moral, e as práticas que tratavam os atos de desobediência, rebeldia e revolta como "questão de polícia", isto é, reprimiam-nos pelo uso da violência física, marcaria a dinâmica das instituições que o sucederam na cidade de São Paulo. Nos diferentes projetos institucionais do século XX, os quais serão apresentados neste capítulo, a violência física se manteve enquanto prática comumente adotada, demonstrando o enraizamento da ordem social escravocrata e do exercício do poder repressivo nos subterrâneos das instituições de correção e seus projetos de modernização social.

Para Boris Fausto, o Instituto Disciplinar não obteve muito êxito em firmar-se como lugar privilegiado de tratamento da infância e adolescência desvalida ou infratora, fosse porque era objeto de fugas constantes (Cf. Santos, 1999, p. 226) ou por ter atendido somente algumas dezenas de meninos. "A condescendência, a prisão sem processo, o procedimento repressivo idêntico ao aplicado aos adultos continuaram a ser as formas básicas de tratamento" (Fausto, 2001, p. 97). Porém, como ressalta Marcos César Alvarez (2003), o Instituto representava uma inovação institucional, principalmente se comparado à Roda dos Expostos, sua antecessora no atendimento à infância pobre:

> O Instituto Disciplinar, em contrapartida, desenha um dispositivo institucional radicalmente diferente dos asilos de expostos. A começar pela clientela, que não se reduz mais aos materialmente abandonados, mas que visa também os menores criminosos e

---

8   Além da Revolta da Vacina, que envolveu a população urbana do Rio de Janeiro, cabe citar também outras duas revoltas populares – estas rurais – que marcaram a Primeira República: Canudos, na Bahia, e Contestado, no Paraná. Sobre os movimentos operários e greves, destaca-se o ciclo de greves entre 1917 e 1920, principalmente nas cidades do Rio de Janeiro e São Paulo, que eram, então, as mais industrializadas do país. Ver Carvalho, 2004, p. 57-75; Alvarez, 2003, p. 179-80; Passetti, 1999b, p. 350-5. Cabe, enfim, indicar que a repressão não foi a única forma de tratamento dos conflitos na Primeira República. Houve também, e como se tratará mais adiante, a emergência da questão social como tentativa de acomodação dos conflitos.

> todos aqueles que estejam em estado de abandono moral. Os objetivos perseguidos também são mais ambiciosos, pois pretende-se que a instituição recupere e eduque moralmente os que estão sob sua tutela. Finalmente, com esse tipo de instituição, o Estado assume para si a tarefa de dar assistência a determinadas categorias da população, sobrepondo-se assim à benemerência privada, responsável pelas antigas Rodas. (Alvarez, 2003, p. 128).

Tendo como alvo a infância e a adolescência pobres, essa assistência implicou, a princípio, uma equalização do tratamento dispensado a crianças, adolescentes e adultos pobres. Isso porque a adoção da pedagogia do trabalho fazia dele o instrumento de iniciação da vida social, lançando crianças e adolescentes ao mundo da reprodução material da sociedade, juntamente com os adultos, cerceando sua possibilidade de viver a infância e a adolescência enquanto momentos de formação e, por isso, de experimentação e criação do novo (Ver Martins, 1991, p. 9-18). A pedagogia do trabalho negava-lhes, portanto, a inclusão na noção de infância protegida, tal como era concebida e vivenciada pelos segmentos mais altos da população, e inseria-os na noção de infância vigiada, sobre a qual se construía um aparato de controle social voltado a limitar as liberdades que o mundo da rua parecia oferecer-lhes.

Ao mesmo tempo, construía-se uma representação social da rua como espaço de "perigo moral", onde o controle social não era suficientemente exercido e onde habitavam tipos imorais – o ébrio, a prostituta, o vagabundo, o gatuno, o libertino, etc. (Cf. Alvim e Valladares, 1988; Gregori, 2000). A convivência de crianças e adolescentes pobres com esses tipos e a ausência de outras figuras que pudessem representar uma referência da moralidade de trabalhador eram as condições que definiam a noção de abandono moral, o qual conduziria à delinquência (Ver Gregori, 2000, p. 61).

Resultando dessa crescente preocupação de autoridades públicas e industriais em relação às crianças e aos adolescentes pobres que não estavam inseridos no mundo do trabalho, o início do século XX seria palco do surgimento de um conjunto de práticas e discursos voltados para a definição dos destinos possíveis para os indivíduos pobres que eram, voluntária ou involuntariamente, refratários à incorporação do *ethos* de trabalhador. Esse conjunto esteve bastante associado, a princípio, à pedagogia do trabalho, como pode ser observado no Código Penal Republicano (de 1890) e na criação e manutenção do Instituto Disciplinar de São Paulo – o qual receberia, em 1915, a Escola Preliminar Operária Noturna, destinada a filhos de operários ou de desvalidos (Cf. Almeida, 2004).

Porém, ainda no início do século XX, surgia uma segunda proposta, relacionada a um grupo que ganharia visibilidade e relevância no debate sobre o que ficaria conhecido como o "problema do menor": os especialistas em infância, representados primeiramente pelos médicos. Não que a inserção precoce no mundo do trabalho tenha deixado de ser uma técnica aplicada para a correção dos que escapavam à produção material, mas os saberes especializados sobre a infância pobre inseriram a dimensão terapêutica no debate. Tratava-se de intensificar os registros, observar os casos, conhecer as trajetórias, isto é, produzir conhecimento sobre os indivíduos considerados refratários às regras, graduar seus níveis de resistência para, então, determinar a aplicação das técnicas corretivas mais adequadas.

É provável que os médicos tenham sido um dos primeiros grupos de especialistas na infância pobre devido ao acúmulo de saberes propiciado pelas intervenções higienistas sobre a infância de elite no século XIX (Ver Costa, 1999). Posteriormente, outros grupos de especialistas se juntariam a eles, destacando-se os assistentes sociais, psicólogos e pedagogos. Ora firmando alianças, ora disputando espaço político e legitimidade, esses grupos asseguraram sua centralidade no debate sobre a infância e adolescência pobres por meio da circulação entre os saberes que produziam e organizavam em esquemas de interpretação de condutas e práticas de intervenção terapêutica.[9]

Uma das primeiras instituições criadas pelos médicos para a infância pobre foi o Instituto de Proteção e Assistência à Infância no Rio de Janeiro, inaugurado por iniciativa do médico Arthur Moncorvo Filho em 1899.[10] Segundo Maria Rosilene Barbosa Alvim e Lícia do Prado Valladares, os objetivos desse Instituto:

---

9 As intervenções terapêuticas propostas pelos especialistas não foram exaustivamente implementadas ao longo do século XX. Em suas práticas nos estabelecimentos destinados ao encarceramento, os especialistas depararam-se com um grupo político capaz de opor--lhes resistência e delimitar tempos e espaços para a intervenção. Os antigos "feitores" do Instituto Disciplinar, os monitores e, posteriormente, os agentes de segurança limitaram as práticas terapêuticas em nome da segurança dos estabelecimentos e da contenção de eventuais fugas e rebeliões.

10 Em 1904, o Instituto de Proteção e Assistência à Infância ganharia o apoio oficial do governo republicano, passando a receber, por meio do Ministério da Justiça e Negócios Interiores e sob sua fiscalização, crédito para pagamento de despesas mensais com aluguel até 1914, quando recebeu subvenção do governo. Em 1919, o Instituto passou a ser considerado de utilidade pública.

(...) eram múltiplos e amplos: exercer a proteção sobre crianças pobres, doentes, moralmente abandonadas; regulamentar a lactação mercenária; difundir entre famílias proletárias noções elementares de higiene infantil, incluindo a necessidade de vacinação; regulamentar o trabalho da mulher e da criança na indústria; exercer tutela sobre meninos maltratados ou em perigo moral. (Alvim e Valladares, 1988; p. 04).

Embora múltiplos, os objetivos do Instituto de Proteção e Assistência à Infância intencionavam a criação para a infância pobre de um mundo diverso daquele dos adultos. Propunham sua separação enquanto etapa da vida que requer cuidados especiais (lactação, higiene, vacinação, proteção contra maus tratos e abandono), os quais não poderiam ser assegurados mediante sua inserção simples e direta no mundo do trabalho. Nesse sentido, exemplificavam a distância que se estabeleceria entre as práticas propostas pelos médicos especialistas e aquelas adotadas pela pedagogia do trabalho nas primeiras instituições de recolhimento.

Além disso, os saberes e práticas dos médicos estabeleciam a ligação entre a preservação da infância pobre, pela proteção e tutela daqueles considerados moralmente abandonados ou em perigo moral, e o combate à criminalidade urbana. Desviavam-se da simples repressão ou recolhimento e propunham uma ação profilática, no sentido de combater as causas da delinquência e da "degenerescência social" por meio da intervenção sobre a infância. Ou seja, defendiam que o investimento em proteção e assistência moral dos pobres desde a infância poderia substituir sua prisão no futuro e fundar, assim, os alicerces de uma sociedade sadia (Ver Alvarez, 1989).

A preservação da infância pobre enquanto profilaxia social levou à emergência da pedagogia terapêutica, a qual relegou à pedagogia do trabalho um papel secundário na organização do aparato de controle social sobre crianças e adolescentes pobres, e contribuiu para sua menorização ao se associar aos discursos e práticas jurídicas que culminaram na promulgação do primeiro Código de Menores, em 1926.[11] Dentre as noções dessa pedagogia, destacava-se a de que existiria na criança "os 'sinais de alarme' de predisposições e tendências ao crime", cuja origem poderia ser "de natureza morfológica, funcional ou psíquica" (Fausto, 2001, p. 93).

Como pode ser observado nos objetivos do Instituto de Proteção e Assistência à Infância e também na atuação de Moncorvo Filho, os saberes médicos e suas

---

11 Ver Alvarez, 1989; Fausto, 2001.

práticas profiláticas buscavam, em um primeiro momento, intervir sobre a infância pobre por meio da interferência sobre os hábitos cotidianos de sua família (Cf. Alvim e Valladares, 1988, p. 05).[12] Porém, provavelmente pela aliança com os saberes e práticas jurídicas, o lócus da intervenção se deslocaria ou ramificaria, em um segundo momento, para as instituições públicas de abrigo e reeducação.[13]

Juristas e autoridades públicas vinculadas ao universo jurídico já se haviam mobilizado nas campanhas de criação dessas instituições, como eram o Instituto Disciplinar e a Escola Correcional XV de Novembro, e participavam do campo de debates sobre a infância pobre juntamente com industriais e médicos. Das alianças possíveis, optaram por aliarem-se a esses últimos na constituição de uma concepção de justiça especial para o atendimento da infância pobre. Essa concepção complementava a da profilaxia social, pois defendia o caráter recuperador – e não punitivo – da justiça e fazia dela um instrumento profilático de prevenção da futura delinquência.

Resultante da aliança entre médicos e juristas, o projeto de criação do Código de Menores foi aprovado no Senado em 1925. Redigido por Cândido de Mello Matos, nomeado primeiro juiz de menores em 1923, e publicado por meio de decreto em 1926, esse Código sintetiza a transformação em questão social da infância e da adolescência pobres vivendo pelas ruas e fora do mundo do trabalho, consolidando a emergência do doravante conhecido problema do menor (Ver Alvarez, 1989; Alvim e Valladares, 1988). A questão social, expressão que, a princípio, designava genericamente reivindicações dos movimentos

---

12 Estratégia semelhante já havia sido adotada no século anterior em relação às famílias de elite, segundo defende Jurandir Freire Costa (1999). O tema da proteção da infância, encampado pelos médicos higienistas do século XIX, tinha resultado na construção da noção de família como célula *mater* da sociedade. Decorrente dessa noção, a história familiar do indivíduo passaria a determinar "em parte, senão com exclusividade, suas aspirações, comportamentos, adaptações e desvios" (Costa, 1999, p. 145). Para que a família de elite pudesse formar indivíduos saudáveis, com comportamentos e aptidões socialmente desejáveis, os médicos, apoiados pelo poder público, investiram na transformação de suas relações e dinâmicas internas, levando-a a concentrar-se nas relações consanguíneas e sexuais mais imediatas e sua intimidade. A contrapartida dessa maior intimização das relações familiares seria o maior controle externo exercido sobre elas pelos médicos e, posteriormente, por especialistas da psique (Ver Costa, 1999; e também Singly, 2007).

13 O deslocamento ou ramificação não significa que os saberes e práticas médicos tenham deixado de investir nas famílias pobres. O Instituto de Proteção e Assistência à Infância existiu pelo menos até meados da década de 1940 e foi acompanhado da criação de outras instituições, dentre elas a Inspetoria de Higiene Infantil, criada em 1923 e substituída, em 1934, pela Diretoria de Proteção à Maternidade e à Infância, e o Instituto Nacional de Puericultura, criado em 1941.

operários advindas dos conflitos entre capital e trabalho (Carvalho, 2004, p. 62-3), englobaria, ainda no final da Primeira República, o "problema do menor", isto é, a problematização do destino de crianças e adolescentes pobres, pensada a partir da sua relação com o mundo do trabalho. Assim, o Código de Menores seccionava a infância e a adolescência pobres em, pelo menos, dois eixos de ação e intervenção pública: primeiro, colocava-se o eixo da infância trabalhadora, a qual começaria a ser alvo de regulamentação;[14] no segundo eixo, situava-se a infância não trabalhadora, e por isso considerada em "perigo moral" (Ver Alvarez, 2003, p. 210).

Além da pobreza e da não-inclusão no mundo do trabalho, a definição da categoria "menor" levaria em consideração a questão familiar. Nesse sentido, atribuía-se à ausência de cuidados familiares o primeiro elo na cadeia de causalidade que levaria ao abandono e à delinquência de crianças e adolescentes pobres. Conforme assinala Marcos César Alvarez,

> A clientela [do Código de Menores] se define pelo abandono moral ou material causado pela ausência ou deficiência dos cuidados da família, que é a instituição que primeiro deve garantir a vida e a saúde, ou por sua impossibilidade de orientar o menor para o caminho da educação e do trabalho. A delinquência aparece como resultado do estado de abandono, mas também é a categoria que dá unidade a todas as figuras do abandono, expostos, abandonados, vadios, mendigos e libertinos, pois todas trazem em comum a possibilidade de delinquência, a possibilidade da criança não se desenvolver de modo saudável e honesto.(Alvarez, 1989, p. 140-1)

Para prevenir o abandono e a delinquência e garantir o desenvolvimento saudável e honesto, a estratégia de intervenção proposta no Código passava pela articulação entre controle e gestão dessa clientela pelo Estado, representado pelos poderes judiciário e executivo. Enquanto controle social, o Código permitia ao poder judiciário articular-se com a ação repressiva da polícia, a qual recolhia das ruas crianças e adolescentes pobres em situação de não-trabalho. Como gestão dessa parcela da população, o Código viabilizava a articulação entre poder judiciário e serviços de assistência e proteção, os quais deveriam passar a serem organizados pelo poder executivo. Possibilitava, enfim, a articulação

---

14 Nesse sentido, o Código de Menores é uma das poucas legislações da Primeira República que intencionava regulamentar as relações entre capital e trabalho (Ver Carvalho, 2004, p. 62), tendo sido alvo de fortes protestos e resistências por parte dos industriais (Cf. Alvarez, 2003, p. 211).

entre saberes jurídicos e médicos, como forma de pensar táticas de intervenção as quais produziriam a identidade social do "menor".

Cabe lembrar que essa estratégia não foi a única e que houve o desenvolvimento de outras formas de controle e gestão da infância pobre, tais como as que se relacionavam à saúde e higiene das famílias e se concretizavam nas ações de instituições como o Instituto de Proteção e Assistência à Infância e posteriores. Porém, trata-se aqui das estratégias que se desenvolveram visando especificamente um grupo considerado mais refratário à ordem social moderna que se impunha e que se situava nas franjas dessa nova ordem.

Os juristas asseguraram aos operadores do direito um papel central no Código de Menores. Seria o Tribunal de Menores a instituição que faria essa filtragem e classificação dos níveis de resistência, ligando a clientela às formas de intervenção. Seria a ação do juiz a determinar, sob alegação de negligência das famílias, a restrição de seu pátrio poder e a tornar legítima a transferência da responsabilidade pelos cuidados de crianças e adolescentes pobres para as instituições de assistência.

Toda essa operação de classificação da clientela e constatação da negligência familiar não seria possível sem o apoio dos saberes especializados dos médicos e, posteriormente, dos técnicos (psicólogos, assistentes sociais e pedagogos). Foram esses saberes que conferiram legitimidade racional e científica à intervenção jurídica, desvencilhando da figura do juiz o exercício de uma autoridade puramente racional. Se a racionalidade da intervenção jurídica era conferida pelos saberes técnicos, a ação do juiz era, por sua vez, paternal, educativa – uma mistura de tradicionalismo e carisma –, levando-o a assumir o papel que presumidamente havia sido negligenciado pela família daquela criança ou daquele adolescente.[15] Para assumir esse papel, era necessário desqualificar a família, afirmar a ação negligente dos pais. Enfim, o Tribunal de Menores e seus

---

15 Para uma ilustração do quanto a figura do juiz de menores como autoridade paternal (e, portanto, tradicional) do início do século XX se enraizou nas práticas jurídicas das varas de infância e juventude, cabe indicar o documentário *Juízo* (2006), de Maria Augusta Ramos. Para alguns pensadores da área, como o jurista francês e ex-juiz de menores Antoine Garapon (1999), essa figura, que beira o teatral, atua de forma a mediar simbolicamente a violência. Porém, descrições de audiências, como as realizadas pela antropóloga Paula Miraglia (2001), fazem-me indagar o quanto essas mediações simbólicas da violência não seriam formas de reafirmação de uma ordem social em que se toleram diferentes modalidades de violência contra os pobres, mas em que existe pouca tolerância às violências impetradas por eles. Dito de outro modo, parece-me que os tribunais permanecem, essencialmente, como instituições de controle social, não obstante todo o debate atual sobre seu possível

juízes, legitimados pela chancela científica dos saberes técnicos, definiam em suas sentenças quem seriam os filhos do Estado, aqueles a quem seria atribuída a insígnia de "menores".

A aliança entre juristas e médicos pareceu frustrar, num primeiro momento, as expectativas dos industriais paulistas quanto à ampliação de seu potencial produtivo pela captura, recolhimento e inserção no mundo do trabalho daqueles que ainda lhe escapavam. Nesse sentido, Boris Fausto (2001) chama a atenção para seus protestos diante da promulgação do Código de Menores, que adiava a entrada de crianças e adolescentes pobres no mundo do trabalho. Também Marcos César Alvarez (2003) aponta as resistências dos industriais cariocas, que dificultavam a fiscalização do juizado no Distrito Federal, e de parte da opinião pública da época, que não era favorável às intervenções moralizadoras previstas. Para Alvarez (2003, p. 211), essas resistências demonstravam que "a legislação da menoridade representou provavelmente a possibilidade de uma intervenção inédita do poder público no campo das relações então consideradas privadas".

A intervenção pública incluía, além da regulamentação das relações de trabalho, a reorganização dos serviços de assistência, que estavam naquele momento sob a responsabilidade das instituições filantrópicas privadas ou religiosas. Porém, para que fosse introduzida como prática possível no Código de Menores, a filantropia precisou ser ressignificada pelas lentes dos médicos. Arthur Moncorvo Filho denunciava em seu livro *Histórico da Proteção à Infância no Brasil*, publicado em 1926, "a precariedade dos serviços da assistência" oferecida à infância pelas instituições filantrópicas até o século XIX e "criticada como não-científica por não empregar padrões da puericultura e da pediatria" (Alvim e Valladares, 1988, p. 06).

Em São Paulo, na virada do século XIX para o XX, ocorreu um intenso movimento de institucionalização da assistência aos pobres, o qual, impulsionado pelos princípios da medicina social, possibilitou a conversão da filantropia caritativa em filantropia higiênica. Tratava-se da cruzada filantrópica, estudada por Sérgio Adorno e Anamaria Cristina Schindler (1991), e que engendrou mudanças na forma como se passaria a prestar assistência social. A filantropia:

> Resulta da caridade cristã, com o objetivo de prestar socorro espiritual e material aos necessitados, não havendo, num primeiro momento, nenhuma preocupação preventiva com relação à população

---

papel transformador da realidade social contemporânea. Sobre esse debate, ver, além de Garapon, 1999, Cappelletti, 1993; e Vianna, Carvalho, Melo e Burgos, 1997.

pauperizada e carente. Posteriormente, aliada à assistência e medicina social, a filantropia passa a realizar o projeto de higienização, controle e disciplina do espaço e da população (Adorno e Schindler, 1991, p. 12).

Reconvertida pelos princípios da medicina social, a filantropia se institucionalizou como uma das formas de prestação de serviços de assistência social, estabelecendo "normas de atendimento, de seleção da clientela, de classificação e hierarquização dos assistidos, de vigilância, de organização das práticas técnicas, de acompanhamento dos tutelados" (Adorno e Schindler, 1991, p. 04).

No campo da infância e da adolescência pobres, com o Código de Menores, os serviços de assistência filantrópica passariam a articular-se ao Estado (Cf. Alvarez, 1989), permitindo, por um lado, sua expansão e atuação tanto no espaço público quanto no espaço privado (Ver Adorno e Schindler, 1991). Por outro, a articulação proposta traduzir-se-ia, ao longo do século XX, em centralização e sistematização dos serviços de assistência em torno do Estado, assegurando sua hegemonia no campo de discursos e práticas sobre a infância pobre e fazendo da filantropia uma parceira cuja atuação estaria circunscrita às capilaridades das ações estatais.

A Era Vargas e a organização dos serviços de assistência social à infância e adolescência pobres na cidade de São Paulo

A promulgação do Código de Menores e a consequente proposta de desenvolvimento dos serviços públicos de assistência foram uma resposta inovadora da Primeira República aos conflitos que emergiam com a modernização da sociedade brasileira, destacando-se aqueles entre capital e trabalho que eclodiram no ciclo de greves ocorrido entre os anos de 1917 e 1919. Inovadora porque buscava abordar as reivindicações dos movimentos operários de outra forma que não a repressão policial, isto é, defendia um novo tratamento para a chamada questão social que não mais a reduzia a "questão de polícia". No entanto, foi também uma resposta conservadora, no sentido de que não era reconhecida a legitimidade política dessas reivindicações, circunscrevendo-as à discussão sobre a moralidade do trabalhador e a necessidade de tutela dos potencialmente imorais. Como aponta Marcos César Alvarez:

> A ideia de que a solução dos problemas referentes aos conflitos entre capital e trabalho passava principalmente por propostas de cunho assistencialista, (...), parece ter encontrado boa receptividade

> entre as elites intelectuais e políticas da Primeira República. Essas propostas, no entanto, em vez de tentar solucionar a assim chamada questão social a partir da extensão da cidadania, pelo contrário, implicavam numa restrição dos direitos da população pobre. (...): em vez de reconhecer os direitos de cidadania para o conjunto da população, as elites estavam mais preocupadas em estabelecer formas de tutela e proteção social que restringissem o acesso ao *status* de cidadania. (ALVAREZ, 2003, p. 185-6).

Nesse sentido, em sua origem, os serviços de assistência social eram vinculados à proposta de negação de direitos e de negação de acesso à cidadania. A tutela e a proteção social não estavam vinculadas ao reconhecimento da legitimidade de demandas explicitadas nos movimentos grevistas de 1917 e 1919. Pelo contrário, os conflitos deflagrados no campo econômico foram tratados como gênese do crime, sendo a solução dada pela Primeira República a desarticulação política das reivindicações, sua conversão em questão social e problema moral (Cf. Alvarez, 2003). Para combater a imoralidade do povo, propunha-se a educação da infância e da adolescência pobres e a reforma da infância e adolescência infratora, esvaziando as possibilidades de resistência em sua origem.

O solo político para a montagem do aparato público e filantrópico de intervenção sobre a infância e a adolescência pobres, proposto no Código de Menores, se tornaria mais favorável com a Revolução de 1930 e a substituição, no âmbito do governo federal, de uma visão liberal de Estado, que intervinha pouco nas questões de trabalho e atuava pouco na chamada questão social, por um Estado mais atuante (Ver Carvalho, 2004). Interessante notar que as principais tendências postas em movimento com a promulgação do Código de Menores, no final da Primeira República, se mantiveram após a Revolução de 1930, a saber, a regulamentação do trabalho infanto-juvenil e assistência à infância e adolescência não-trabalhadora.

De fato, o grupo que ascendeu ao poder em 1930 e tinha em Getúlio Vargas uma de suas principais lideranças deu grande atenção às questões trabalhista e social. Como aponta José Murilo de Carvalho:

> O período de 1930 a 1945 foi o grande momento da legislação social. Mas foi uma legislação introduzida em ambiente de baixa ou nula participação política e de precária vigência dos direitos civis. Este pecado de origem e a maneira como foram distribuídos os benefícios sociais tornaram duvidosa sua definição como conquista democrática e comprometeram em parte sua contribuição para o desenvolvimento de uma cidadania ativa. (Carvalho, 2004, p. 110)

A partir de 1930, o Estado passou a intervir mais diretamente nas relações entre capital e trabalho por meio de diversas regulamentações, posteriormente codificadas na Consolidação das Leis do Trabalho – CLT, publicada em 1943. Essas regulamentações incluíam, dentre outras questões, o trabalho infanto-juvenil, sendo a legislação substituta do Código de Menores publicada em 1932 e depois incorporada à CLT (Ver Carvalho, 2004, p. 112-3).[16]

Com o investimento do Estado na questão trabalhista, estabeleceu-se uma cisão, no campo da infância e da adolescência pobres, entre os discursos e práticas referentes à infância e adolescência trabalhadora, a partir de então organizados em torno das leis trabalhistas, e da infância e adolescência não-trabalhadora – "carente", "abandonada" e "infratora" – que continuaram a se organizar em torno do Código de Menores. Essa cisão resultava do fenômeno social mais amplo de clivagem entre trabalho e não-trabalho, associando esse último à pobreza, como salienta Vera da Silva Telles (2001).

O investimento na questão social acompanhou essa clivagem entre trabalho e não-trabalho. A organização da previdência social, com a criação dos Institutos de Aposentadoria e Pensão (IAP) a partir de 1933, concentrava-se no atendimento dos trabalhadores urbanos portadores da Carteira de Trabalho. Beneficiava, assim, os que conseguiam enquadrar-se na estrutura sindical corporativa montada pelo Estado[17] e excluía parcelas consideráveis de trabalhadores urbanos, notadamente os autônomos e domésticos, além de todos os trabalhadores rurais. Configurava-se um sistema de previdência social que a concebia como privilégio de alguns e não como direito universal, o que impactou na construção da cidadania da população, principalmente dos pobres. Como salienta José Murilo de Carvalho:

> A antecipação dos direitos sociais fazia com que os direitos não fossem vistos como tais, como independentes da ação do governo, mas como um favor em troca do qual se deviam gratidão e lealdade. A cidadania que daí resultava era passiva e receptadora antes de ativa e reivindicadora. (Carvalho, 2004, p. 126).

---

16 Em 1932, foi decretada a jornada de trabalho de oito horas e regulamentado o trabalho das mulheres, bem como o de crianças e adolescentes. Naquele mesmo ano, foram criadas a Carteira de Trabalho e as Comissões e Juntas de Conciliação e Julgamento, um esboço da posterior Justiça do Trabalho, criada na Constituição de 1934 e que se encontrava em funcionamento em 1941. A Constituição de 1934 também estabeleceu o salário mínimo, adotado a partir de 1940. Ver Carvalho, 2004, p. 112-3.

17 Sobre os sindicatos e sua relação com o Estado na Era Vargas, ver Luca, 2001.

As dicotomias entre trabalhadores inseridos na e excluídos da previdência social e entre trabalhadores e não-trabalhadores permitiam a articulação entre as práticas de previdência e de assistência desenvolvidas pelo Estado e pelas entidades filantrópicas. A partir dessas dicotomias, delimitava-se o público-alvo dos serviços oferecidos e estabeleciam-se as formas intervenção sobre esse público. Para os que não se incluíam no mercado formal de trabalho e se tornavam inelegíveis à previdência social, restavam os serviços da assistência social que os inseria no registro da pobreza.

Como aponta Vera da Silva Telles (2001), enquanto a figura do trabalhador associava a inserção no mercado formal de trabalho à "sua capacidade para a vida em sociedade", a figura do pobre se definia "em negativo sob o signo da incapacidade e impotência, fazendo da ajuda a única forma possível para os assim definidos 'carentes' se manterem em sociedade" (Telles, 2001, p.27-8). Ainda segundo Telles (2001), ao não se demonstrarem capazes de se inserirem na vida social por meio do mercado formal de trabalho, os pobres eram percebidos como destituídos dos atributos de cidadania e descritos como uma massa inculta que vivia em estado de natureza e "ameaçava a vida civilizada com o crime, a doença, a depravação moral e o motim" (Telles, 2001, p. 37). Tratava-se, segundo a autora, da noção de *pobreza incivil*, que registrava a pobreza fora da sociedade e fora do contrato social.

Os serviços prestados aos pobres pela assistência social, pública e filantrópica, não eram vistos como um direito universal dos cidadãos, mas como uma forma de inscrever esses indivíduos em um mundo social à parte, fora da sociedade econômica e também da sociedade política. Nesse sentido, o espaço da assistência social se construía como o do não direito e da não-cidadania, em oposição ao espaço da previdência social e dos direitos trabalhistas, que se constituía como parte de uma cidadania vinculada ao contrato de trabalho e regulada por ocupações profissionais reconhecidas em lei, conforme analisado por Wanderley Guilherme dos Santos (1994, p. 68).

A segmentação entre os serviços de proteção social para os trabalhadores formais e de assistência social para os demais – englobados na categoria "pobres" – produzia uma clivagem não somente entre cidadãos e não-cidadãos, mas dentro da própria classe trabalhadora entre trabalhadores ativos formais e trabalhadores ativos informais e na reserva (Ver Sposati, 1988, p. 104-16). Clivagem, portanto, que desarticulava suas reivindicações no âmbito da sociedade política, escalonava o acesso a direitos como "recompensa ao cumprimento do dever com o trabalho"

(Telles, 2001, p. 22) e criava novas hierarquias não somente nas relações capital, trabalho e Estado, mas dentro da própria classe trabalhadora.

No campo da infância e da adolescência pobres, essa clivagem levaria à constituição de diferentes eixos de socialização e tramas institucionais nas quais as crianças e os adolescentes urbanos e pobres foram sendo inseridos. Eixos e tramas que não eram fechados, mas cujas fronteiras permitiam a circulação de crianças e adolescentes nas diferentes instituições de auxílio, assistência e reforma.

No eixo da infância e adolescência trabalhadora, com a regulamentação do trabalho infanto-juvenil prevista no Código de Menores (1927) e retomada no início da década de 1930, passou-se a investir na educação e na formação para o trabalho. Por parte das ações filantrópicas de auxílio à pobreza, houve, em um primeiro momento, a expansão de escolas primárias e colégios administrados principalmente por instituições de cunho religioso.[18] Em um segundo momento, já na década de 1940, surgiu o chamado Sistema S, oriundo da iniciativa privada, principalmente dos industriais, e voltado para a formação e qualificação profissional de jovens para o trabalho. Compunham (e ainda compõem) o Sistema S o Serviço Nacional de Aprendizagem Industrial – Senai, criado em 1942, o Serviço Social da Indústria – Sesi, o Serviço Social do Comércio – Sesc e o Serviço Nacional de Aprendizado Comercial – Senac, criados em 1946 (Ver Alvim e Valladares, 1988, p. 8). Por parte do Estado, houve o apoio à constituição do Sistema S por meio de sua regulamentação e também o investimento na expansão do ensino primário[19].

Sobre o ensino primário, cabe ressaltar que houve certa tensão no início dos anos 1930, com o apoio do Estado ao movimento da Escola Nova, cujas propostas se opunham à "primazia da Igreja no exercício da função educativa" (Saviani, 2010, p. 257). Os escolanovistas defendiam uma ampla reforma do sistema nacional de ensino, na qual o ensino primário deveria ser público, gratuito, obrigatório e, principalmente, laico. Com a Reação Católica, e o interesse do Estado em obter apoio da Igreja na promulgação da Constituição de 1934, houve uma repactuação da reforma, reintroduzindo o ensino religioso e mantendo-se o ensino privado (Ver Saviani, 2010, p. 229-71).

No eixo da infância e adolescência "abandonada" e "infratora", destacou-se a criação, no Rio de Janeiro, do Serviço de Assistência ao Menor – SAM,

---

18 Sobre essa expansão na cidade de São Paulo, ver Sposati, 1988, p. 105.
19 Atual Primeiro Ciclo do Ensino Fundamental.

em 1941, vinculado ao Ministério da Justiça. Segundo Maria Rosilene Barbosa Alvim e Lícia do Prado Valladares, a criação do SAM refletia:

> (...) a imagem da criança pobre enquanto abandonada física e moralmente; uma concepção da infância enquanto uma idade que exige cuidados e proteção específicos; as grandes cidades como *lócus* da vadiagem, criminalidade e mendicância; os espaços públicos (ruas, praças, etc) como espaços de socialização da marginalidade (Alvim e Valladares, 1988, p. 8).

Herdando as estruturas físicas e funcionários do antigo Abrigo de Menores do Distrito Federal, criado em 1923 e transformado em Instituto Sete de Setembro em 1929, o SAM tinha como atribuições:

> Art. 2º (...)
>
> a) Sistematizar e orientar os serviços de assistência a menores desvalidos e delinquentes, internados em estabelecimentos oficiais e particulares;
> b) Proceder à investigação social e ao exame médico-psicopedagógico dos menores desvalidos e delinqüentes;
> c) Abrigar os menores, à disposição do Juízo de Menores do Distrito Federal;
> d) Recolher os menores em estabelecimentos adequados, a fim de ministrar-lhes educação, instrução e tratamento sômato-psíquico, até o seu desligamento;
> e) Estudar as causas do abandono e da delinquência infantil para a orientação dos poderes públicos;
> f) Promover a publicação periódica dos resultados de pesquisas, estudos e estatísticas." (Decreto-Lei Federal nº 3.799, de 05 de novembro de 1941).

Sua estrutura contava com quatro seções – Administração, Pesquisas e Tratamento Sômato-psíquico, Triagem e Fiscalização e Pesquisa Sociais e Educacionais –, além de ficarem incorporados a ele as demais instituições públicas de assistência já existentes no Distrito Federal, a saber, a Escola Quinze de Novembro (antigo Instituto Profissional Quinze de Novembro), a Escola João Luiz Alves e os Patronatos Agrícolas Artur Bernardes e Venceslau Braz.

Em São Paulo, foi a partir da década de 1930 que se intensificaram os movimentos de sistematização dos serviços de assistência social pública e privada, muitos dos quais voltados à infância e adolescência pobres. Em 1932, a Reação Católica à questão social criou o Centro de Estudos e Ação Social – CEAS, responsável pela formação de quadros especializados na prestação dos serviços de assistência social. Em 1936, foi criada na cidade de São Paulo a primeira Escola de Serviço Social do país,[20] aprofundando o movimento iniciado com a intervenção da medicina social na filantropia no sentido da conversão da assistência em serviço social por meio de sua profissionalização e maior sistematização de seus saberes e práticas (Sposati, 1988, p. 114-5).

Quanto à atuação do Estado, o Departamento de Assistência Social foi criado em 1934 (Decreto Estadual nº 6.476) com foco na infância e adolescência e o objetivo de "remodelar os institutos disciplinares" (Sposati, 1988, p. 111). Em 1938, foi substituído pelo Serviço Social dos Menores Abandonados e Delinquentes, o qual visava "organizar e executar no Estado, o serviço social dos menores abandonados e delinquentes, em seu aspecto médico-pedagógico e social" (art. 1º do Decreto Estadual nº 9.744, de 19 de novembro de 1938).

Subordinado à Secretaria de Justiça, esse Serviço tinha como atribuições o recolhimento de crianças e adolescentes sob investigação judicial; sua distribuição nos estabelecimentos subordinados (Abrigos Provisórios, Institutos e Pensionatos de Menores);[21] o apoio e a cooperação com a Justiça de Menores, tanto na execução direta da assistência nesses estabelecimentos, quanto na proposição do desligamento e execução da liberdade vigiada; a fiscalização das instituições privadas e a produção de estudos e exames biotipológicos e médico-psico-pedagógicos. Para tanto, o Serviço Social de Menores organizava-se em três Subdiretorias – Técnico-Científica, de Vigilância e Administrativa –, além de ser responsável pelos Abrigos Provisórios, Institutos e Pensionatos de Menores.[22]

A Subdiretoria Técnico-Científica destinava-se a realizar, por meio do Instituto de Pesquisa, estudos sobre o então denominado problema do menor; proceder a

---

20 Em 1946, a Escola de Serviço Social foi incorporada à Pontifícia Universidade Católica de São Paulo – PUC/SP, fundada no mesmo ano. Ver www.pucsp.br.

21 Em 1938, o Reformatório Modelo de São Paulo (provavelmente, o antigo Instituto Disciplinar) passou a ser denominado Instituto Modelo de Menores. Além dele, havia a Escola de Reforma de Mogi-Mirim e o Reformatório Profissional de Taubaté. Ambos também tiveram suas denominações alteradas para Institutos de Menores. Ver Decreto Estadual nº 9.744, de 19 de novembro de 1938.

22 Os Pensionatos de Menores eram administrados por casais selecionados pelo Serviço Social para terem sob sua guarda crianças e adolescentes encaminhados pelo Diretor do Serviço para as Escolas Técnicas Profissionais ou Fazendas Modelos no interior do Estado. Já os Abrigos Provisórios serviam para o recolhimento de crianças e adolescentes sob investigação judicial nas sedes das comarcas do interior. Na capital, o recolhimento era feito na própria Diretoria do Serviço de Abrigo e Triagem. Cf. Malheiros, 1952.

exames biotipológicos e médico-psico-pedagógicos; indicar e fiscalizar a educação, o tratamento e a orientação profissional dos assistidos. O cargo de Subdiretor era reservado a um médico, o qual teria como equipe neuropediatras, psicologistas, biotipologistas, psicopedagogos, psicólogos experimentais, bibliotecários, arquivistas, fotógrafos, datilógrafos, desenhistas e auxiliares. Além disso, a Subdiretoria era composta também pelo Serviço de Saúde, com especialistas de várias áreas médicas (clínica, pediatria, otorrinolaringologia, clínica de pele e sífilis, cirurgia, e também odontologia), e pelo Serviço de Abrigo e Triagem, cuja equipe contava com administrador, inspetores, professor de educação física, cozinheiros e encarregados de rouparia e lavanderia.

A Subdiretoria de Vigilância, por sua vez, tinha por atribuições exercer vigilância sobre crianças e adolescentes nos termos legais, tendo seus agentes ingresso em quaisquer lugares onde eles se encontrassem; receber queixas iniciais relativas ao abandono e a delitos e contravenções atribuídos a crianças e adolescentes; proceder a investigações para esclarecer a ação da justiça e do serviço; deter ou apreender crianças e adolescentes considerados abandonados ou infratores e preparar os processos; cumprir as determinações em matéria de sua privativa competência; remeter os processos devidamente preparados ao Juiz competente para fins legais; proporcionar à Justiça elementos para execução da liberdade vigiada e a vigilância de crianças e adolescentes sob soldada; lavrar autos de infração; cuidar da reintegração social e tratar dos problemas colocados externamente inclusive sob soldada ou em lares de adoção (art. 12 Decreto Estadual nº 9.744, de 19 de novembro de 1938). Para tanto, era prevista a criação do Serviço de Egressos e Externos, do Comissariado da Capital e dos comissários do interior, totalizando 36 comissários, que deveriam ser formados em serviço social e terem especialização no Instituto de Pesquisa (Ver Malheiros, 1952).

Ainda na proposta de organização do Serviço Social de Menores, os Institutos do interior deveriam seguir o Instituto Modelo de Menores da capital, separando crianças e adolescentes por sexo, idade e atentando aos cuidados especiais que requeressem. Caberia aos Institutos proporcionar o ensino primário, lecionado, de preferência, por professores com curso de serviço social, e ensino técnico profissional, ministrado por mestres especializados. Também eram previstos monitores de educação e disciplina, contratados mediante prova de idoneidade moral e conhecimentos de pedagogia e serviço social. Cabia aos monitores acompanhar os assistidos em suas rotinas.

As propostas de organização e atribuições do Serviço Social de Menores de São Paulo e do SAM, no Rio de Janeiro, são semelhantes e demonstram os esforços empreendidos pelo Estado no sentido de sistematizar os serviços de assistência a crianças e adolescentes pobres, a partir de sua centralização em órgãos do poder executivo, relegando às instituições filantrópicas, principalmente as vinculadas à Igreja Católica, uma posição cada vez mais capilar no campo de discursos e práticas sobre esse contingente. Demonstram também a tendência desses órgãos de buscar implementar o caráter científico que se procurava conferir a esses serviços, constituindo hierarquias cuja parte superior era tomada por setores responsáveis pela produção de saberes especializados sobre a infância e a adolescência e consolidava o espaço destinado aos médicos e também a seus auxiliares, os assistentes sociais, psicólogos, psicopedagogos, entre outros, na intervenção do chamado "problema do menor". Compondo o que depois viria a ser conhecido como corpo técnico, esses especialistas tornaram-se cada vez mais indispensáveis ao exercício do Juizado de Menores, o qual poderia apoiar-se em seus exames para legitimar internações e desligamentos. Na parte inferior da hierarquia organizacional, estavam os professores, mestres, monitores (ou inspetores, termo usado pelo SAM) e as práticas que, acreditava-se no topo, seriam a aplicação desses saberes.

A contradição aparecia nessa base, que não aplicava as técnicas propostas pelos saberes especializados e sua pedagogia terapêutica. Ela parece ter permanecido atrelada à pedagogia do trabalho, ao gosto pela disciplina do acordar cedo, ter atividades regulares e repetitivas, dormir cedo, não reservar tempo para o lazer, entendido negativamente como tempo ocioso, não produtivo. Diversas e reiteradas eram as situações de maus-tratos, rebeliões e fugas,[23] levando-nos a supor que o controle social de fato exercido no cotidiano das instituições públicas de reforma tinha um caráter acentuadamente repressivo e buscava obter, dos assistidos, um comportamento servil.

Também a relação entre corpo técnico e poder judiciário, a princípio uma aliança firmada entre médicos e juristas no início do século XX, teve seus reveses. Segundo relata Carmelita Malheiros (1952) em seu trabalho de conclusão de curso para a Escola de Serviço Social, após estagiar no Instituto Modelo Feminino do Serviço Social de Menores, o Comissariado da Capital, responsável principalmente pelo exercício da vigilância das crianças e dos adolescentes pobres fora dos muros das instituições de amparo e reeducação, foi composto de forma diversa da prevista pelo Decreto Estadual nº 9.744, de 19 de novembro de 1938, e foi transferido para a Vara Privativa de Menores em 1948. Essa transferência significava uma

---

23 Para relatos das práticas de monitores, ver Malheiros, 1952; Passetti, 1982.

reconfiguração de poderes, ampliando os dos juízes em detrimento da direção do Serviço Social de Menores e levando a uma ligeira descentralização que dividia a atuação dos especialistas em órgãos diferentes. Na visão de Malheiros (1952), tal descentralização prejudicava a ação preventiva em relação à delinquência juvenil por pulverizar as fontes de informação.

Ainda segundo Malheiros (1952), quando o então Ministro da Justiça Marcondes Filho constituiu a Comissão Revisora do Código de Menores, com a finalidade de atualizá-lo,[24] professores da Escola de Serviço Social lhe enviaram sugestões, dentre as quais o estabelecimento do princípio de que "o menor deve ser, o quanto possível, educado na família. O Estado deve promover o auxílio à família através das instituições particulares" (Malheiros, 1952, p. 14). Para aplicar esse princípio, seria necessário restringir o conceito de abandono, tomar medidas que o dificultassem (tais como aumentar a severidade penal e obrigar o genitor a contribuir com as despesas do filho abandonado) ou prevenissem (pelo auxílio à família de instituições particulares de creches, patronatos, escolas maternais, etc.). As condições do Serviço Social de Menores, em 1951, indicavam, no entanto, tendência contrária a esse princípio. O Serviço de Abrigo e Triagem – SAT tinha todas as seções superlotadas devido ao grande volume de internações (Ver Malheiros, 1952), apontando a preferência do poder judiciário pela adoção, em larga escala, do encarceramento.

A Ditadura Militar e a criação das fundações de bem-estar do "menor"

A literatura que trata da infância e adolescência pobres aponta para o crescimento das instituições de assistência e reforma entre os anos 1930 e 1960, reiterando a opção pelo encarceramento como forma de educar e punir. Embora não tenham sido encontrados dados que permitam precisar o número de crianças e adolescentes internados em instituições, Maria Rosilene Barbosa Alvim e Lícia do Prado Valladares (1988) apontam que as décadas de 1940 e 1950 foram caracterizadas por forte crescimento da população infanto-juvenil (zero a 19

---

24 Presidida pelo Desembargador Augusto Sabóia da Silva Lima, a Comissão deveria atualizar o Código de Menores considerando a promulgação do Código Penal de 1940, o Decreto-Lei 3.499, de 1941, que instituiu o Serviço de Assistência a Menores – SAM, o Decreto-Lei 3.200, que regulamentou a proteção à família, e atos e normas que fixaram o trabalho para adolescentes, o reconhecimento dos filhos naturais e o registro de nascimento de crianças e adolescentes desvalidos. O resultado do trabalho da Comissão foi a publicação da Lei de Menores, em 1943.

anos), pela intensificação do processo de urbanização e pelo acirramento dos níveis de desigualdade e pobreza nas áreas urbanas. Para as autoras, a pobreza e o perfil demográfico da população são variáveis que permitem compreender a "preocupação e atuação sobre a infância, sobretudo dado o fato de que grande parte dessa população sempre fez parte dos segmentos mais pobres do país" (Alvim e Valladares, 1988, p. 8).

Uma das formas de atuação foi, justamente, a internação de crianças e adolescentes pobres em unidades de assistência e reforma. Porém, o Serviço Social de Menores de São Paulo e o SAM, no Rio de Janeiro, mostravam-se desgastados já na década de 1950. O desgaste decorria tanto das contradições entre os ideais de intervenção científica, com produção de dados e estudos para conhecimento e tratamento do abandono e da infração, e as práticas repressivas, de tortura, violência e maus tratos, quanto da superlotação das unidades. Além da situação do Serviço Social de Menores, mencionada acima, o SAM também tinha dificuldades em atender ao aumento da população que nele ingressava (Ver Costa, 2006a, p.48).

A partir do Golpe Militar de 1964, ambos seriam substituídos por um amplo e ambicioso projeto, que englobava a Política Nacional do Bem-Estar do Menor (PNBEM) e a Fundação Nacional do Bem-Estar do Menor – Funabem. Esse projeto propunha uma nova estrutura de intervenção estatal que ampliava a presença do poder executivo em todos os níveis da política de atendimento, por meio da criação de uma fundação nacional responsável pela elaboração da política de atendimento e de várias fundações estaduais responsáveis por executá-la. Nesse sentido, pensava-se na Funabem como sendo o órgão de proposição de diretrizes e concepções do atendimento, deixando a operacionalização para as Fundações Estaduais do Bem-Estar do Menor – Febem que seriam criadas. Além da nova estrutura de intervenção, a Funabem também propunha "uma nova concepção de reeducação do menor, não pautada exclusivamente na internação, mas no apoio à família e à comunidade" (Cf. Alvim e Valladares, 1988, p. 9).

A ideia de substituição do SAM, no Rio de Janeiro, já vinha circulando desde fins da década de 1950. Porém, uma ocorrência policial envolvendo ex-internos desencadeou a campanha por sua extinção e a elaboração do anteprojeto de sua substituição. Em 1963, o adolescente Odylo Costa Neto, filho do jornalista e membro da Academia Brasileira de Letras Odylo Costa Filho, foi assassinado por dois ex-internos do SAM, fato que levou à criação de um grupo de trabalho na Ação Social Arquidiocesana (ASA) do Rio de Janeiro, coordenado por Dom Hélder Câmara (então bispo auxiliar), e também à organização de uma forte campanha na revista *Cruzeiro*, na qual o SAM era chamado de "universidade do crime" e "sucursal do inferno" (Ver Alvim e Valladares, 1988; Costa, 2006a). Ainda naquele ano, um grupo de ex-diretores do SAM elaborou um anteprojeto de reestruturação da instituição (Cf. Rodrigues, 2001).

Em 1964, não obstante o Golpe Militar, o projeto de criação da PNBEM e da Funabem manteve-se tramitando, sendo sancionado pelo presidente, General Castelo Branco, ainda em dezembro daquele ano. Dois anos depois, a Funabem foi incorporada como objetivo nacional no Manual da Escola Superior de Guerra (ESG) (ver Rodrigues, 2001), corroborando a tendência verificada na Ditadura Militar de "ampliação da presença do Estado na política social em todos os seus níveis" (Alvim e Valladares, 1988, p. 10).

Como ocorreu na passagem da Primeira República para a Revolução de 1930, as tendências que vinham se configurando no campo da infância e adolescência pobres se mantiveram apesar das alterações e redirecionamentos no cenário político nacional. Novamente, também, a questão social, na qual o campo da infância e adolescência pobres se insere desde sua emergência, tornou-se foco das ações de governo, havendo maior investimento na legislação e na política social. Nesse sentido, Wanderley Guilherme dos Santos salienta que:

> Marcante na evolução brasileira, todavia, é o fato de que os períodos em que se podem observar efetivos progressos na legislação social coincidem com a existência de governos autoritários. Os dois períodos notáveis da política social brasileira identificam-se, sem dúvida, ao governo revolucionário de Vargas e à década pós-1966. (...) Igualmente importante, o preço político pago pela sociedade, em seu conjunto, foi, nos dois momentos, bastante elevado. No primeiro momento, caracterizou-se a relação entre o poder e o público pela extensão regulada da cidadania. Caracteriza-se o segundo pelo recesso da cidadania política, isto é, pelo não reconhecimento do direito ou capacidade da sociedade governar-se a si própria (Santos, 1994, p. 89).

O não reconhecimento do direito ou capacidade da sociedade de se governar converge com a doutrina de segurança e desenvolvimento da ESG, na qual o Estado deveria ser o organizador e condutor da sociedade civil. Caberia ao Estado conduzir a sociedade ao desenvolvimento, eliminando os fatores geradores de conflitos e desordens e proporcionando o desenvolvimento com segurança (Cf. Ianni, 2004; Rodrigues, 2001). Nas palavras de Castelo Branco:

> A noção de segurança nacional é mais abrangente [que a de defesa nacional]. Compreende, por assim dizer, a defesa global das instituições, incorporando por isso os aspectos psicossociais, a preservação do desenvolvimento e da estabilidade política interna (...).
> (Branco *Apud* Ianni, 2004, p. 262).

Nesse esteio, a pobreza era percebida como um potencial fator de desordem, além de símbolo dos entraves ao desenvolvimento que o regime autoritário propunha superar. Adequaram-se os discursos da questão social e também da infância e da adolescência pobres a uma concepção funcionalista de sociedade, na qual a pobreza era lida como uma disfunção ou descompasso do projeto de desenvolvimento e modernização defendido pelo Estado. Sendo os pobres considerados fora dos padrões de normalidade postos nesse projeto, a intervenção do Estado deveria estar focada em sua integração a esses padrões (ver Rodrigues, 2001). Reiterava-se, assim, a necessidade da tutela estatal dos pobres em face de sua incapacidade e impotência, que não eram mais somente definidas pela não-inserção no mercado de trabalho e, portanto, na sociedade econômica; mas impediam sua possibilidade de participar da sociedade política *a priori*.

No campo da infância e da adolescência pobres, a proposta da PNBEM e da Funabem priorizava a intervenção sobre o abandono, entendido como causa do envolvimento de crianças e adolescentes com infrações penais. A partir dos anos 1960, os discursos do campo passaram a ser principalmente pautados pela produção dos saberes especializados, chegando-se à elaboração de uma teoria da marginalização social, a qual estabelecia relações de causalidade entre desestruturação familiar, abandono e infração penal (Rodrigues, 2001, Costa, 2006a).[25]

Gutemberg Alexandrino Rodrigues (2001), ao analisar os discursos de Mário Altenfelder da Silva, médico pediatra e primeiro presidente da Funabem, aponta como se construíam essas relações. Segundo Mário Altenfelder, as famílias pobres, ao migrarem dos campos para as cidades, passavam por um processo de desestruturação a partir do qual abandonavam e desassistiam seus filhos. As crianças e os adolescentes, abandonados e desassistidos, completavam o

---

25 Enquanto o historiador Gutemberg Alexandrino Rodrigues (2001) defende que a teoria da marginalização social resultava da doutrina de segurança e desenvolvimento da ESG, nos guias de socioeducação organizados por Antonio Carlos Gomes da Costa (2006a) afirma-se que essa teoria teria sido originada no Instituto Interamericano da Criança, órgão da Organização dos Estados Americanos – OEA sediado em Montevidéu.

processo de marginalização social ao se envolverem com as infrações, cabendo à Funabem devolver-lhes a dignidade e integrá-los à sociedade.

Os discursos da marginalização social, de cunho sócio histórico e focados no meio social das crianças e dos adolescentes pobres, seriam acrescidos de questões mais próprias dos saberes médicos, dentre elas a hereditariedade e os traumas psíquicos da dissociação familiar como causadores da infração e da doença mental (Rodrigues, 2001). Recorrentes nos discursos de Mário Altenfelder e também em pesquisas, relatórios técnicos e na Revista *Brasil Jovem*, publicada pela Funabem em 1966, meio social e hereditariedade compunham os chamados aspectos biopsicossociais, os quais se tornariam elementos-chave na formulação dos discursos no campo sobre a infância e adolescência pobre e que passariam a circular tanto nos altos cargos da administração da Funabem e das Febem quanto entre os corpos técnicos das unidades de atendimento. Sobre esses aspectos, salienta Rodrigues:

> Os resultados apontados pelas pesquisas [da Funabem] sempre convergiam para os mesmos aspectos: incapacidade financeira do grupo familiar de promover educação e sustento dos filhos; movimentos migratórios constantes, em geral para centros urbanos e litoral, acarretando a dissolução do grupo familiar, ou suprimindo temporariamente ou definitivamente a socialização da prole; mobilização da mão-de-obra feminina para ocupações de baixa renda e sem a possibilidade de recursos substantivos de atendimento aos filhos (RODRIGUES, 2001, p. 142-3).

A emergência dos aspectos biopsicossociais como elementos-chave na produção dos discursos conferia novo *status* aos saberes técnicos – sobretudo, médicos – dentro do campo, colocando-os como centrais. Logo, o tema da prevenção da marginalidade presente nesses saberes seria apropriado pelos saberes jurídicos e convertido em defesa social (Cf. Rodrigues, 2001). Essas reconfigurações discursivas puseram em curso a partir da década de 1960 o processo de elaboração da posteriormente conhecida doutrina da situação irregular, que orientou a redação do segundo Código de Menores, promulgado em 1979. Nessa doutrina, aplicada desde antes da publicação do novo Código e baseada no trinômio pobreza, desvio e delinquência, a situação irregular era associada à pobreza e ao que se consideravam suas consequências para a infância e adolescência, isto é, a ausência de cuidados parentais, o abandono material e moral e o envolvimento precoce com a criminalidade. A situação irregular fundamentava a ação do poder judiciário no sentido de destituir o pátrio-poder sobre os filhos dos pobres e de promover a internação em larga escala em instituições de assistência e reforma, boa parte das quais administradas pelo poder executivo nas décadas de 1960 e 1970.[26]

No Estado e na cidade de São Paulo, os saberes jurídicos, concentrados no poder judiciário e nos operadores do direito, principalmente os juízes, mantiveram sua posição central no campo de discursos e práticas, tendo conduzido os debates até as vésperas da criação da Febem, em meados dos anos 1970. Ainda em 1948, o Tribunal de Justiça de São Paulo, então presidido pelo desembargador Theodomiro Dias, organizou a primeira Semana de Estudos do Problema do Menor, a qual tinha como principais participantes os próprios membros da magistratura, além dos especialistas em infância – médicos, assistentes sociais e psicólogos.[27] As Semanas de Estudos ocorreram anualmente até 1953, tendo havido outras, de forma intermitente, entre os anos de 1956 e 1973 (Ver Almeida, 2004).[28]

Em 1963, foi criado o Recolhimento Provisório de Menores (RPM), vinculado à Secretaria de Justiça, para atender ao Juizado de Menores, ambos operando no Quadrilátero. O Quadrilátero era o terreno da Chácara do Belém doado ao Estado no início do século XX e no qual haviam funcionado o Instituto Disciplinar e a Colônia Correcional. Nesse espaço, instalaram-se o Juizado e a Delegacia de Menores, juntamente com o Cartório do 3º Ofício de Menores,

---

26 No Código de Menores de 1979, o qual contou com ampla participação dos juízes na elaboração do seu projeto de lei, a situação irregular foi fixada pelo Art. 2º. Nele estava definido que seria considerado em situação irregular a criança ou o adolescente: I - privado de condições essenciais à sua subsistência, saúde e instrução obrigatória, ainda que eventualmente, em razão de: a) falta, ação ou omissão dos pais ou responsável; b) manifesta impossibilidade dos pais ou responsável para prové-las; II - vítima de maus tratos ou castigos imoderados impostos pelos pais ou responsável; III - em perigo moral, devido a: a) encontrar-se, de modo habitual, em ambiente contrário aos bons costumes; b) exploração em atividade contrária aos bons costumes; IV - privado de representação ou assistência legal, pela falta eventual dos pais ou responsável; V - Com desvio de conduta, em virtude de grave inadaptação familiar ou comunitária; VI - autor de infração penal. (Art. 2º do Código de Menores, Lei Federal 6.697, de 10 de outubro de 1979).

27 O próprio Mário Altenfelder da Silva, que posteriormente presidiria a Funabem, foi palestrante nas Semanas de Estudos do Problema de Menores de 1952 e 1958, conforme consta nos anais publicados pela Imprensa Oficial e disponíveis na Biblioteca do Tribunal de Justiça de São Paulo. Cabe ressaltar que o principal articulador da realização das primeiras Semanas de Estudos no Tribunal de Justiça foi o desembargador João Baptista de Arruda Sampaio.

28 Mais precisamente, em 1956, 1957, 1959, 1970, 1971 e 1973, sendo esta realizada no mesmo ano em que se criou a Fundação Paulista de Promoção Social do Menor – Pró-Menor, depois substituída pela Febem. Cf. Almeida, 2004. Após um longo intervalo, já em 1983, foi realizada a XIII Semana de Estudos do Problema do Menor.

responsável pelos processos de adolescentes autores de ato infracional até a reestruturação do Poder Judiciário da Capital.[29] Além disso, funcionavam no Quadrilátero o Centro de Observação Feminina (COF), também vinculado à Secretaria de Justiça, o Instituto Modelo e o SAT, vinculados ao Serviço Social de Menores, além de horta, enfermaria e uma escola de educação profissional.

A descrição da estrutura e do funcionamento do RPM pode ser encontrada na obra de Luiz Alberto Mendes (2001), que esteve internado no circuito de infratores durante boa parte de sua adolescência e escreveu um relato autobiográfico detalhado. Segundo Mendes (2001, p. 110-55), que ingressou no RPM ainda na década de 1960, a instituição era dividida em dois estágios, sendo o primeiro, o "pátio", voltado para o atendimento de adolescentes que ingressavam pela primeira vez no circuito de infratores e que tivessem cometido infrações consideradas leves. O segundo, a "triagem", abrigava os que tinham múltiplas entradas (chamados de reincidentes) e que tivessem cometido infrações graves, tais como homicídio e estupro.

A vigilância dos internos era feita por policiais militares do 14º Batalhão, os quais eram, segundo Mendes (2001), extremamente violentos, além de muitos trabalharem embriagados ou consumirem bebidas alcoólicas durante os plantões. Logo em sua primeira noite, Mendes (2001) foi submetido a uma sessão de espancamento com fio de telefone. Apanhou dos policiais em várias ocasiões, sendo uma delas em decorrência de seu empenho em não denunciar outro adolescente que o havia ferido com um estilete. O resultado da tortura a que foi submetido no RPM é relatado como segue:

> Só hoje sei que é muito mais fácil suportar uma surra geral do que sofrer tortura. Dói mais fisicamente, mas é muito menos danoso no nível psicológico. Quando judiavam muito de um de nós, vigiavam-no para não lhe dar chances de denunciar. Quando as marcas eram muitas, colocavam-no no castigo, na cela forte da triagem, para escondê-lo da família. Depois, quando sumiam as marcas, procuravam dar doces, balas, cigarros para comprar a vítima. E, por incrível que pareça, éramos tão carentes que aceitávamos suborno. Mesmo porque, se denunciássemos a nossos pais em geral, não fariam nada. E se fizessem, denunciassem a tortura, difícil acreditar que isso redundasse em alguma punição para os PMs. Tortura era

---

29 Os Cartórios do 1º e do 2º Ofício de Menores, que atendiam os casos de abandonados, funcionaram na Rua Asdrúbal do Nascimento até sua desativação e incorporação ao Fórum Central, na Praça João Mendes.

uma instituição no país, praticada nos mais altos escalões da nação. Não acreditávamos na justiça. Quem iria se importar conosco? (Mendes, 2001, p. 118).

Os técnicos – médicos, assistentes sociais e psicólogos – trabalhavam e faziam seus atendimentos aos adolescentes em outro prédio, ficando os internos quase integralmente sob a responsabilidade dos policiais militares e de si mesmos.[30] Mendes (2001) relata ter ficado internado por um mês antes de ser chamado para a entrevista com o assistente social, o qual recolheu seus dados e comunicou à mãe. O assistente social buscou também mediar sua liberação, agendando a entrevista com o psicólogo.

Mendes (2001) havia saído de casa ainda novo para escapar dos maus tratos do pai e, estando em situação de rua, vivia de pequenos delitos e consumia drogas, sendo esse consumo o fato que o havia levado a ser recolhido. Tendo relatado sua trajetória ao psicólogo, foi considerado de alta periculosidade e, em vez de ser liberado, foi transferido para a triagem do RPM e, posteriormente, para o Instituto de Menores de Mogi-Mirim, o qual se especializava no atendimento de adolescentes considerados "de máxima periculosidade" (Mendes, 2001, p. 144).

O Instituto pertencia ao Serviço Social de Menores e oferecia aos internos uniformes, roupa de cama e alimentação mais adequada que a do RPM. Em suas práticas cotidianas, o Instituto mantinha a pedagogia do trabalho do início do século, pois os adolescentes trabalhavam nas lavouras e não havia investimento sistemático em sua escolarização. Mantinha, também, as práticas de tortura. Segundo Mendes (2001), estas eram diversas das que havia experimentado no RPM:

> (...) Os guardas eram caipiras da região, estavam sérios demais, não conversavam conosco, não mostravam borrachas, não diziam palavrões nem nos ameaçavam. E nós tínhamos informação que ali se apanhava como gente grande, nada de bolinhos na mão. Nos fora passado que o pau ali era de arrancar o couro. (Mendes, 2001, p. 157)[31]

---

30 Há vários relatos do livro de Luiz Alberto Mendes (2001) sobre a violência entre os próprios adolescentes internados nas instituições de reforma, destacando-se a violência sexual em que os mais fracos eram submetidos pelos mais fortes e as brigas e rixas entre adolescentes, as quais tinham regras específicas, tais como o pertencimento a grupos (chamados pelo autor de "sociedades") e a importância da não-denúncia aos funcionários, entendida como delação.

31 Os bolos eram os açoites de fio de telefone e tira de borracha dados pelos policiais militares nas palmas das mãos e plantas dos pés dos internos do RPM. Ver Mendes, 2001.

A violência e a tortura físicas eram práticas usadas pelos responsáveis pelo Instituto para garantir a submissão à ordem, sendo as infrações ao regulamento do Instituto punidas fisicamente. A punição física buscava assegurar tanto a submissão do infrator quanto a dissuasão dos demais internos.

> Tinham uma crueldade requintada, só batiam nas juntas e na espinha, evitando a cabeça: não era para matar nem aleijar, só para encher de medo, o que para eles significava disciplina. Não usavam a mão no corpo. Cada vez que pegavam alguém para bater, era para bater firme, uma, duas horas de surra contínua. Não havia ódio, raiva, parecia algo científico, sem emoção. (...)
>
> Um bom torturador nunca é emotivo. Tortura desapaixonadamente. Os soldados ultrapassavam a violência normal, eram metódicos. Havia um pico, um ponto de dor e sofrimento a ser infligido à vítima, o qual devia, ao mesmo tempo, dobrar o sujeito e transmitir exemplo saneador aos demais. (Mendes, 2001, p. 161).

Enquanto os adolescentes autores de ato infracional eram submetidos a diversas modalidades de violência e tortura em nome da manutenção da ordem e da disciplina nas instituições de reforma, os discursos continuavam centrados nas causas de seu desajustamento, de sua marginalização social e buscavam explicações na pobreza, nas relações familiares e na hereditariedade.

O alinhamento do Estado de São Paulo com as diretrizes da política nacional dar-se-ia em 1976, quando Mário Altenfelder da Silva aceitou o convite do governador Paulo Egydio Martins (1975-1979) para criar e assumir a presidência da Fundação Estadual do Bem-Estar do Menor de São Paulo – Febem-SP. Formalmente, os objetivos da Febem-SP eram implementar as diretrizes da PNBEM e promover a integração social de crianças e adolescentes por meio de "programas e providências" que objetivassem "prevenir sua marginalização e corrigir as causas do desajustamento" (Decreto 8.777, de 13 de outubro de 1976).

Com a criação da Febem-SP, as instituições de assistência e reforma do Estado passariam a ser coordenadas por um único órgão especialmente instituído para atender e coordenar o atendimento de crianças e adolescentes em situação de "abandono" e os que tivessem se envolvido em atos infracionais. Para tanto, organizavam-se as áreas de "carentes" e de infratores, cujas unidades passariam a se concentrar no Quadrilátero.

Os discursos do novo órgão incorporavam a tendência do campo sobre a infância e a adolescência pobres, de focalização nos aspectos biopsicossociais, com valorização dos saberes médicos, psicológicos e do serviço social. Como aponta Gutemberg Alexandrino Rodrigues (2001) na análise dos prontuários de crianças abandonadas e adolescentes autores de infracional produzidos entre os anos de 1976 e 1979, os relatórios dos assistentes sociais e os pareceres de médicos e psicólogos reiteravam os discursos da marginalização social, retomando o tema da desestruturação das famílias pobres como primeira instância da marginalização, levando pais e mães a deixarem de se despreocupar com o destino de seus filhos e crianças e adolescentes a viverem nas ruas e cometerem delitos. Nas palavras de Rodrigues:

> Os menores são apresentados como legítimos filhos da ignorância, da irresponsabilidade dos genitores. Por um lado, todo o discurso propagado por Altenfelder e os colaboradores da revista [*Brasil Jovem*] também é encontrado nos inúmeros prontuários, legitimando e justificando uma intervenção institucional. Por outro, a Febem aparece como unidade reeducacional, jamais como prisão. Utiliza o discurso na neutralidade, baseando-se em técnicas científicas e atribui responsabilidades à população pobre. (Rodrigues, 2001, p. 178).

As práticas das unidades educacionais da Febem-SP,[32] voltadas para o atendimento dos autores de ato infracional, também foram pouco inovadoras em relação ao que já havia no campo da infância e adolescência pobres, incorporando as práticas adotadas pelas instituições que a precederam. Dentre elas, estavam o distanciamento da equipe técnica em relação ao cotidiano das unidades, a desatenção à escolarização e a maior importância dada à educação profissional de baixa qualificação (haja vista o oferecimento de cursos de marcenaria, mecânica, vidraçaria e outros). O uso da tortura e da violência física como tática de controle e disciplina também se manteve mesmo após a substituição dos policiais militares, soldados e guardas por monitores. A criação, em 1979, do Movimento de Defesa do Menor por parte de representantes da sociedade civil a fim de denunciar "maus-tratos e violências cometidas (...) principalmente pela polícia e pela Febem" ilustra o quanto essas práticas se mantinham, apesar dos investimentos no aprimoramento científico dos discursos sobre o envolvimento de adolescentes com atos infracionais (Alvim e Valladares, 1988, p. 11).

A Funabem, que administrava as unidades do Rio de Janeiro, além de acompanhar a implementação da PNBEM em outros estados, apresentava

---

32 Enquanto as Unidades Educacionais – UE pertenciam ao circuito de infratores, as Unidades de Triagem – UT voltavam-se para o atendimento da área de "carentes". Ver Rodrigues, 2001.

dinâmicas institucionais semelhantes às da Febem-SP. Os técnicos que assumiram o antigo SAM proibiram, em um primeiro momento, as práticas de castigos físicos, maus-tratos e tortura. No entanto, logo se depararam com situações de violência dos internos entre si – tais como brigas, confrontos de grupos rivais e uso sexual dos mais fracos pelos mais fortes – e deles em relação aos funcionários (fugas, motins, rebeliões), para as quais não conseguiram apresentar outras soluções, permitindo a volta da contenção física nas unidades. Como relata Antonio Carlos Gomes da Costa (2006a):

> As primeiras ocorrências em série de incidentes disciplinares (brigas, motins, fugas e depredações) logo colocaram as equipes técnicas e seu discurso humanitário/competente contra a parede. O discurso inovador não funcionava com funcionários apassivados pelo impedimento de usar os velhos métodos e - o pior de tudo - incentivando, por meio de mensagens ambíguas, a resistência, o enfrentamento e, até mesmo, a rebelião aberta por parte dos menores.
>
> Pressionados, de um lado, pela necessidade de tirar a instituição dos jornais e, de outro, pelo chão que se abria sob seus pés a cada motim, os novos dirigentes caíram logo na realidade e, assim, um pacto com o setor correcional-repressivo foi celebrado. Um acordo tácito, um acordo não escrito, sequer verbalizado, começa a ser posto em prática por uma série de decisões de nível operacional, que vão moldando um novo dia-a-dia nos internatos e, assim, o velho se reintroduz e começa a ser gestado no ventre daquela que deveria ser uma nova institucionalidade.
>
> Nem tudo, porém, voltou a ser como antes. Os técnicos progressistas e incentivadores da modernização, dos mais variados matizes políticos, passaram a ter o monopólio do discurso institucional. Nas unidades, porém, eles ou permaneciam confinados nos corredores de equipes técnicas, ou se acumpliciavam com a arbitrariedade e violência das redivivas práticas do modelo correcional-repressivo. (Costa, 2006a, p. 50).

Enquanto a dinâmica de funcionamento das instituições de assistência e reforma era marcada pelas contradições entre os discursos dos saberes técnicos e as práticas de violência física, o número de adolescentes internados continuava crescendo e novas unidades eram inauguradas. Na Febem-SP, o Quadrilátero chegou a abrigar 17 unidades educacionais em operação, atendendo, ao mesmo tempo, a aproximadamente 1.800 adolescentes nos anos 1990.

A adoção, em larga escala, da internação em unidades educacionais a partir da década de 1970 é definida por Edson Passetti como exemplo da opção do Estado de "educar pelo medo" (Passetti, 1999b, p. 356). A meu ver, porém, essa adoção implicava a constituição de uma estratégia de gestão da população pobre, que articulava táticas discursivas que deslegitimavam sua capacidade de criar os filhos e táticas repressivas para obter e assegurar a submissão dos filhos à ordem. Estratégia de poder, neste caso, no sentido trabalhado por Michel Foucault (2000), que não resulta da intencionalidade de um grande ator social a conduzir os destinos do campo, mas de relações de força entre diferentes atores. O que houve, de fato, foi uma acomodação de intencionalidades difusas de diferentes atores do campo em torno da internação. Daí talvez a razão pela qual a contradição entre discursos e práticas não fosse superada. Ela permitia a operação de diferentes níveis e táticas de gestão da pobreza. E o medo ocupava, certamente, um lugar de destaque, pois permitia a obtenção da disciplina nas unidades educacionais e também fora delas. A experiência da punição espelhava para os trabalhadores pobres o outro lado da pobreza, seu par oposto, a figura do marginal e, posteriormente, do bandido (ver Sarti, 1996; Zaluar, 1994a).

Nem todos os filhos de famílias pobres passaram pela experiência de internação em unidades de assistência e reforma; a maioria seguiu as trajetórias proporcionadas pelo eixo da infância trabalhadora. Porém, também é significativo o número de crianças e adolescentes que viveram essa experiência e a intensidade com que ela marcou suas trajetórias, sendo vários os casos de falecimento precoce e de vidas na prisão (ver Adorno, 1991; Mendes, 2001; Silva, 1997).

Contrapondo-se às famílias como *lócus* da educação de parte das crianças e dos adolescentes pobres, a internação em unidades públicas educacionais propunha substituir os cuidados familiares por outros, técnico-assistenciais. Supostamente, os cuidados técnico-assistenciais teriam a habilidade de detectar as falhas no processo educativo familiar de sua clientela e de corrigi-las, viabilizando a construção de identidades relacionadas ao mundo do trabalho e da ordem. No entanto, os resultados observáveis ao longo de quase um século pouco se aproximaram do que era proposto: as rebeliões, a manutenção da baixa escolarização, a não inserção no mundo do trabalho ou o cometimento de novos atos infracionais em contraposição à correção da conduta dos adolescentes internados são apenas alguns dentre vários exemplos de como a estratégia de internação em larga escala se encontrava desgastada nos últimos anos do século XX (Paula, 2006).

Além desse desgaste, novas práticas, como a Liberdade Assistida Comunitária da Pastoral do Menor (da qual tratarei no segundo capítulo), aliadas à articulação de movimentos sociais organizados em torno da redemocratização e da garantia de direitos a crianças e adolescentes pobres e à normativa internacional, com a doutrina da proteção integral das Nações Unidas, exerceram grande influência na elaboração do projeto de lei do Estatuto da Criança e do Adolescente, que buscava atualizar a legislação e aproximá-la dos projetos de construção democrática que fervilhavam entre o final dos anos 1980 e o início dos anos 1990.

A Nova República, o Estatuto da Criança e do Adolescente e a proposta de reconfiguração de discursos e práticas

O período de redemocratização foi caracterizado por grande efervescência política caracterizada pela participação popular, pelos movimentos sociais e pela retomada do movimento sindical, com a eclosão dos ciclos de greves na região do ABC paulista (Cf. Carvalho, 2004; Luca, 2001). Buscava-se o resgate dos direitos civis e políticos, suspensos durante a Ditadura Militar, e também a ampliação desses e dos direitos sociais a todos os segmentos da população. No cenário político, portanto, a cidadania e o acesso a direitos passaram a serem temas centrais. Nesse contexto, a promulgação da Constituição Federal, em 1988, e do Estatuto da Criança e do Adolescente, em 1990, redefiniram as crianças e os adolescentes pobres enquanto sujeitos de direitos e não mais objetos da tutela estatal, como constavam nos Códigos de Menores (1927 e 1979).

O Estatuto da Criança e do Adolescente propunha gerar um reequilíbrio de forças entre o Estado, sociedade civil e famílias pobres, tendo como diretriz a descentralização do poder concentrado no Estado ao longo do século XX. Nessa linha, foram criados vários conselhos paritários, compostos tanto de representantes do Poder Executivo quanto de representantes da sociedade civil, com o objetivo de deliberar e acompanhar as políticas públicas referentes às crianças e aos adolescentes.[33]

---

33 Dentre eles, pode-se citar o Conselho Nacional dos Direitos da Criança e do Adolescente (Conanda) (Lei Federal 8.242, de 12 de outubro de 1991), Conselho Municipal dos Direitos da Criança e do Adolescente (CMDCA) de São Paulo (Lei Municipal 11.123, de 22 de novembro de 1991) e o Conselho Estadual dos Direitos da Criança e do Adolescente (Condeca de São Paulo) (Lei Estadual, 8.074, de 21 de outubro de 1992).

Surgidos entre meados da década de 1970 e a década de 1980, os movimentos de defesa dos direitos da criança e do adolescente estavam associados a outros de defesa dos direitos humanos, emergidos no país durante a Ditadura Militar, principalmente em torno da garantia de direitos aos presos políticos.[34] Naquele momento histórico de redemocratização da sociedade brasileira, esses movimentos ganharam força política e influenciaram diferentes questões que vieram a compor o texto da Constituição Federal.

Sua vitória política foi inserir a perspectiva da garantia de direitos e o acesso à cidadania na discussão sobre a infância e a adolescência pobres, centrada desde a década de 1960 no tema da marginalização social como consequência da pobreza e desestruturação familiar. Para tanto, constituíram uma agenda política de transformação da realidade por meio da legislação nacional, primeiro com a Constituição Federal e, posteriormente, com o Estatuto da Criança e do Adolescente (ECA).

O ponto de partida da nova legislação é o artigo 277 da Constituição Federal, pelo qual se assegura a crianças e adolescentes o direito a ter direitos, condição básica de construção da cidadania e de inserção na sociedade política. Nesse artigo, estão listados os chamados direitos fundamentais das crianças e dos adolescentes, quais sejam, o direito à vida, à saúde, à alimentação, à educação, ao lazer, à profissionalização, à cultura, à dignidade, ao respeito, à liberdade e à convivência familiar e comunitária. O primeiro livro do Estatuto da Criança e do Adolescente dedica-se, justamente, a regulamentar cada um desses direitos. Tanto para o Estatuto quanto para a Constituição, sua garantia é dever da família, da sociedade e do Estado.

A regulamentação dos direitos fundamentais, contida no primeiro livro do Estatuto, não trata da descrição de situações excepcionais que precisariam da intervenção da lei, tal como era comum aos anteriores Códigos de Menores e que caracteriza a estrutura de outros documentos legais. O primeiro livro refere-se mais a um projeto de refundação das relações sociais entre crianças e adolescentes e sua família, sua comunidade de origem, a sociedade e o Estado. Dito de outro modo, trata-se de um conjunto de diretrizes e linhas de ação que devem ser seguidas e executadas para que essas relações sociais se transformem num ideal de sociedade no qual a garantia de direitos é condição necessária à formação de indivíduos inseridos nas instituições sociais e de cidadãos

---

34 Sobre movimentos de defesa dos direitos da criança e do adolescente, ver Alvim e Valladares, 1988. Sobre a emergência dos movimentos de direitos humanos no Brasil, ver Mesquita, 2006.

inseridos na sociedade política.[35] Nesse sentido, há uma proposta de recriação do mundo concreto a partir do direito.

O segundo livro, por sua vez, trata das questões específicas referentes ao atendimento de crianças e adolescentes vítimas e autores de atos ilícitos. Esse livro regulamenta as formas de atendimento, a estrutura e o funcionamento das entidades, as instâncias colegiadas de participação da sociedade, as medidas de proteção às vítimas, o sistema de justiça juvenil e as medidas socioeducativas dirigidas aos autores de atos ilícitos, tratados como infracionais.

Para o funcionamento do sistema de justiça juvenil, porta de entrada para o cumprimento de medidas socioeducativas, está proposta a organização de varas especializadas do poder judiciário para atuar tanto nas questões referentes ao envolvimento de adolescentes em atos infracionais, quanto naquelas referentes a situações de risco pessoal e social – tais como casos de abandono, maus tratos, violência e exploração sexual, e outros crimes nos quais crianças e adolescentes configurem como vítimas. Cabe ressaltar que a lei prevê, tal como as anteriores, a assessoria de equipe inter profissional, a qual tem como atribuição a elaboração de laudos e outros documentos técnicos que possam subsidiar as decisões dos juízes.

Focalizando a questão da infração, o segundo livro do Estatuto da Criança e do Adolescente prevê que o sistema de justiça juvenil deve assegurar, ao adolescente a quem se atribua autoria de infração, os princípios constitucionais do processo legal, incluindo os direitos à presunção de inocência e à defesa técnica. Ademais, a privação de liberdade em caráter provisório só poderá ser mantida nos casos de ato infracional cometido mediante grave ameaça ou violência ou de necessidade de garantir a ordem pública ou a integridade física do adolescente (a exemplo de casos de atos infracionais de grande repercussão pública ou em que haja ameaça de vingança popular ou do ofendido ou sua família).[36]

Em termos procedimentais, a atuação do sistema de justiça juvenil se inicia com a apreensão, por parte da polícia, do adolescente a quem se atribui a prática de ato infracional. Após a apreensão, está prevista na lei uma entrevista informal do adolescente com o promotor de justiça, que o questiona sobre o ato infracional, tendo como referências documentais o boletim de ocorrência e as informações

---

35 Ver, principalmente, artigos 3º, 4º e 5º do Estatuto da Criança e do Adolescente e, também, a Convenção sobre os Direitos da Criança, da Organização das Nações Unidas – ONU.

36 Ver *Brasil, criança urgente, a lei*, 1994:51-3.

sobre seus antecedentes.[37] Após a entrevista, o promotor pode conceder remissão ou pedir o arquivamento dos autos, concluindo o processo.[38] No entanto, o processo seguirá se o promotor oferecer à autoridade judicial uma representação, propondo a aplicação da medida socioeducativa que considerar adequada. Nesse caso, passa-se à etapa das audiências com o juiz, em que se torna obrigatória a presença do advogado e dos pais ou responsáveis pelo adolescente.

A etapa das audiências requer a atuação dos operadores jurídicos do sistema de justiça, a saber, o juiz, o promotor e o advogado. Porém, há um quarto grupo que pode aparecer nessa etapa. Quando solicitado pelo juiz, a equipe interprofissional, composta por psicólogos, pedagogos, assistentes sociais e, eventualmente, médicos, elabora um relatório técnico sobre as condições psicológicas, sociais e familiares do adolescente.[39] Esse relatório visa fundamentar cientificamente a decisão judicial.

Verificada a autoria do ato infracional, cabe ao juiz determinar a medida socioeducativa a ser aplicada, dentre a advertência, a obrigação de reparar o dano, a prestação de serviço à comunidade, a liberdade assistida, a semiliberdade e a internação.[40] A advertência, a obrigação de reparar o dano e a prestação de serviços à comunidade são consideradas medidas leves, realizadas em meio aberto. Aparentemente inócuas no que se refere às relações familiares dos adolescentes, essas medidas envolvem uma visão quase "paternal" da autoridade judicial, que pode "dar uma bronca" – sendo a advertência uma

---

37 Embora o Ministério Público e a Advocacia não estejam vinculados ao Poder Judiciário, ambos são funções essenciais à administração da justiça no país. Assim, pode-se dizer que promotores e advogados são partes atuantes no sistema de justiça. Sobre a legislação, ver artigos 127 a 135 da Constituição Federal.

38 Nesses casos, os autos são considerados conclusos e enviados ao juiz para homologação. Cabe ressaltar que a palavra remissão tem o sentido de perdão ou indulto, implicando a extinção ou a suspensão do processo (art. 188, do Estatuto da Criança e do Adolescente). Sobre os procedimentos de apuração de ato infracional, ver os artigos 171 a 190 do referido Estatuto.

39 Sobre o conteúdo dos relatórios, ver Passetti, 1999, p. 106-12.

40 Cf. artigo 112 do Estatuto da Criança e do Adolescente, que prevê também a possibilidade de aplicação das medidas específicas de proteção previstas pelo artigo 101, incisos I a VI, a saber: encaminhamento aos pais ou responsáveis, mediante termo de responsabilidade; orientação, apoio e acompanhamento temporários; matrícula e frequência obrigatória em estabelecimento oficial de ensino fundamental; inclusão em programa comunitário ou oficial de auxílio à família, à criança e ao adolescente; requisição de tratamento médico, psicológico ou psiquiátrico, em regime hospitalar ou ambulatorial; inclusão em programa oficial ou comunitário de auxílio, orientação e tratamento a alcoólatras e toxicômanos.

admoestação verbal – ou dar uma "lição" mais pragmática, fazendo com que o adolescente restitua o prejuízo causado à vítima ou trabalhe gratuitamente em tarefas de interesse geral.[41]

A "lição" a ser aprendida torna-se progressivamente mais severa, com as medidas de liberdade assistida, semiliberdade e internação. Na liberdade assistida, a rotina do adolescente passa a ser monitorada por um orientador social, o qual deve reportar ao juiz se o adolescente está ou não cumprindo um conjunto de tarefas estabelecido na sentença judicial (tais como se matricular e se manter na escola, matricular-se e concluir cursos de educação profissional, fazer acompanhamento psicológico individual, em grupo, familiar, entre outros). Na semiliberdade, o adolescente deve realizar tarefas semelhantes às previstas na liberdade assistida, porém ele é inserido em uma casa comunitária, em que estão outros adolescentes, na qual deve pernoitar. A internação é a privação de liberdade propriamente dita, de modo que todas as tarefas tendem ser realizadas no espaço restrito da unidade de internação.

Inseridas na doutrina da proteção integral, todas as medidas socioeducativas apresentam um duplo caráter. Por um lado, há a dimensão punitiva, que prevê penalidade compulsória no caso de cometimento de ato infracional, definido como a conduta descrita como crime ou contravenção penal.[42] Por outro, há a dimensão pedagógica que procura instaurar a finalidade educativa da punição por meio da garantia dos direitos fundamentais (saúde, alimentação, educação, lazer, profissionalização, cultura, dignidade, respeito, liberdade, convivência familiar e comunitária) ao adolescente. Na aplicação da medida de internação, o único direito suprimido temporariamente é a liberdade. Ainda assim, segundo o Estatuto da Criança e do Adolescente e a doutrina da proteção integral, a medida de internação, quando aplicada, deve respeitar os princípios

---

41 Respectivamente, artigos 115 e 117 do Estatuto da Criança e do Adolescente. A ideia de que a medida socioeducativa seja uma "lição" faz-se presente desde as audiências com o juiz. Como assinala Paula Miraglia (2001, p. 82-3), o objetivo das audiências "parece ser o de dar uma 'lição'. (...) Em diversas ocasiões, o juiz acaba fazendo parentes e adolescentes chorarem, 'pela vergonha de ter um filho criminoso'".

42 Cf. Art. 103 do Estatuto da Criança e do Adolescente. Essa definição de ato infracional estabelece uma relação ambígua entre a doutrina da proteção integral, o Estatuto da Criança e do Adolescente e o ideário do direito penal, segundo o qual o ato cometido determina tanto o tipo de punição quanto sua duração. Na doutrina da proteção integral, embora a gravidade do ato cometido determine a severidade da punição, a duração está relacionada à capacidade do indivíduo – o adolescente – em aderir ao conjunto de tarefas que visam sua reeducação. Uma crítica sobre a relação entre o Estatuto e o Código Penal pode ser encontrada em Passetti, 1999a.

de excepcionalidade e brevidade bem como a condição peculiar do adolescente como pessoa em desenvolvimento.

É nessa segunda dimensão da medida socioeducativa, isto é, em seu caráter pedagógico, que se procura assegurar o ideal de sociedade proposto no primeiro livro do Estatuto da Criança e do Adolescente, que também caracteriza a doutrina da proteção integral, qual seja, o investimento na garantia de direitos como forma de assegurar a formação do indivíduo inserido em instituições sociais e do cidadão inserido na sociedade política. Nesse sentido, o direito da infância e da adolescência passaria a ser o depositário da promessa de inclusão na vida social moderna, inclusão que passa a ser vista, necessariamente, pelo direito a ter direitos. Ser sujeito de direitos seria a condição para assegurar o acesso a oportunidades de desenvolvimento das potencialidades individuais e a forma de construir vínculos sociais dentro da sociedade política.[43]

Em contrapartida, o fracasso desse ideal de sociedade em que a inclusão na vida social se daria pelas vias do direito seria, para os adolescentes que infringem a lei, a exclusão. Antoine Garapon (1999), jurista francês que aborda o sistema de justiça juvenil e o papel dos juízes na democracia e na construção da cidadania dos jovens, adota discurso semelhante ao da doutrina da proteção integral quanto ao caráter pedagógico da justiça, definindo a exclusão social contemporânea como a ausência de direitos:

> Os 'excluídos' o são, primeiramente e antes de tudo, desse sistema de diferenças, são órfãos de qualquer vínculo social e, portanto, de qualquer representação. Eles são privados de participação numa ação coletiva, do direito de ter direitos e dos benefícios de qualquer solidariedade social. (Garapon, 1999, p. 122).

A importância do sujeito de direitos na vida social transforma o sistema de justiça juvenil em um lugar privilegiado da operação inclusão/exclusão. Ao poder judiciário e ao juiz é dada a possibilidade de agir nessa operação, seja por meio de decisões que, ao reconhecer o adolescente como sujeito de direitos, incluem socialmente aqueles que estavam supostamente fora da vida social, seja por meio de decisões que corroboram a sua exclusão. Porém, as práticas decorrentes do exercício do poder formal dos juízes produzem efeitos difusos que não necessariamente concretizam os objetivos traçados na legislação e nas

---

43 Ver Art. 3º do Estatuto da Criança e do Adolescente e Convenção para os Direitos da Criança, da ONU.

sentenças judiciais, o que retomarei no quarto capítulo ao apresentar as práticas da liberdade assistida.

Para o campo da infância e da adolescência pobres, a emergência da doutrina da proteção integral associada à promulgação do Estatuto da Criança e do Adolescente produziu efeitos que devem ser salientados. O primeiro é a reiteração da centralidade da figura do juiz, inaugurada no campo com o Código de Menores de 1927, agora como condutor da inclusão social pelas vias do direito. São as decisões judiciais que continuam a determinar quem, dentre a população total de adolescentes, deve ingressar no sistema de aplicação das medidas socioeducativas e que, pautadas pela nova legislação, devem considerar esse ingresso da perspectiva da proteção de direitos.

O segundo efeito é a manutenção do público alvo a quem a intervenção se destina, a saber, no caso das medidas socioeducativas, os adolescentes pobres. Como será demonstrado nos capítulos seguintes, embora a questão da pobreza tenha sido problematizada de diferentes formas ao longo de quase um século, o pressuposto de que os destinatários da intervenção socioeducativa se encontram em situação de exclusão, de negação de direitos e de não-cidadania mantém-se relativamente estável desde a emergência do campo de discursos e práticas sobre a infância e adolescência pobres. Partindo-se da pobreza como o não-trabalho, isto é, o não ingresso no mercado de trabalho formal, passando-se a sua definição como descompasso ao desenvolvimento do país e causa da desestruturação familiar e marginalização social de crianças e adolescentes, a pobreza é hoje cada vez mais definida também como lugar da ausência de direitos. Recoloca-se, em novos termos, a pobreza como não-cidadania, dessa vez entendida como espaço dos direitos violados sobre o qual se pretende intervir.

Visto pela ótica dos destinatários da intervenção socioeducativa, o Estatuto da Criança e do Adolescente não chega a romper o trinômio pobreza, desvio e delinquência, o qual continua enraizado tanto nos discursos quanto nas práticas sobre a infância e adolescência pobres. É justamente por atualizar esse trinômio, por supor que a inclusão social dos adolescentes pobres possa ser promovida por intermédio do poder judiciário e que seja, nessa circunstância, capaz de produzir o acesso à cidadania e à sociedade política, que a doutrina da proteção integral aposta na instituição de caráter mais conservador do Estado Moderno como propagadora de mudanças que, se de fato ocorressem, alterariam a ordem social vigente.

As práticas pós-Estatuto: dados dos anos 1990 sobre o sistema socioeducativo

Com o intuito de avaliar os efeitos iniciais produzidos pela doutrina da proteção integral e do Estatuto da Criança e do Adolescente no sistema de justiça juvenil, destacaram-se, por seus resultados esclarecedores, duas pesquisas da década de 1990, que utilizaram processos judiciais como fonte de dados. A primeira delas analisou o conteúdo desses processos e assinalou os padrões de atuação das instituições e atores sociais envolvidos. A segunda pesquisa salientou a relação entre os tipos de infração cometida por adolescentes, seu perfil social e as medidas aplicadas a partir de uma leitura quantitativa dos processos judiciais.

Tendo como fonte processos de adolescentes internados no Estado de São Paulo entre julho de 1990 e maio de 1993, o grupo de pesquisa coordenado por Edson Passetti (1999a) apontou a permanência de discursos e práticas dos Códigos de Menores no sistema de justiça juvenil nos primeiros anos após a promulgação do Estatuto da Criança e do Adolescente. A análise dos processos em que a internação foi a medida socioeducativa aplicada revelou a convergência entre a solicitação do promotor, a sugestão do relatório técnico e a decisão judicial, bem como a desconsideração das alegações da defesa, a qual se tornou obrigatória nos processos somente com Estatuto.

Para os pesquisadores, tais resultados salientam a cumplicidade estabelecida entre o Ministério Público e o Poder Judiciário, percebida a partir da regularidade com que este negava as alegações do advogado,[44] e também destaca a apropriação do relatório técnico como forma de ancoragem científica da opção pela internação (Ver Passetti, 1999a, p. 90-157). Assim, o relatório representava uma justificativa das práticas policial e judicial, mediante a construção da figura do delinquente juvenil. Essa construção implicava o escrutínio da vida pregressa do adolescente, em busca de aspectos que poderiam ser considerados negativos ou irregulares. Muitas vezes, esses aspectos eram a chamada desestruturação familiar e a associação entre marginalidade e pobreza, revelando que a teoria da marginalização, construída a partir da década de 1960 e ancorada pelo regime autoritário, mantinha-se operante mesmo após o processo de

---

44 Realizada no final dos anos 1990 e início dos anos 2000, a etnografia das varas de infância e juventude da cidade de São Paulo feita por Paula Miraglia (2001) aponta a permanência da desvalorização do direito de defesa do adolescente autor de ato infracional no sistema de justiça juvenil.

redemocratização e ressignificação da pobreza como espaço de intervenção para construção do acesso a direitos.

Ainda segundo a pesquisa coordenada por Passetti (1999a), os atos infracionais que levavam à internação tenderam a ser aqueles que ameaçavam a propriedade privada, sendo que 66% dos casos de internação analisados decorreram do cometimento de infrações contra o patrimônio, seguidos por 13% que decorreram de infrações contra a vida. Todavia, esses dados não são suficientes para fundamentar a predominância de jovens pobres entre os internados ou para estabelecer uma relação entre seu perfil social, a infração cometida e a medida aplicada.

Nesse sentido, a pesquisa realizada por Sérgio Adorno, Renato Sérgio de Lima e Eliana Bordini (1999), a partir dos processos judiciais dos anos de 1993 a 1996, no município de São Paulo, fornece dados mais completos. De modo geral, a pesquisa apontou que os autores de ato infracional eram homens (86,4%), em sua maioria brancos (62,3%, contra 37% de negros), nascidos no Estado de São Paulo (83,3%), com idade entre 16 e 17 anos (51,5%), cujo nível de escolaridade se concentrava no ensino fundamental (85,2%, entre completo e incompleto). No que se refere à inserção no mercado de trabalho, embora a maior parte deles fosse de inativos (54,5%), entre estudantes (33,8%) e não-estudantes (20,7%), havia um percentual razoável daqueles que eram economicamente ativos (45,5%, dos quais 36,7% tinham ocupação e 8,8% estavam desempregados).

As infrações cometidas por esses jovens concentraram-se, basicamente, naquelas contra o patrimônio, em particular o roubo (23,2%, entre 19% consumados e 4,2% tentados) e o furto (26%, entre 18,4% consumados e 7,6% tentados). Das infrações contra a vida, que somaram 13,6% do total, apenas 1,3% foi de homicídio e 0,6% de tentativa; o restante (11,7%) referiu-se a lesões corporais, ou seja, a agressões físicas (Adorno, Lima e Bordini, 1999, p. 20).

Ao cruzar os tipos de infrações cometidas com os dados sociais, essa pesquisa apontou que, em meados da década de 1990, havia adolescentes de diferentes segmentos sociais na composição geral das infrações cometidas e que sua participação ocorria de modos distintos. Assim, a tendência era a de que infrações como furto e roubo fossem cometidas por aqueles provenientes dos segmentos mais baixos, embora tenha havido um crescimento do número de adolescentes dos segmentos médios envolvidos nesses tipos de infração, dado o crescimento do consumo de drogas entre eles. Já a direção não-habilitada (6,5% do total de infrações) apareceu como tipo infracional típico dos segmentos médios e elevados (Adorno, Lima e Bordini, 1999, p. 38).

Das sentenças aplicadas, a pesquisa apontou que a internação representou apenas uma pequena parcela (1,9% das sentenças), sendo mais presente a liberdade assistida (24,2%). O maior percentual, contudo, concentrou-se nos arquivamentos e remissões (51,9%). Além disso, verificou-se que, a princípio, a decisão pela internação ou outra medida pareceu estar relacionada a critérios de gravidade da infração, sendo principalmente aplicada aos autores de roubo e de homicídio (Adorno, Lima e Bordini, 1999, p. 48-53). Aparentemente, esse dado indica que houve, ainda na década de 1990, certa adesão dos juízes ao ideário da doutrina da proteção integral e ao Estatuto da Criança e do Adolescente, no sentido de observarem o princípio da excepcionalidade na aplicação da medida de internação, reservando-a para os casos mais graves, conforme prevê a legislação.[45]

Porém, ao relacionarem a medida aplicada e o tipo de infração cometida aos dados sociais dos adolescentes, Sérgio Adorno, Renato Lima e Eliana Bordini (1999) assinalaram uma variação da sentença judicial conforme os critérios de cor da pele, escolaridade e inserção no mercado de trabalho do autor de ato infracional, revelando a interferência da clivagem social na distribuição das medidas. Assim, os resultados dessa investigação apontaram que, independentemente de a infração cometida ser ou não violenta, os adolescentes brancos, com nível de escolaridade mais alto, que tinham uma ocupação ou eram estudantes, tinham maior propensão a receberem o arquivamento ou a remissão, ocorrendo o inverso com negros, de nível mais baixo de escolaridade, desempregados ou não-estudantes.[46]

Por conseguinte, se, por um lado, parece ter havido certa adesão dos juízes à doutrina da proteção integral, não deve ser descartada, por outro, a tendência de aplicar a medida de internação conforme critérios outros que não os técnico-jurídicos referentes à gravidade do ato infracional se manteve fortemente arraigada na prática dos juízes.

Os critérios da clivagem social remontam à visão discriminatória sobre o fenômeno da criminalidade, que envolve o aparelho policial e também o sistema de justiça juvenil. Tal visão leva a polícia a direcionar sua atuação de controle social para determinados jovens – negros, de baixa escolaridade, desempregados, inativos, etc. –, os técnicos do sistema de justiça juvenil a escrutinarem

---

45 Ver art. 121 do Estatuto da Criança e do Adolescente e também Regras Mínimas das Nações Unidas para a Administração da Justiça da Infância e da Juventude – Regras de Beijing.

46 Vale ressaltar que a infração violenta é aquela cometida mediante grave ameaça. Sobre esses dados e as conclusões da pesquisa, cf. Adorno, Lima e Bordini, 1999, p. 52-3.

sua vida em busca de elementos que viabilizem enquadrá-los na figura do delinquente juvenil, e os juízes e promotores a punirem-nos mais severamente, ancorados pelo aval científico dos saberes técnicos especializados e pelas informações criminais produzidas pela polícia.

Ademais, tais critérios apontam a permanência do trinômio pobreza, desvio e delinquência enquanto concepção compartilhada pelos operadores do sistema de justiça e na qual a figura do "delinquente juvenil" relaciona a situação de pobreza vivida por determinados indivíduos a falhas do seu processo de socialização. Assim, a interferência da baixa escolaridade, do desemprego ou da inatividade econômica na distribuição de medidas mais severas e, consequentemente, no encaminhamento para unidades de internação indica, por um lado, a escolarização e a inserção no mercado de trabalho como eixos socializadores valorizados pelos operadores do sistema de justiça. Por outro lado, indica também que a não-inserção nesses âmbitos é vista como um acréscimo do "potencial ofensivo" individual, ou seja, aqueles que estão fora dos eixos valorizados são considerados mais "perigosos" para a sociedade.

O resultado da distribuição desigual das punições pode ser observado no perfil de adolescentes que recebem as medidas socioeducativas mais severas do Estatuto da Criança e do Adolescente. Nesse sentido, é ilustrativo um levantamento feito no final da década de 1990 pela antiga Febem-SP, em parceria com a Faculdade de Saúde Pública da Universidade de São Paulo, com o objetivo de caracterizar as famílias de origem de adolescentes internados (Cf. Fundação Estadual do Bem-Estar do Menor & Faculdade de Saúde Pública, 1998).

Segundo o levantamento, 50,3% das famílias de adolescentes internados eram compostas por casal com filhos – sendo o casal original (pai e mãe) ou recomposto (mãe e padrasto, pai e madrasta) – e 13,3% por mulher com filhos. Assim, as famílias de origem dos adolescentes internados seguiam as tendências de composição familiar do restante da população paulista, apontadas pelos resultados da Pesquisa de Condições de Vida (PCV), realizada pela Fundação Sistema Estadual de Análise de Dados e Estatística – Seade, em 1994 (Cf. Fundação Estadual do Bem-Estar do Menor & Faculdade de Saúde Pública, 1998, p. 35-7). Nessa última, 50% das famílias da Região Metropolitana de São Paulo eram compostas por casal com filhos e 13,3% por mulheres com filhos.

Mesmo sendo a maior parte das famílias dos adolescentes internados composta pelo casal com filhos, os dados do levantamento coletados nos prontuários apontaram que a presença da mãe tendia a ser predominante na situação de internação.

No entanto, os dados do mesmo levantamento referentes à escolaridade, à atividade econômica exercida e ao nível de renda apontaram para a predominância de famílias de segmentos menos privilegiados da população entre os adolescentes em situação de internação.[47] Sobre a escolaridade dos membros adultos, 56,91% haviam cursado até o quinto ano do ensino fundamental (período escolar referente ao antigo primário). Essa baixa escolaridade refletiu-se nos tipos de atividade econômica desses membros, pois a maior parte estava situada em atividades de baixa qualificação profissional, como serviços domésticos (11,9%), construção civil (10,0%) e prendas domésticas (12,62%). Já o nível de renda das famílias, relacionado à baixa escolaridade e às atividades econômicas pouco qualificadas, apresentou maior concentração entre as faixas de 01 a 03 salários mínimos (27,4%) e de 03 a 05 salários mínimos (24,7%).

A partir desses dados, nota-se que os adolescentes que cumpriam medida de internação no final da década de 1990 no Estado de São Paulo eram, em sua maioria, provenientes de famílias que ocupavam os segmentos menos privilegiados da população. Assim, os dados do perfil social dessas famílias são coerentes com aqueles obtidos sobre os adolescentes nas pesquisas sobre o sistema de justiça juvenil e apontam quem seria o público-alvo da estrutura de atendimento da medida de internação: jovens provenientes das famílias de trabalhadores de baixa renda, com pouca qualificação profissional e baixa escolarização. A estrutura organizava-se em torno do atendimento àqueles que, embora não fossem os únicos a cometer atos infracionais, eram os preferencialmente punidos com medidas mais severas.

Enfim, esses dados da década de 1990 revelam um sistema de justiça juvenil pouco voltado para a transformação da vida social por meio da inclusão de adolescentes pobres pelas vias do direito e ainda muito centrado no exercício do controle social e da manutenção da ordem, principalmente no que se refere à defesa da propriedade privada. Nesse sentido, o poder judiciário tendeu mais à sua clássica vocação de mantenedor do estado de coisas do que à

---

47 Os segmentos menos privilegiados da população, neste caso, são aqueles que têm menos de oito anos de estudo (não tendo concluído o ensino fundamental), ocupam postos de trabalho de baixa qualificação profissional e, consequentemente, têm renda média mensal situada nas faixas salariais mais baixas.

possibilidade de se tornar protagonista das transformações sociais tal como pretende o Estatuto da Criança e do Adolescente.[48]

A estratégia de internação dos adolescentes pobres em larga escala, adotada pelo poder judiciário, levou ao colapso das unidades de internação no final dos anos 1990, juntamente com um ciclo de rebeliões que marcou o esgotamento simbólico do modelo Febem. A contradição intrínseca à internação, entre as práticas repressivas, herdeiras do passado patrimonialista, e os projetos modernizadores apresentados ao longo do século, chegou ao limite quando pressionada pela superlotação, eclodindo em uma das rebeliões mais violentas da Febem-SP, que destruiu o Complexo Imigrantes em 1999. Como relatado à época pela Anistia Internacional:

> A rebelião atingiu a totalidade do complexo no dia 24 de outubro. Dezoito horas mais tarde, havia quatro adolescentes mortos, 58 pessoas feridas, inclusive 29 funcionários da Febem, dezenas de adolescentes haviam escapado e o complexo de Imigrantes fora completamente destruído. Durante a rebelião, cerca de 16 monitores foram tomados como reféns e espancados. Vários internos também foram torturados pelos companheiros e quatro foram mortos, massacrados com tal brutalidade que causou choque mesmo entre aqueles que há anos trabalham no sistema. Os brasileiros ficaram horrorizados com as imagens de adolescentes com a camiseta enrolada na cabeça para esconder o rosto, completamente descontrolados, submetendo monitores e companheiros a maus-tratos e tortura ante as câmeras de televisão. As tropas de choque da Polícia Militar dispararam balas de borracha contra os pais ansiosos que aguardavam notícias do lado de fora dos portões do complexo. (Anistia Internacional, 2000, p. 12)

Resultando do ciclo de rebeliões no final dos anos 1990, a Febem-SP entraria em fase de desmonte e remodelamento nos anos 2000, caracterizada pela descentralização das unidades de internação e pela maior participação da sociedade civil no processo socioeducativo. A partir de meados dos anos 2000, o Quadrilátero foi desativado, mais de 50 unidades com capacidade para até 56 adolescentes foram construídas no interior do Estado e vários convênios com

---

48 A concepção de justiça transformadora da realidade está presente também em outras contribuições da literatura especializada. Ver Garapon, 1999; Cappelletti, 1993; Vianna, Carvalho, Melo e Burgos, 1997.

organizações da sociedade civil local para administração dessas unidades em parceria com o poder executivo foram estabelecidos.

A descentralização das unidades e o estabelecimento de convênios com organizações da sociedade civil foram táticas adotadas na gestão de outras medidas socioeducativas. Mais precisamente, foram norteadoras da organização do atendimento em meio aberto, isto é, da execução das medidas de liberdade assistida e prestação de serviço à comunidade, conforme tratarei no terceiro capítulo. De fato, o que se observa a partir dos anos 2000 é a possível emergência da liberdade assistida como prática privilegiada de intervenção sobre os adolescentes pobres autores de ato infracional, ocupando o lugar que, ao longo do século XX, foi reservado à internação.

2

A liberdade assistida e a socialização dos adolescentes pobres enquanto problema político

A liberdade assistida, medida socioeducativa que propõe o acompanhamento e orientação do adolescente autor de ato infracional em seu meio de origem, emerge nos anos 2000 enquanto prática de intervenção alternativa à internação no Brasil e em São Paulo, como resultado das mudanças ocorridas no campo de discursos e práticas sobre a infância e a adolescência pobres a partir do final dos anos 1970.[1] Essas mudanças ocorreram tanto nos discursos, com a consequente adesão da legislação brasileira à doutrina da proteção integral, quanto nas práticas, das quais a liberdade assistida surge como um conjunto de intervenções inovadoras após a reconfiguração da antiga liberdade vigiada.

Como visto no primeiro capítulo, os discursos constituíram-se, no campo, com base na tensão entre infância e adolescência trabalhadora e

---

[1] Como será apresentado no terceiro capítulo, as medidas em meio aberto (liberdade assistida e prestação de serviço à comunidade) representavam, em 2004, 70% das inserções de adolescentes no sistema socioeducativo brasileiro, enquanto as medidas de internação e semiliberdade representavam 30%. Em São Paulo, no mesmo ano, a proporção era de dois adolescentes em cumprimento de medidas em meio aberto para cada adolescente em cumprimento de internação ou semiliberdade. Cf. SEDH/PR, 2006; Febem-SP, 2006a.

não-trabalhadora, sendo a última ora associada à indigência e carência, ora à ameaça e à periculosidade. Nesse sentido, o primeiro Código de Menores, de 1927, propunha a articulação entre mecanismos e instituições para intervir na socialização dos pobres urbanos buscando sua inclusão e manutenção no eixo da infância e adolescência trabalhadora. A economia das intervenções punitivas sobre a infância e a adolescência não-trabalhadoras proposta pelo Código de Menores organizava-se em torno do pressuposto de centralidade do mundo do trabalho tanto na produção material quanto na produção simbólica do trabalhador – traduzida na concepção de moralidade do trabalho – e era uma resposta à questão da formação do mercado de mão-de-obra assalariada que se colocava entre o final do século XIX e a primeira metade do século XX.[2] Tratava-se de intervir no processo de socialização de crianças e adolescentes pobres urbanos que pareciam escapar ao mundo do trabalho, visando sua sujeição a esse mundo por meio da intervenção judicializada e da internação em instituições de assistência e reforma.

Já o segundo Código de Menores, de 1979, buscava responder à reconfiguração da questão social ocorrida na segunda metade do século XX, isto é, ao crescimento da população pobre nas periferias das grandes cidades, principalmente Rio de Janeiro e São Paulo (ver Alvim e Valladares, 1988). Houve, então, um deslocamento da centralidade do mundo do trabalho para o problema da marginalização social, o qual salientava o enfraquecimento de vínculos sociais tradicionais como causa dos desvios de conduta de crianças e adolescentes pobres.[3] Segundo a chamada teoria da marginalização social, que passaria a circular no campo dos discursos sobre a infância e adolescência pobres a partir da segunda metade da década de 1960, o processo de marginalização decorria do rompimento dos vínculos comunitários, devido

---

2 A economia das intervenções punitivas é entendida aqui como um conjunto de discursos e práticas que organizam racionalmente a aplicação das punições a certos atos de determinados segmentos de uma sociedade. Fundamental a essa economia é o princípio do cálculo racional na aplicação das punições modernas, o qual confere legitimidade ao desenvolvimento de intervenções corretivas, pedagógicas e terapêuticas a serem aplicadas ao autor do ilícito, obnubilando a permanência do caráter irracional da punição, qual seja, o sentimento de vingança e de expiação do ato. Sobre racionalização nas sociedades modernas, ver Weber, 1994; sobre a irracionalidade da punição, ver Durkheim, 1995; sobre a racionalização das punições nas sociedades modernas, ver Foucault, 1999a; Garland, 1991.

3 Como apontam Alvim e Valladares (1988), enquanto o primeiro Código de Menores enfatizava a regulamentação do trabalho infanto-juvenil; o segundo priorizava a chamada "situação irregular", a qual associa pobreza, carência, abandono e infração penal.

à migração das famílias do campo para a cidade, e do enfraquecimento dos vínculos familiares diante da experiência da pobreza urbana (ver Rodrigues, 2001). A economia das intervenções punitivas passou a acentuar, então, o investimento dos saberes sobre crianças e adolescentes pobres e suas famílias por meio dos estudos de caso e da construção da concepção de desestruturação familiar. Mediam-se não somente os níveis de resistência ou conformação de crianças e adolescentes à disciplina do trabalho, mas também passaram a ser considerados os níveis de compromisso e comprometimento afetivo e moral das famílias pobres com a criação de seus filhos.

Fossem os cuidados familiares considerados ineficazes na integração das novas gerações ao mundo do trabalho, fossem eles considerados inexistentes por não se adequarem a um padrão esperado de compromisso dos adultos no cuidado e educação dos mais jovens, coube ao Estado assumir esse cuidado e essa educação por meio das instituições de assistência e reforma. A ineficácia ou a inexistência dos cuidados familiares era medida tendo como base o quanto as crianças e os adolescentes pobres poderiam configurar uma ameaça à ordem e um perigo à sociedade. Assim, a economia das intervenções punitivas constituía, nos dois Códigos de Menores, um eixo de socialização da infância e da adolescência não trabalhadoras, que escapavam da integração à ordem social moderna por meio do trabalho e, posteriormente, da escola e que eram consideradas à margem dessa ordem. Em comum, ambos os Códigos elegem a internação enquanto prática de intervenção privilegiada para integrá-las socialmente, por meio do ajustamento de suas condutas desviantes.

A partir do final dos anos 1970, práticas inovadoras de intervenção, realizadas por grupos que se mobilizavam em torno da defesa das crianças e adolescentes pobres, e a doutrina da proteção integral, constituída, sobretudo, a partir dos anos 1980 e formalizada no Estatuto da Criança e do Adolescente, promoveram algumas rupturas no campo de discursos e práticas sobre a infância e a adolescência pobres, as quais tratarei neste capítulo.

A liberdade assistida em três tempos

A liberdade assistida enquanto medida a ser aplicada aos adolescentes autores de ato infracional não foi introduzida pelo Estatuto da Criança e do Adolescente. No primeiro Código de Menores (1927) havia um capítulo inteiro dedicado à então chamada liberdade vigiada, que também aparece no segundo Código de Menores (1979) já com a nomenclatura de liberdade assistida.

A liberdade vigiada do Código de Menores de 1927 era, a princípio, uma das medidas aplicáveis aos adolescentes a quem se atribuía a autoria de crime ou contravenção penal. Uma vez trazido o adolescente pela autoridade policial à presença do juiz, cabia a este tomar as informações sobre o ato cometido, os envolvidos, o "estado físico, mental e moral" do adolescente e a "situação social, moral e econômica de seus pais ou tutor" para, então, proferir sua sentença (artigos 68 e 69 do Código de Menores, Decreto 17.943-A, de 12 de outubro de 1927). Ainda que o adolescente fosse absolvido, o juiz poderia estabelecer condições para sua liberação, tais como a garantia de bom comportamento, a frequência escolar, a abstenção do consumo de bebidas alcoólicas, a submissão ao patronato e o aprendizado de um ofício. O juiz poderia também enviar o adolescente absolvido a um instituto de educação ou sujeitá-lo à liberdade vigiada. Nesse sentido, ela funcionava como um mecanismo de vigilância daqueles que, embora não condenados pelo cometimento de uma infração penal, eram vistos como potenciais infratores.

Aos adolescentes condenados por cometimento de crime ou contravenção, a economia das intervenções punitivas do Código de Menores dividia as medidas previstas conforme a faixa etária dos autores. Assim, para os menores de 14 anos, eram previstos o tratamento de saúde quando fossem portadores de condições especiais;[4] a internação em asilo ou a entrega da guarda a um tutor para os considerados abandonados e a permanência junto aos pais para os que não fossem considerados abandonados ou "pervertidos" (art. 68 do Código de Menores, Decreto 17.943-A, de 12 de outubro de 1927). Aos adolescentes de 14 a 18 anos, além do tratamento de saúde, era previsto o recolhimento em instituição de reforma, com tempo de permanência mais curto (de um a cinco anos) para os que não eram considerados abandonados ou "pervertidos", e mais longo (de três a sete anos) para os que assim fossem considerados (art. 69 do Código de Menores, Decreto 17.943-A, de 12 de outubro de 1927). Enfim, aos adolescentes entre 16 e 18 anos, que houvessem cometido crimes graves e que fossem considerados perigosos "pelo seu estado de perversão moral", poderia ser aplicada a internação em estabelecimento para condenados de menor idade ou, na sua inexistência, em prisões comuns (art. 71 do Código de Menores, Decreto 17.943-A, de 12 de outubro de 1927).

---

4   O Código de Menores destacava especialmente, como condições de saúde que requeriam tratamento, a alienação ou deficiência mental, a epilepsia, a surdez, a mudez e a cegueira. Ver parágrafo 1º dos arts. 68 e 69 do Código de Menores, Decreto 17.943-A, de 12 de outubro de 1927.

Nessa economia, a liberdade vigiada poderia ser aplicada aos adolescentes menores de 14 anos que, não sendo considerados abandonados ou "pervertidos", permanecessem com seus pais e aos de 14 a 18 anos em três situações, sendo a primeira em substituição à internação em escola de reforma, quando esta fosse estipulada em um ano; a segunda, no caso em que a infração cometida fosse uma contravenção penal; e a terceira, como transição entre o período de internação e a liberdade plena:

> Art. 99. O menor internado em escola de reforma poderá obter Liberdade vigiada, concorrendo as seguintes condições:
>
> a) si tiver 16 annos completos;
>
> b) si houver cumprido, pelo menos, o mínimo legal do tempo de internação;
>
> c) si não houver praticado outra infracção;
>
> d) si fôr considerado normalmente regenerado;
>
> e) si estiver apto a ganhar honradamente a vida, ou tiver meios de subsistencia em quem lhos ministre;
>
> f) si a pessoa ou familia, em cuja companhia tenha de viver, fôr considerada idonea, de modo que seja presumivel não commetter outra infracção. (Código de Menores, Decreto 17.943-A, de 12 de outubro de 1927).

A liberdade vigiada também poderia ser aplicada em situações de abandono, funcionando como mecanismo de vigilância dos pais sob o risco de perda do pátrio poder (artigos 36, 45, 55, 58 e 100 do Código de Menores, Decreto 17.943-A, de 12 de outubro de 1927). Para resumir, aplicava-se em toda circunstância em que o juiz de menores entendesse ser necessária a vigilância judicial da vida do adolescente, a qual se estabelecia nos seguintes termos:

> Art. 92. A liberdade vigiada, consiste em ficar o menor em companhia e sob a responsabilidade dos paes, tutor ou guarda, ou aos cuidados de um patronato, e sob a vigilancia do juiz, de accôrdo com os preceitos seguintes.
>
> 1. A vigilância sobre os menores será executada pela pessoa e sob a forma determinada pelo respectivo juiz.

> 2. O juiz póde impor as menores as regras de procedimento e aos seus responsaveis as condições, que achar convenientes.
>
> 3. O menor fica, obrigado a comparecer em juizo nos dias e horas que forem designados. Em caso de morte, mudança de residencia ou ausencia não autorizada do menor, os paes, o tutor ou guarda são obrigados a prevenir o juiz sem demora.
>
> 4. Entre as condições a estabelecer pelo juiz póde figurar a obrigação de serem feitas as reparações, indemnizações ou restituições devidas, bem como as de pagar as custas do processo, salvo caso de insolvencia provada e reconhecida pelo juiz, que poderá fixar prazo para ultimação desses pagamentos, tendo em attenção as condições economicas e profissionaes do menor e do seu responsavel legal.
>
> 5. A vigilancia não excederá de um ano.
>
> 6. A transgressão dos preceitos impostos pelo juiz é punivel:
>
> a) com multa de 10 a 100$ aos paes ou autor ou guarda, si da sua parte tiver havido negligencia ou tolerancia pela falta commettida;
>
> b) com a detenção do menor até oito dias:
>
> c) com a remoção do menor. (Código de Menores, Decreto 17.943-A, de 12 de outubro de 1927).

Na liberdade vigiada, o adolescente permanecia em sua residência sob a guarda de sua família ou de um tutor, caso tivessem condições de assumir o cuidado dele. Quando não lhes era possível assumir esse cuidado ou quando não apresentavam "garantias de moralidade", o adolescente poderia ser encaminhado, pelo juiz, a uma oficina ou estabelecimento industrial ou agrícola sob a vigilância de um patrono voluntário (art. 97 do Código de Menores, Decreto 17.943-A, de 12 de outubro de 1927).

Estando o adolescente sob a responsabilidade de sua família, de um tutor ou de um patrono, havia também uma pessoa encarregada pelo juiz para fazer o acompanhamento da liberdade vigiada, o que incluía visitas frequentes ao local de moradia do adolescente e a produção de relatórios ao juiz, a fim de informar-lhe sobre suas condições materiais e morais:

> Art. 98. A pessoa encarregada da vigilancia é obrigada a velar continuamente pelo comportamento do menor, e a visital-o frequentemente na casa ou em qualquer outro local, onde se ache internado. Não póde, porém, penetrar á noite nas habitações sem o

consentimento do dono da casa. Quem impedir o seu licito ingresso será punido com as penas dos arts 124 e 134, do Codigo Penal.

§ 1º Deve tambem fazer periodicamente, conforme lhe fôr determinado, e todas as vezes que considerar util, relatorio ao juiz sobre a situação moral e material do menor. e tudo o que interessar A sorte deste.

§ 2º Em vista das informações do encarregado da vigilancia, ou espontaneamente, em caso de mau comportamento ou de perigo moral do menor em Liberdade vigiada, assim como no caso de serem creados embaraços systematicos a vigilancia, o juiz póde chamar á sua presença o menor, os paes, tutor ou guarda, para tomar esclarecimentos e adoptar a providencia que convier. (Código de Menores, Decreto 17.943-A, de 12 de outubro de 1927).

Como visto no primeiro capítulo, em São Paulo, a execução da liberdade vigiada era uma das atribuições do Serviço Social de Menores, criado em 1938. Para tanto, haviam sido estabelecidos o Comissariado da Capital e os comissariados do interior, todos vinculados à Subdiretoria de Vigilância do Serviço Social de Menores. Porém, em 1948, o Comissariado da Capital foi transferido para a Vara Privativa de Menores, ficando, portanto, vinculado aos juízes de menores (ver Malheiros, 1952). A execução da liberdade vigiada retornaria à responsabilidade do poder executivo somente na década de 1970, após a criação da Fundação Paulista de Promoção Social do Menor – Pró-Menor em 1973, denominação posteriormente alterada para Fundação Estadual do Bem-Estar do Menor – Febem-SP.

No segundo Código de Menores, promulgado em 1979, a liberdade vigiada já aparecia com a nomenclatura de liberdade assistida, sendo-lhe dedicado apenas um artigo:

Art. 38. Aplicar-se-a o regime de liberdade assistida nas hipóteses previstas nos inciso V e VI do art. 2º desta Lei, para o fim de vigiar, auxiliar, tratar e orientar o menor.

Parágrafo único. A autoridade judiciária fixará as regras de conduta do menor e designará pessoa capacitada ou serviço especializado para acompanhar o caso. (Código de Menores, Lei Federal 6.697, de 10 de outubro de 1979).

A liberdade assistida fazia parte de um conjunto de medidas a serem aplicadas aos adolescentes de 14 a 18 anos, quando estes se encontrassem em situação irregular, a qual era definida nos seguintes termos:

> Art. 2º - Para os efeitos deste Código, considera-se em situação irregular o menor:
>
> I - privado de condições essenciais à sua subsistência, saúde e instrução obrigatória, ainda que eventualmente, em razão de:
>
> a) falta, ação ou omissão dos pais ou responsável;
>
> b) manifesta impossibilidade dos pais ou responsável para provê-las;
>
> II - vítima de maus tratos ou castigos imoderados impostos pelos pais ou responsável;
>
> III - em perigo moral, devido a:
>
> a) encontrar-se, de modo habitual, em ambiente contrário aos bons costumes;
>
> b) exploração em atividade contrária aos bons costumes;
>
> IV - privado de representação ou assistência legal, pela falta eventual dos pais ou responsável;
>
> V - Com desvio de conduta, em virtude de grave inadaptação familiar ou comunitária;
>
> VI - autor de infração penal.
>
> Parágrafo único. Entende-se por responsável aquele que, não sendo pai ou mãe, exerce, a qualquer título, vigilância, direção ou educação de menor, ou voluntariamente o traz em seu poder ou companhia, independentemente de ato judicial. (Código de Menores, Lei Federal 6.697, de 10 de outubro de 1979).

Uma vez verificada a situação irregular do adolescente, o Código de Menores de 1979 previa como medidas de assistência e proteção aplicáveis pela autoridade judiciária a advertência; a entrega aos pais, responsável ou a pessoa idônea, mediante termo de responsabilidade; a colocação em lar substituto; a imposição do regime de liberdade assistida; a colocação em casa de semiliberdade; e a internação em estabelecimento educacional, ocupacional, psicopedagógico, hospitalar, psiquiátrico ou outro adequado (ver art. 14, Código de Menores, Lei Federal 6.697, de 10 de outubro de 1979).

O regime de liberdade assistida poderia ser aplicado nos casos de cometimento de ato infracional ou em que se considerasse desvio de conduta, circunscrevendo a medida a situações mais específicas que o Código anterior. Nesse sentido, já não era mais aplicada nos casos de abandono, os quais poderiam levar, em última instância, à destituição do pátrio poder das famílias. Focava, outrossim, a vigilância, o auxílio, o tratamento e a orientação dos adolescentes em quem se verificava o comportamento considerado desviante. Quanto às práticas da liberdade assistida, como pode ser observado no artigo 38, mencionado acima, o Código de Menores não as estabelecia, cabendo ao juiz fixar as regras de conduta que o adolescente deveria seguir, bem como designar a pessoa ou serviço especializado para acompanhar o caso.

Além de delimitar mais as situações em que a liberdade assistida poderia ser aplicada, o segundo Código de Menores trazia também alterações na forma como de concebê-la. Embora o texto legal tenha mantido o uso de termos indicadores da adoção de práticas interventivas repressivas, tais como a vigilância e a fixação de regras de conduta, trouxe, em contrapartida, maior diversificação para as intervenções punitivas. Diferentemente da liberdade vigiada, a liberdade assistida do segundo Código não se resumia a vigiar, mas pretendia também auxiliar, tratar e orientar os adolescentes autores de ato infracional ou aqueles que, pelo chamado "desvio de conduta", eram considerados no limiar do envolvimento com esse tipo de ato. A introdução do auxílio, do tratamento e da orientação enquanto práticas interventivas apontam que a passagem da liberdade vigiada para a assistida se deu no sentido mesmo de valorização da assistência como forma de aplicação dessa medida, diminuindo a intensidade repressiva de correção das condutas e indicando, no campo dos discursos e práticas sobre a infância e a adolescência pobres, a tendência crescente de valorização das práticas de assistência social.

Em São Paulo, ainda no final da década de 1970, a liberdade vigiada passaria a compor um dos programas da Febem-SP, sendo implantada, a partir de 1977, uma experiência piloto, juntamente com a Pastoral do Menor. Tratava-se da Liberdade Assistida Comunitária (LAC), da qual tratarei adiante, e que propunha o envolvimento das famílias dos adolescentes e da comunidade na execução de práticas de assistência e proteção (Cf. Fundação CASA, 2010).

Na década de 1980, o programa de liberdade assistida recebeu novos investimentos do poder público estadual com sua regionalização. Em 1984, foram criados os primeiros postos de atendimento da medida de liberdade assistida na cidade de São Paulo, nos bairros do Tatuapé (Posto Leste), Santo Amaro (Posto

Sul) e Lapa (Posto Oeste), e na Região Metropolitana de São Paulo (Postos Grande Norte, Grande Sul, Grande Leste e Grande Oeste). Em 1985, foram instalados mais dois postos para atender à região norte da capital, sendo um do bairro do Mandaqui (Posto Norte I) e outro no bairro de Cachoeirinha (Posto Norte II). Em 1986, já eram 22 postos espalhados pelo Estado (cf. Fundação CASA, 2010). A regionalização dos postos permitia ampliar o número de adolescentes que poderiam ser atendidos, bem como aproximava sua execução das entidades e organizações locais da sociedade civil.

Com a promulgação do Estatuto da Criança e do Adolescente, em 1990, a liberdade assistida ganhou novo *status* na economia das intervenções punitivas sobre os adolescentes autores de ato infracional. Por um lado, O Estatuto restringe a aplicação da medida de internação a três casos específicos – quais sejam, os casos em que o ato infracional cometido envolva grave ameaça a pessoas, em que haja reiteração no cometimento de atos graves ou em que haja descumprimento reiterado de medida anteriormente imposta (ver art. 122 do Estatuto da Criança e do Adolescente, Lei Federal 8.069, de 13 de julho de 1990). Por outro, define a possibilidade de aplicação da liberdade assistida como segue:

> Art. 118. A liberdade assistida será adotada sempre que se afigurar a medida mais adequada para o fim de acompanhar, auxiliar e orientar o adolescente.
>
> § 1º A autoridade designará pessoa capacitada para acompanhar o caso, a qual poderá ser recomendada por entidade ou programa de atendimento.
>
> § 2º A liberdade assistida será fixada pelo prazo mínimo de seis meses, podendo a qualquer tempo ser prorrogada, revogada ou substituída por outra medida, ouvido o orientador, o Ministério Público e o defensor.
>
> Art. 119. Incumbe ao orientador, com o apoio e a supervisão da autoridade competente, a realização dos seguintes encargos, entre outros:
>
> I - promover socialmente o adolescente e sua família, fornecendo-lhes orientação e inserindo-os, se necessário, em programa oficial ou comunitário de auxílio e assistência social;
>
> II - supervisionar a frequência e o aproveitamento escolar do adolescente, promovendo, inclusive, sua matrícula;

III - diligenciar no sentido da profissionalização do adolescente e de sua inserção no mercado de trabalho;

IV - apresentar relatório do caso. (Estatuto da Criança e do Adolescente, Lei Federal 8.069, de 13 de julho de 1990).

Se, no primeiro Código de Menores, a liberdade vigiada deveria ser aplicada aos adolescentes autores de ato infracional principalmente como complemento à internação, fazendo sua transição ou progressão para a liberdade plena, no segundo Código, a liberdade assistida já poderia ser aplicada em substituição à internação. O Estatuto da Criança e do Adolescente consolidou a ruptura promovida no segundo Código, além de fortalecer o investimento na liberdade assistida, ao restringir a aplicação da medida de internação, associando-a aos princípios de excepcionalidade e brevidade.

O Estatuto acentua, também, a tendência de valorização da assistência enquanto norteadora das práticas da liberdade assistida, suprimindo a terminologia de cunho repressivo que ainda estava presente no segundo Código de Menores. A vigilância desapareceu do texto legal, emergindo, em seu lugar, o acompanhamento, juntamente com o auxílio e a orientação do adolescente. As regras de conduta a serem fixadas pelo juiz deram lugar às ações de promoção social do adolescente e sua família, escolarização, profissionalização e inserção no mercado de trabalho. Isso não implica dizer que a repressão tenha desaparecido por completo, devendo-se ressaltar que a liberdade assistida, como as outras medidas socioeducativas, é compulsória e involuntária. Nesse sentido, é uma punição, uma sanção que o juiz impõe ao adolescente autor de ato infracional. Porém, a repressão do ato infracional tornou-se menos explícita na liberdade assistida do que na internação.

Ao mesmo tempo, essa medida proporcionou a ampliação das práticas de intervenção para diferentes dimensões da vida do adolescente. O acompanhamento da rotina de vida do adolescente em seu meio social de origem com o intuito de observar seu comportamento e orientá-lo para o não cometimento de novos atos infracionais envolve a possibilidade de intervir diretamente na sua vida familiar e comunitária. Amplia, portanto, o escopo da intervenção. Enquanto na internação o foco é essencialmente o indivíduo, o qual fica fisicamente isolado do convívio com sua família, seus amigos, seus vizinhos, na liberdade assistida, o foco da intervenção, embora permaneça sendo o indivíduo, também se amplia para as relações que ele estabelece no seu cotidiano com sua família, sua comunidade de origem, a escola e o trabalho.

Além das descontinuidades e rupturas entre a liberdade vigiada e a liberdade assistida, é preciso destacar, também, as continuidades presentes na passagem de uma para outra. Em ambas, parte-se do pressuposto de que é possível transformar comportamentos individuais, evitando que o adolescente se torne um criminoso adulto por meio da intervenção precoce. Esse pressuposto está presente na economia das intervenções punitivas que têm como alvo os adolescentes autores de ato infracional desde o primeiro Código de Menores e relaciona-se a sua vinculação a uma concepção moderna de indivíduo.

A promulgação desse Código em 1927, um dos acontecimentos fundantes do campo de discursos e práticas sobre a infância e a adolescência pobre nos Brasil, esteve profundamente vinculada à modernização da sociedade brasileira no início do século XX, como abordado no primeiro capítulo. O problema da formação do mercado de mão-de-obra assalariada para suprimento da demanda de força de trabalho nos estabelecimentos industriais, bem como o problema da desarticulação dos movimentos reivindicatórios dos trabalhadores para obtenção de maior docilidade no uso de sua força de trabalho, eram desafios que mobilizavam as elites brasileiras em sua entrada na modernidade e para os quais a intervenção sobre a infância e a adolescência pobres aparecia como uma das soluções (ver Alvarez, 2003; Santos, 1999).

A economia das intervenções punitivas do primeiro Código de Menores emergia nesse contexto de modernização da produção e de obtenção da docilidade da mão-de-obra, investindo principalmente nos adolescentes pobres de 14 a 18 anos por meio de sua internação em escolas de reforma. Esse investimento baseava-se em uma concepção, tipicamente moderna, segundo a qual as individualidades não são um dado *a priori*, mas o resultado do investimento feito pelas instituições, sendo possível, portanto, produzir sua sujeição ao trabalho. Tornar-se "trabalhador" ou "bandido" resultaria do sucesso ou insucesso das intervenções das instituições sociais – família, polícia, poder judiciário, escola de reforma, indústria – na obtenção da docilidade e no disciplinamento das condutas.

A partir dessa concepção, entendia-se no Código de Menores que era a família a primeira instituição a fazer o investimento disciplinador, direcionando os adolescentes ao trabalho – industrial ou agrícola – como forma de assegurar sua inclusão no mundo da ordem.[5] Quando ela não conseguisse fazê-lo,

---

5   Nos trechos em que o Código de Menores (1927) trata da liberdade vigiada, as referências à família circunscreviam-na como lugar de vigilância da conduta dos adolescentes, sendo a guarda deles transferidas a outros quando ela não se demonstrasse capaz de exercer essa

outras instituições poderiam substituí-la, como eram as propostas das escolas de reforma, dos institutos de recolhimento de infratores e também dos patronatos. Assim, a economia das intervenções punitivas do Código de Menores trazia uma dimensão pedagógica de formação dos indivíduos voltada para o investimento na pedagogia do e para o trabalho.

A importância dada ao trabalho, entendido não somente no aspecto da produção material, mas também no da moralização das condutas dos pobres, vistos como imorais ou incivis (cf. Telles, 2001), indica que as principais instituições modernas de socialização dos adolescentes pobres urbanos não eram, em um primeiro momento, a família e a escola, mas a família e a indústria. O ideal de formação das individualidades desses adolescentes passava, necessariamente, pelo mundo do trabalho, cabendo primeiramente à família e, em sua substituição, às instituições de assistência e reforma conferir-lhes a disciplina necessária para o trabalho. Embora o trabalho também estivesse relacionado ao exercício da cidadania, sendo esta regulada pelo ingresso no mercado formal de trabalho (cf. Carvalho, 2004; Santos, 1994; Telles, 2001), não era prevista a participação de adolescentes na dimensão política da vida social. Sendo a participação restrita à dimensão econômica e assegurada somente pelo trabalho formal, não havia, naquele momento, a valorização da escola formal enquanto instituição socializadora e mediadora de sua relação com o mundo social.

A liberdade vigiada inseria-se na economia das intervenções punitivas como um mecanismo supra institucional que permitia articular as diferentes instituições, visando assegurar a transição do adolescente de uma a outra, isto é, da escola de reforma para a família ou o patronato e o estabelecimento industrial ou agrícola. O *locus* das intervenções, porém, eram as próprias instituições, o que fortalecia a internação como principal estratégia e delegava um papel secundário à liberdade vigiada. A adoção da internação em larga escala, sua transformação em estratégia privilegiada, implicava a adesão dos formuladores e operadores da economia das intervenções punitivas à concepção moderna de individualidade enquanto algo que se constrói e, mais ainda, que se constrói intramuros, isto é, dentro das instituições modernas: família, escola, fábrica e prisão.[6]

---

vigilância, retirando os filhos das ruas – associada à desordem e à criminalidade – e inserindo-os nas indústrias, oficinas ou na produção agrícola.

6 A construção das individualidades modernas a partir das intervenções das instituições modernas foi amplamente tratada por Michel Foucault, o qual relaciona a produção de

Da concepção da família imoral (ou perversa) do primeiro Código para a da família desestruturada pela urbanização e pela pobreza, conforme os discursos que emergiram na segunda metade do século XX e que levaram à promulgação do segundo Código de Menores, mantinha-se a definição da família como primeira instância de inserção no mundo da ordem. A doutrina da situação irregular, do segundo Código de Menores, intensificava a economia das intervenções punitivas do primeiro Código, definindo o adolescente em situação irregular como objeto da tutela estatal e institucional. Mantinha a adesão à concepção moderna de individualidade tanto como forma de apontar as falhas da instituição familiar, o que gerava a situação irregular, traduzida na precariedade de condições materiais ou de maus-tratos e perigo moral, quanto como forma de legitimar a adoção da internação como prática privilegiada de intervenção.

A pedagogia do e para o trabalho, porém, perdeu sua centralidade, uma vez que o segundo Código já não se dedicava à regulamentação das relações entre capital e trabalho infanto-juvenil, tampouco propunha o regime de patronato e o encaminhamento para estabelecimentos industriais ou agrícolas como formas privilegiadas de ajustes das condutas consideradas potencialmente desviantes.[7] A produção do "trabalhador" já não se daria somente pelo seu precoce ingresso no mundo do trabalho, mas passaria a resultar das intervenções pedagógicas da família, da escola e das instituições de assistência e reforma. Reiterava-se, porém, que o objetivo final dessas intervenções era a produção de individualidades voltadas para o mundo do trabalho. Nesse sentido, as instituições de assistência e reforma, públicas ou privadas, deveriam fornecer não somente a escolarização, mas também a profissionalização, ainda que seu público fosse composto por crianças e adolescentes.[8]

Havia, também, em comum aos dois Códigos de Menores, um investimento no conhecimento dos adolescentes que, sendo autores de ato infracional,

---

individualidades assujeitadas aos mecanismos disciplinares presentes nessas instituições. Ver, principalmente, Foucault, 1999a.

[7] Havia a possibilidade de encaminhamento a estabelecimentos ocupacionais, dentre os vários listados no art. 14 do Código de Menores (Lei Federal 6.697, de 10 de outubro de 1979). No entanto, o foco era a previsão de encaminhamento para estabelecimentos educacionais e de saúde (hospitais e hospitais psiquiátricos).

[8] Sobre a escola enquanto instituição socializadora dos pobres, cabe destacar o investimento no acesso à escolarização a partir da década de 1930 e também o fortalecimento da tendência a atrelar o ensino formal à formação para o trabalho, chamada de concepção produtivista da educação ou pedagogia tecnicista, a partir do final da década de 1960. Cf. Saviani, 2010.

demonstravam ser refratários ao trabalho e, portanto, resistentes à ordem social que se impunha. Porém, o investimento na produção dos saberes especializados sobre a infância e a adolescência pobres encontrava-se mais acentuado no segundo Código, o qual previa a realização de estudos de caso dos que entravam nas instituições de assistência e reforma e a elaboração de laudos e relatórios sobre os aspectos sociais, médicos e psicopedagógicos (ver artigos 4º, 9º e 10 do Código de Menores, Lei Federal 6.697, de 10 de outubro de 1979). Articulados à economia das intervenções punitivas, os saberes produzidos nos laudos e relatórios tinham um importante papel, pois legitimavam a intervenção, conferindo-lhe um caráter técnico, racional e científico. Além disso, permitiam a associação entre o não-trabalho e as categorias do abandono, do perigo moral, da marginalização e, enfim, da periculosidade. Viabilizavam, também, a elaboração de critérios de avaliação dos adolescentes em que, quanto maior a resistência à disciplina necessária ao trabalho, maior a periculosidade e maior o tempo necessário de intervenção.[9]

Outro pressuposto importante dessa economia, relacionado à possibilidade de transformação das condutas, é o que associa a delinquência ao desvio. Ambos os Códigos contêm o pressuposto de que a delinquência, termo que traduzia o envolvimento dos adolescentes pobres com atos infracionais, era resultado de um desvio, de uma anomalia em seu processo de socialização. Esperava-se que esse processo direcionasse os filhos das famílias pobres para o mundo do trabalho por meio de sua inclusão no que chamei, no primeiro capítulo, de eixo socializador da infância e da adolescência trabalhadoras. Essa inclusão de fato ocorreu com boa parte dos adolescentes pobres urbanos ao longo do século XX. A vigilância e a correção dos desvios ao processo de inclusão nesse eixo davam-se por meio da inserção em um segundo eixo, também tratado no primeiro capítulo, referente à infância e à adolescência não-trabalhadoras, ao qual a economia de intervenções punitivas se associava a partir da ação da polícia e do poder judiciário.[10]

---

9   Ao tratar de sua experiência de internação no Recolhimento Provisório de Menores – RPM, em São Paulo, entre o final da década de 1960 e início da década de 1970, Luiz Alberto Mendes (2001) relata que, após ter contado sua trajetória de vida e vivência nas ruas ao psicólogo do RPM, foi considerado "perigoso" e encaminhado para a triagem e internação no Instituto de Menores de Mogi-Mirim, instituição que abrigava os adolescentes considerados de "alta periculosidade".

10 Alguns dos efeitos da oposição entre as individualidades de "trabalhador" e "bandido" para os adolescentes pobres e seus familiares podem ser encontrados em Feltran, 2008; Sarti,

O Estatuto da Criança e do Adolescente promoveu algumas rupturas na economia das intervenções punitivas, embora tenha mantido seus principais pressupostos. Tanto a concepção moderna de individualidade como algo a ser construído quanto a associação entre delinquência e desvio permanecem latentes nas intervenções propostas pelas medidas socioeducativas.[11] Porém, há uma primeira ruptura no que se refere à forma como a intervenção sobre a formação das individualidades dos adolescentes pobres pode ocorrer. O *locus* da transformação dos comportamentos não está mais nas instituições, mas focaliza as relações que os adolescentes estabelecem com e no seu meio social de origem. Com as restrições impostas à aplicação da internação, a intervenção que se propõe é, principalmente, extramuros. Nesse sentido, a liberdade assistida emerge como estratégia central, pois não está circunscrita a nenhuma instituição em particular e permite promover a articulação entre diferentes instâncias em que o processo de socialização do adolescente se dá, isto é, na família, na comunidade, na escola e no mundo do trabalho, por meio da intervenção na forma como o adolescente se relaciona com cada uma delas.

Há, também, no Estatuto uma segunda ruptura na economia das intervenções punitivas que deve ser destacada. O primeiro Código de Menores concretizava a adesão a uma concepção de individualidade que não somente restringia seu *locus* de produção nas instituições sociais, como restringia sua visão sobre o processo de socialização dos adolescentes à produção de individualidades em muito relacionadas ao mundo do trabalho, isto é, à dimensão econômica do indivíduo moderno. No segundo Código de Menores, essa concepção de indivíduo foi ampliada, o que permite compreender a maior ênfase dada à produção dos saberes técnicos – sociais, médicos e psicopedagógicos – e ao investimento no conhecimento e caracterização das relações familiares e comunitárias dos adolescentes.[12] As intervenções propostas pelo Estatuto, por sua vez, se expandem, da pretensão de inclusão na dimensão econômica e do conhecimento das relações cotidianas dos adolescentes, para a participação na dimensão política,

---

1996; Zaluar, 1994a.

11 Retomarei essas permanências ao longo deste capítulo e também no quarto capítulo, quando tratar das práticas da liberdade assistida.

12 Segundo Edson Passetti, o segundo Código de Menores formalizou, no discurso legal sobre crianças e adolescentes pobres, a concepção "biopsicossocial" – que considera os aspectos biológicos, psicológicos e sociais dos indivíduos – presente na Política Nacional do Bem-Estar do Menor. Cf. Passetti, 1999b e 1982.

ao definirem-nos como sujeitos de direitos. Ampliam, com isso, o escopo da ação interventiva para a formação de cidadãos.

A inserção da cidadania na economia das intervenções punitivas sobre os adolescentes autores de ato infracional é resultado tanto da transformação da medida de liberdade assistida quanto de sua conversão em estratégia privilegiada a partir da doutrina da proteção integral, como tratarei a seguir.

A Pastoral do Menor e a Liberdade Assistida Comunitária

A conversão da liberdade vigiada em liberdade assistida deu-se no final dos anos 1970, no contexto de promulgação do segundo Código de Menores (1979). Por um lado, esse Código formalizou, no campo dos discursos da infância e da adolescência pobres, a ampliação da concepção de indivíduo que servia de pressuposto para as intervenções punitivas e preventivas. Além disso, incorporou a valorização crescente da assistência como norteadora dessas intervenções, o que pode ser observado na substituição da liberdade vigiada pela assistida. Por outro lado, contudo, sua promulgação significou também uma resposta conservadora ao crescimento do número de crianças e adolescentes pobres residentes nas periferias urbanas, ao aumento do número de adolescentes envolvidos com atos infracionais e às práticas inovadoras que se desenvolveram a partir da segunda metade da década de 1970 e que tinham essas crianças e esses adolescentes como alvo.[13] Essas práticas emergiam como resultado da mobilização crescente de segmentos da sociedade civil que, organizados principalmente a partir de articulações promovidas junto à Igreja Católica, propunham novas formas de intervenção sobre a questão da pobreza urbana.

Também conhecido como o "Código dos Juízes", o segundo Código resultava da mobilização de juízes e outras autoridades no sentido de criar e reforçar mecanismos de repressão e controle da ameaça e do perigo que creditavam ao crescimento da população pobre residente nas periferias das grandes cidades, principalmente Rio de Janeiro e São Paulo. Como ressaltam Maria Rosilene Alvim e Lícia do Prado Valladares (1988):

---

13 Além da Liberdade Assistida Comunitária e da Pastoral do Menor, das quais tratarei aqui, emergiam também no final dos anos 1970 e início dos anos 1980 o Movimento em Defesa do Menor, o qual atuava na denúncia das situações de violência sofridas por crianças e adolescentes sob custódia da polícia e da Febem-SP, e, posteriormente, o Movimento Nacional dos Meninos e Meninas de Rua – MNMMR, que contava com experiências alternativas de atendimento a meninos e meninas de rua, como a dos educadores de rua.

> A integração à ordem estabelecida sempre se colocou como necessária, mas os menores, por permanecerem à margem (da lei e dos benefícios da sociedade), sempre foram excluídos de um projeto nacional. O novo Código de Menores é promulgado num momento em que a questão do menor ameaçava fugir totalmente do controle da sociedade, seja pelo aumento assustador do número de crianças e jovens carentes ('pequenos bandidos' em potencial), seja pelo aumento considerável da própria delinquência juvenil no país (Alvim e Valladares, 1988, p. 11).

A exacerbação da punição com foco na pobreza urbana era objetivada na figura do "menor em situação irregular", na qual se associava a experiência precoce da pobreza ao abandono, ao desvio de conduta e à delinquência. O segundo Código de Menores representava, nesse sentido, uma tendência conservadora no campo de discursos e práticas sobre a infância e a adolescência pobres, a qual encontrava resistências dentro e fora desse campo ao menos desde meados da década de 1970 (cf. Alvim e Valladares, 1988). Similarmente ao que ocorria em outros campos da vida social brasileira, as resistências à tendência conservadora, associada ao regime autoritário e à Ditadura Militar, organizavam-se a partir da articulação entre sociedade civil e Igreja Católica.

Segundo José Murilo de Carvalho (2004), entre 1964 e 1974, foi intensa a repressão política visando a desarticulação dos focos de oposição e resistência ao regime autoritário, isto é, dos partidos políticos, sindicatos, universidades e entidades estudantis. O Congresso Nacional foi fechado algumas vezes, e também houve repressão interna às forças armadas, pois havia grupos de militares que discordavam das ações daqueles que assumiam a frente do governo ditatorial. Nesse cenário, a Igreja Católica era uma das poucas instituições que conseguia defender-se do Estado autoritário, o que a tornou um dos principais pontos de oposição a partir de 1968.[14]

> A hierarquia católica moveu-se com firmeza na direção da defesa dos direitos humanos e da oposição ao regime militar. Seu órgão máximo de decisão era a Conferência Nacional dos Bispos do

---

14 Além da Igreja Católica, Carvalho (2004) considera como pontos de resistência ao governo militar a Associação Brasileira de Imprensa (ABI) a Ordem dos Advogados do Brasil (OAB), a Sociedade Brasileira para o Progresso da Ciência (SBPC) e o Movimento Democrático Brasileiro (MDB), partido político criado em 1965 pela imposição do sistema de dois partidos para atuar como oposição formal e acomodar os políticos opositores que não haviam sido cassados.

Brasil (CNBB). A reação do governo levou a prisões e mesmo assassinatos de padres. Mas a Igreja como um todo era poderosa demais para ser intimidada, como o foram os partidos políticos e os sindicatos. Ela se tornou um baluarte na luta contra a ditadura (Carvalho, 2004, p. 183).

Como aponta Carvalho (2004), a partir de 1974, com o início do governo do general Ernesto Geisel, foram adotadas medidas que buscavam a abertura do regime, ao mesmo tempo em que se reorganizavam os movimentos de oposição. Na Igreja Católica, a teologia da libertação aproximava o trabalho religioso dos pobres, incluindo as populações marginalizadas das periferias urbanas, na busca de melhoria de suas condições sociais e também da ampliação de sua participação política. Para promover essa aproximação, os agentes da Igreja – padres, freiras e também leigos católicos e alguns protestantes –, estabeleciam pontes entre as antigas bases de educação popular, estabelecidas pelo Movimento de Educação de Base – MEB, originado em 1961 durante o governo de Jânio Quadros,[15] e as novas pastorais que estavam sendo criadas (ver Landim, 1993 e 2002).

Havia, portanto, uma associação entre as pastorais e as práticas de educação de base, entre a ação social da Igreja com foco nas comunidades pobres e a mobilização política dessas comunidades. Educação de base, ação social, comunidade e participação política eram elementos-chave da organização dos discursos e efetivação das práticas dessa resistência que tinha a Igreja Católica como foco e a partir dos quais surgiram as pastorais na década de 1960 e as Comunidades Eclesiais de Base – CEB, na década de 1970 (Cf. Carvalho, 2004; Landim, 2002).

Foi nesse contexto que também surgiu a primeira experiência de liberdade assistida comunitária em São Paulo e foi criada a Pastoral do Menor no final da década de 1970,[16] trazendo os elementos discursivos e as práticas que caracterizavam a ação social da Igreja Católica daquela década para o campo de discursos e práticas sobre a infância e adolescência pobres. A experiência pioneira de liberdade assistida e a criação da Pastoral do Menor de São Paulo foram-me relatadas em entrevista por Ruth Pistori, assistente social e militante dos movimentos da Igreja que participou ativamente de ambas. Representante leiga da

---

15 Como aponta Leilah Landim (2002), o MEB foi criado em 1961 por meio de acordo firmado entre a Presidência e a CNBB, sendo mantido por algum tempo após o Golpe de 1964.

16 Durante a pesquisa, não foram encontrados registros anteriores a 1977 referentes à experiência de Liberdade Assistida Comunitária (LAC), na cidade de São Paulo. Mas há registros posteriores, como os que tratarei no terceiro capítulo.

ala da Igreja vinculada à teologia da libertação, d. Ruth explicou-me, logo no início da entrevista, que o trabalho com adolescentes de conduta antissocial é missionário e que sua motivação para buscar mudanças na forma como a então liberdade vigiada era feita tinha raízes em sua experiência militante na Igreja e na visão de mundo que ela lhe oferecia. "Ser cristão é viver o evangelho", disse-me ao resumir sua motivação para agir no sentido de promover mudanças na antiga liberdade vigiada.

Como assistente social, Ruth Pistori começou a trabalhar na então Fundação da Paulista de Promoção Social do Menor – Pró-Menor em 1975, com a atribuição de viabilizar a colocação profissional de adolescentes que estavam próximos de sair da Fundação. Atuando no Pensionato da Vila Mariana, cabia-lhe buscar a parceria de empresários, com o intuito de obter emprego para os adolescentes bem como trabalhar com eles a preparação de sua saída. No ano seguinte, já com a nomenclatura da Fundação Pró-Menor alterada para Fundação Estadual do Bem-Estar do Menor – Febem-SP, d. Ruth passou a trabalhar na liberdade vigiada, a qual contava, na época, com quatro assistentes sociais para atender todo o município de São Paulo. Cada assistente social era responsável por uma das regiões da cidade – norte, sul, leste e oeste, sendo que o responsável pela região oeste também assumia os casos no centro da cidade. D. Ruth assumiu a região sul.

Em sua primeira visita domiciliar a um adolescente em cumprimento de liberdade vigiada, d. Ruth foi a uma favela da região. Segundo ela, o adolescente residia com a mãe e um irmão doente em um barraco dentro do qual passava o esgoto. O irmão batia na própria cabeça e dormia dentro de um armário velho, transformado em cama. Além desse armário, o barraco tinha uma cama. Não havia mesa ou cadeira. Ao recordar-se das condições de moradia e de vida desse adolescente, d. Ruth manifestou o mal-estar que sentiu naquele momento em relação ao trabalho que deveria desempenhar ali. Contou-me que se perguntou como poderia dizer a um menino naquelas condições que deveria respeitar a lei, questionando-se o sentido de sua intervenção enquanto assistente social da liberdade vigiada. Lembrou também da resolução que tomou, naquele momento, como condição para continuar o trabalho: "Ou muda a situação ou vou embora."

Após o relato de sua primeira visita domiciliar como técnica da liberdade vigiada, d. Ruth retomou, em diversos momentos da entrevista, que a situação dos adolescentes em cumprimento dessa medida não era de pobreza, mas de miséria. Segundo ela, passado o período de internação nas unidades da Febem-SP, os adolescentes voltavam para a situação que ela qualificou também como de indigência, na qual não tinham acesso ao que considerava o básico para o ser humano.[17]

As condições da moradia e de vida do primeiro adolescente que visitou marcaram-na de tal forma que ela atribui a essa visita a razão pela qual foi buscar alternativas junto às ações sociais da Igreja Católica. D. Ruth militava na Igreja havia algum tempo e disse ter recebido, na ocasião, um boletim da Pastoral Familiar no qual era externada a intenção de trabalhar com os "menores carentes". Buscou, então, participar das articulações desse trabalho e colocar em pauta a situação que havia encontrado como uma linha de ação junto aos adolescentes pobres da cidade e que estavam em medida de liberdade vigiada.

Segundo d. Ruth, dom Luciano Mendes de Almeida, na época bispo auxiliar da Arquidiocese de São Paulo, foi um dos grandes articulares do trabalho com esses adolescentes e, posteriormente, da criação da Pastoral do Menor. Foi dom Luciano o responsável pela organização, junto aos membros da Pastoral Familiar, da primeira reunião em que foi apresentada a proposta de trabalho junto aos adolescentes em liberdade vigiada. Segundo d. Ruth, a reunião foi marcada na Cúria Metropolitana, na Avenida Higienópolis, porém, a sala da Cúria não comportou o número de interessados no trabalho, sendo a reunião transferida para o salão do Colégio Sion, que fica ao lado. Ao final da reunião, 80 casais ficaram para desenvolver o novo trabalho.

A reunião no Colégio Sion foi o ato inaugural coletivo em que esses casais da Pastoral Familiar decidiram comprometer-se com o trabalho junto aos adolescentes em cumprimento da então chamada liberdade vigiada. Havia, por certo, um forte elemento religioso que os motivava a participar, sendo d. Luciano conhecido na Igreja Católica pela atuação junto aos pobres. Havia um sentido de missão, de fazer um trabalho missionário, como d. Ruth me disse no início de sua entrevista. Mas havia também um fazer coletivo, a proposta de uma ação coletiva para mudar a realidade em que viviam aqueles adolescentes.

---

17 Na Fundação CASA-SP (antiga Febem), foi-me relatado por profissionais que atuavam em unidades de internação na década de 1980 a dificuldade em trabalhar com crianças e adolescentes em situação de rua. Em casos extremos, depararam-se com crianças e adolescentes que desconheciam o uso de torneiras e escovas de dentes. Também no relato de d. Ruth houve referência a um adolescente que nunca tinha tomado banho de chuveiro e ao empenho do casal que passou a acompanhá-lo na medida de liberdade assistida para que conseguisse tomar banho de chuveiro e vestir roupas novas para fazer uma entrevista de emprego. Embora extremos, esses relatos exemplificam, juntamente com a descrição feita por d. Ruth de sua primeira visita domiciliar, o que ela entende como miséria e indigência, condições de vida que desumanizam.

Antes de iniciarem, os casais passaram por uma preparação de quase um ano, incluindo visitas às unidades da Febem-SP. Enfim, em 1977, começaram a orientação dos adolescentes e suas famílias, tendo a liberdade assistida comunitária atendido 82 adolescentes no primeiro ano. Segundo d. Ruth, a Pastoral do Menor começou com esses casais da Pastoral Familiar e demais envolvidos nessa experiência que depois veio a ser conhecida como primeira de liberdade assistida comunitária. Em termos operacionais, os casais estavam organizados em nove núcleos para atendimento aos adolescentes da região sul, sendo feitas várias reuniões ao longo de cada mês a fim de que o trabalho tivesse acompanhamento técnico, do qual d. Ruth participava. Para ela, um dos desafios iniciais era a elaboração dos relatórios ao juiz de menores, tendo ela lhes ensinado a produzir tais relatórios.

Havia outros desafios, mais complexos, porque se referiam ao estabelecimento e às dinâmicas da relação entre os casais orientadores e os adolescentes. Um deles era romper o estranhamento e a desconfiança dos adolescentes, tendo havido aqueles que perguntavam aos casais quanto estavam ganhando para ir à "periferia fedida". O trabalho, porém, era voluntário. Outro desafio era a reincidência, isto é, o novo envolvimento dos adolescentes com atos infracionais durante o processo de orientação. Segundo d. Ruth, esse era um tema tratado na capacitação dos casais, os quais deveriam, segundo ela, acostumar-se ao fracasso. Explicava-lhes que os adolescentes "são como os filhos da gente; às vezes, eles vão cair, mas temos que nos acostumar e perdoar". Acostumar-se com o fracasso, contudo, não era acomodar-se a ele. O trabalho de orientação deveria continuar, pois "A missão não tem fim. É enquanto precisar". Nesse sentido, d. Ruth salientou que os orientadores precisavam estar disponíveis para atender ao adolescente e que este precisava ter contato com seus orientadores.

Quanto ao conteúdo da orientação dos casais aos adolescentes e suas famílias, ele estava relacionado a experiências de vida e saberes práticos sobre o mundo social, isto é, a formas de conhecer e agir no cotidiano que não se encontravam sistematizadas em manuais e guias.[18] Segundo d. Ruth, o casal era apresentado ao adolescente como amigo da família, o qual o ajudaria a encontrar um emprego, voltar para a escola, usar o posto de saúde e orientá-lo, bem como à sua família, a usar os recursos da comunidade.[19] Na percepção de d. Ruth, o envolvimento

---

18 A partir das primeiras experiências da liberdade assistida comunitária, a Pastoral do Menor elaborou posteriormente um manual de operacionalização da liberdade assistida.

19 Parte do trabalho consistia, justamente, em fazer um levantamento desses recursos.

de casais como orientadores era fundamental, pois eles traziam consigo saberes e experiências adquiridas em sua vida prática enquanto pais e mães de família. Segundo ela, eles tinham "lembranças que os jovens não têm". Além disso, o ponto alto da presença dos casais era, na sua opinião, mostrar para as famílias dos adolescentes que eles também tinham problemas com os filhos.

Por certo, havia uma dimensão filantrópica no trabalho dos casais, no sentido de caridade religiosa para com os desvalidos, pois suas ações também envolviam a obtenção de doações de roupas, eletrodomésticos e outros itens que minimizassem os impactos mais imediatos da condição social dos adolescentes sem que isso promovesse mudanças mais profundas e duráveis nessa condição. Existia, também, o empenho na obtenção de trabalho para os adolescentes, acreditando-se que esse traria melhoras na renda familiar e por isso poderia alterar sua condição de vida. A busca de emprego, segundo d. Ruth, requeria discrição junto aos empregadores, a fim de evitar que o adolescente sofresse o estigma de ser "menino da Febem".

Havia também elementos desse trabalho junto aos adolescentes e suas famílias que lançavam as bases para a ação política. Conhecer os recursos e serviços disponíveis na comunidade em que as famílias estavam inseridas requeria o levantamento desses recursos e serviços, o que explicitava seus limites face aos desafios que a pobreza urbana impunha. Assim, para que a intervenção junto aos adolescentes e suas famílias pudesse mudar a situação em que viviam, tornava-se cada vez mais necessário aos orientadores intervir também no mundo público, articular os serviços existentes em redes, reivindicar a criação de novos serviços e a ampliação dos recursos. Nesse sentido, a ação social posta em curso na liberdade assistida comunitária no final da década de 1970, era, ao mesmo tempo, filantrópica e política, invertendo o vetor da assistência social de uma passividade diante da benevolência do Estado e das entidades assistenciais para o ativismo da reivindicação pelos serviços de assistência.

A ação social filantrópica e política – uma ação que tem, ao mesmo tempo, elementos despolitizantes e politizantes – era o paradoxo que caracterizava as ações sociais da Igreja Católica vinculadas ao ideário da teologia da libertação. Como aponta Leilah Landim (1993), esse ideário realizava certa aproximação entre o cristianismo católico e algumas correntes marxistas. Os setores da Igreja cujas ações emanavam desse ideário e que estavam mobilizados nas pastorais e Comunidades Eclesiais de Base uniam o pensamento teológico à ciência leiga, realizando, segundo Antonio Flávio Pierucci, Cândico Procópio Ferreira de Camargo e Ruth Cardoso, a passagem do diagnóstico objetivo da realidade à ação com fundamento moral. Feita a fusão, o finalismo presente em algumas teorias sociológicas fundiu-se facilmente com as utopias religiosas" (Pierucci, Camargo e Cardoso *Apud* Landim, 1993, p. 120).

O trabalho junto aos pobres e as práticas políticas de reivindicação e mobilização seriam convertidos, na década de 1980, em movimentos de defesa de direitos (cf. Landim, 1993). Difundia-se, nesses movimentos, um ideal igualitário baseado na igualdade de direitos o qual, adentrando o campo dos discursos e práticas sobre a infância e a adolescência pobres, instaurava a possibilidade, até então inédita, de reconhecimento dos adolescentes pobres autores de ato infracional enquanto sujeitos de direitos e de sua constituição enquanto cidadãos.

Entre a filantropia e a política, a experiência pioneira da liberdade assistida trazia também a questão da comunidade. O estabelecimento de vínculos e relações de caráter comunitário entre indivíduos de trajetórias e origens sociais diferentes era a condição primária para que os casais pudessem fazer a mediação entre o adolescente, sua família, os recursos e serviços comunitários, e a inserção no mundo do trabalho. Na entrevista, d. Ruth destacou reiteradamente os relatos dos casais, dos adolescentes e de suas famílias sobre as transformações que essa experiência tinha gerado em suas vidas no sentido de conhecimento e reconhecimento do outro e de estabelecimento de relações de cooperação e ajuda. Em 1987, no auge de um dos ciclos de rebeliões na Febem-SP, os casais apresentaram seus relatos para a Campanha da Fraternidade da Confederação Nacional dos Bispos do Brasil – CNBB, que naquele ano tinha como tema o "menor".[20]

O estabelecimento de vínculos e relações de caráter comunitário entre indivíduos de trajetórias e origens sociais diferentes exigia dos casais orientadores, nas palavras de d. Ruth, "dedicação" ao trabalho, percebendo-o "como missão e não tarefa a ser feita". A dedicação implicava que os casais deveriam ter um determinado perfil, comum àqueles cujo trabalho na área social se originava nas comunidades eclesiais, que envolvia a "disposição em transitar, continuada e permanentemente, em meios sociais diversos dos da sua origem" (Landim, 2002, p. 226). Nesse sentido, os casais orientadores dispunham-se a transitar na pobreza para estabelecer vínculos com os adolescentes e suas famílias e possibilitar, assim, a mediação entre eles o mundo social e político.[21]

---

20 Para temas e lemas das Campanhas da Fraternidade da CNBB, consultar www.cnbb.org.br.

21 A essencialidade do vínculo entre o orientador social e o adolescente para que se estabeleça a mediação desse com outras dimensões da vida social que não o "mundo do crime" foi

Na década de 1980, a experiência da LAC se espalhou para outras regiões da cidade e se diversificou, movimento que contou, segundo d. Ruth, com o apoio da cúpula da Febem-SP,[22] da Igreja Católica e "da comunidade". Foi entre 1984 e 1986, durante a gestão de Maria Ignês Bierrenbach na presidência da Febem-SP, que houve o investimento na criação de postos regionalizados de atendimento da liberdade assistida, ampliando esse atendimento e aproximando-o das organizações locais da sociedade civil. Sobre o apoio dessas organizações, d. Ruth foi enfática, pois a liberdade assistida "tem que ser comunitária. A comunidade tem que se envolver".

O termo "comunidade" apresenta um duplo sentido em sua fala. Tratava-se, ora, da comunidade eclesial, a qual, inserida no ideário da teologia da libertação, alimentava o imaginário de igualdade. Foi esse sentido de comunidade eclesial que conferiu, em um primeiro momento, o caráter comunitário da experiência de liberdade assistida relatada por d. Ruth. Mas tratava-se também, em um segundo momento, da comunidade de origem do adolescente, estabelecida por critérios de proximidade geográfica e onde deveriam estar os recursos e os serviços que, acionados, contribuiriam para a mudança que a intervenção da liberdade assistida pretendia gerar na vida desse adolescente.

Enfim, o contexto de investimento na liberdade assistida, que permitiu a ampliação e diversificação das experiências de liberdade assistida comunitária na cidade, era caracterizado, na dimensão política, pela redemocratização e a emergência dos movimentos de defesa de direitos humanos. A década de 1980 foi marcada por essa efervescência política, que fortalecia e legitimava as resistências e contraposições em relação à tendência conservadora, tanto no campo dos discursos e práticas sobre a infância e a adolescência pobres quando em outros campos da vida social. Era um momento de retração da tendência conservadora no qual os atores dos movimentos de defesa de direitos buscavam instaurar, no discurso formal da lei, novos termos que, acreditavam, passariam

---

analisada por Gabriel de Santis Feltran (2008) em sua tese de doutorado, a qual apresenta relatos da liberdade assistida comunitária do Centro de Defesa dos Direitos da Criança e do Adolescente – Cedeca Sapopemba. A meu ver, a associação entre vínculo e mediação é o que une as diferentes experiências de liberdade assistida comunitária originadas da experiência pioneira de 1977.

22 D. Ruth referiu-se, na entrevista, a Maria Cecilia Ziliotto e Maria Ignês Bierrenbach, sendo que ambas atuaram na cúpula da Febem-SP na década de 1980. Bierrenbach escreveu o relato de sua experiência como presidente da Febem-SP entre os anos de 1983 e 1986, durante o governo de André Franco Montoro (1983-1987). Cf. Bierrenbach, 1987.

a reorganizar a vida social. Os movimentos de defesa dos direitos de crianças e adolescentes, dos quais a Pastoral do Menor fazia parte, buscavam formular um novo discurso jurídico – uma nova doutrina, cujos princípios compactuassem com as vivências e experiências de suas práticas políticas de defesa de direitos.

A nova doutrina, conhecida posteriormente como da proteção integral, resultaria da articulação entre as práticas e relações desses movimentos com organismos internacionais. Como aponta Leilah Landim (2002), os movimentos da década de 1980, que dariam origem às chamadas Organizações Não-Governamentais – ONG brasileiras, tinham em comum tanto a vinculação às práticas políticas de base consolidadas pelas pastorais e CEB, as quais se estabeleciam e se articulavam em redes horizontais, quanto a aproximação e associação com os organismos internacionais que atuavam no país desde a década de 1960.

Nesse sentido, as discussões em torno da formulação da doutrina da proteção integral junto à Organização das Nações Unidas – ONU foram acompanhadas presencialmente por representantes desses movimentos. Segundo Ruth Pistori, Dom Hélder Câmara, na época arcebispo emérito da Arquidiocese de Olinda e Recife,[23] participou da delegação brasileira na Convenção dos Direitos da Criança da ONU, realizada em 1989, o que ilustra como se dava a rápida circulação da doutrina da proteção integral entre dos movimentos de defesa dos direitos das crianças e dos adolescentes. Essa doutrina traduzia, para o nível dos discursos sobre a infância e a adolescência pobres, o que práticas inovadoras como a liberdade assistida comunitária vinham construindo desde o final da década de 1970: o reconhecimento de crianças e adolescentes pobres como indivíduos e sujeitos de direitos.

O encontro da Liberdade Assistida Comunitária com a proteção integral: a formação de indivíduos e cidadãos

A doutrina da proteção integral da ONU tem como documento fundante a primeira Declaração dos Direitos da Criança, de 1924, na qual se afirmava a

---

23 Dom Hélder Câmara, falecido em 1999, teve uma trajetória na Igreja profundamente marcada por seu envolvimento com a teologia da libertação, o trabalho junto aos pobres, a luta a favor dos direitos humanos e a resistência à Ditadura Militar, o que lhe rendeu a alcunha de "bispo vermelho". Foi bispo auxiliar no Rio de Janeiro, tendo coordenado, em 1963, o grupo de trabalho da Ação Social Arquidiocesana – ASA que elaborou a proposta de substituição do Serviço de Assistência ao Menor – SAM, no Rio de Janeiro. Em 1964, foi enviado para a assumir a Arquidiocese de Olinda e Recife.

necessidade de proteção especial a crianças e adolescentes devido a sua imaturidade física e mental. A necessidade de cuidados e assistência especiais à infância foi retomada na Declaração Universal dos Direitos Humanos, de 1948, e aprofundada na segunda Declaração dos Direitos da Criança, de 1959, a qual estabeleceu dez princípios.

O primeiro princípio refere-se à não-discriminação e à igualdade de direitos, assegurando a todas as crianças os direitos previstos na declaração:[24]

> PRINCÍPIO 1º
>
> A criança gozará todos os direitos enunciados nesta Declaração. Todas as crianças, absolutamente sem qualquer exceção, serão credoras destes direitos, sem distinção ou discriminação por motivo de raça, cor, sexo, língua, religião, opinião política ou de outra natureza, origem nacional ou social, riqueza, nascimento ou qualquer outra condição, quer sua ou de sua família. (Declaração dos Direitos da Criança, ONU, 1959).

É nesse princípio que se estabelece a condição básica de crianças e adolescentes enquanto sujeitos de direitos, a qual compôs, posteriormente, a legislação brasileira. Já o segundo princípio reafirma a necessidade de proteção de crianças e adolescentes a fim de assegurar seu desenvolvimento:

> PRINCÍPIO 2º
>
> A criança gozará de proteção social e ser-lhe-ão proporcionadas oportunidade e facilidades, por lei e por outros meios, a fim de lhe facultar o desenvolvimento físico, mental, moral, espiritual e social, de forma sadia e normal, em condições de liberdade e dignidade. Na instituição das leis visando este objetivo levar-se-ão em conta sobretudo, os melhores interesses da criança (Declaração dos Direitos da Criança, ONU, 1959).

O terceiro princípio trata do direito a um nome e a uma nacionalidade e pode ser entendido como uma garantia formal de pertencimento à nação, uma

---

24 Embora a Declaração dos Direitos da Criança não faça menção direta ao termo "adolescente", deve-se ressaltar que a diferenciação entre crianças e adolescentes é mais característica do Brasil, principalmente após a promulgação do Estatuto da Criança e do Adolescente, o qual estabelece no Art. 2º a faixa etária de zero a 12 anos para crianças e de 12 a 18 anos para adolescentes. Na ONU, por sua vez, adota-se frequentemente a terminologia "criança" para todos os indivíduos com idade inferior a 18 anos (ver Convenção dos Direitos da Criança, ONU, 1989).

vez que o direito à nacionalidade é a manifestação formal desse pertencimento. Além disso, crianças e adolescentes também tiveram assegurados seus direitos sociais na Declaração de 1959, como pode ser observado nos princípios que tratam da previdência social, da saúde e da educação:

> PRINCÍPIO 4º
>
> A criança gozará os benefícios da previdência social. Terá direito a crescer e criar-se com saúde; para isto, tanto à criança como à mãe, serão proporcionados cuidados e proteção especial, inclusive adequados cuidados pré e pós-natais. A criança terá direito a alimentação, recreação e assistência médica adequadas.
>
> (...)
>
> PRINCÍPIO 7º
>
> A criança terá direito a receber educação, que será gratuita e compulsória pelo menos no grau primário.
>
> Ser-lhe-á propiciada uma educação capaz de promover a sua cultura geral e capacitá-la a, em condições de iguais oportunidades, desenvolver as suas aptidões, sua capacidade de emitir juízo e seu senso de responsabilidade moral e social, e a tornar-se um membro útil da sociedade.
>
> Os melhores interesses da criança serão a diretriz a nortear os responsáveis pela sua educação e orientação; esta responsabilidade cabe, em primeiro lugar, aos pais.
>
> A criança terá ampla oportunidade para brincar e divertir-se, visando os propósitos mesmos da sua educação; a sociedade e as autoridades públicas empenhar-se-ão em promover o gozo deste direito.
>
> PRINCÍPIO 8º
>
> A criança figurará, em quaisquer circunstâncias, entre os primeiros a receber proteção e socorro. (Declaração dos Direitos da Criança, ONU, 1959).

No que se refere à educação formal, nota-se que foram considerados diversos aspectos, desde a promoção da cultura, passando pela equalização de oportunidades, o desenvolvimento de aptidões, a capacidade de opinar e o senso de responsabilidade, para, enfim, tornar-se um membro útil à sociedade. Desses, a capacidade de opinar ou emitir um juízo e o senso de responsabilidade moral e social são aqueles que mais aproximavam a proposta da educação formal à possibilidade de participação na dimensão política da sociedade, uma vez que o exercício pleno da cidadania requer, para além da garantia formal de direitos, a capacidade de tomar decisões e agir coletivamente.[25] No entanto, a Declaração dos Direitos da Criança ainda não previa mecanismos que objetivassem essa participação.

Nos princípios citados acima e também no sexto princípio, afirma-se a preferência por manter a criança e o adolescente sob os cuidados e responsabilidade dos pais, sendo classificadas como excepcionais as situações em que há o afastamento ou a ruptura da convivência. Nesses casos, caberia à sociedade e às autoridades públicas providenciarem cuidados especiais os quais também são indicados para os casos em que a família não tenha meios adequados para sua sobrevivência, principalmente quando se tratar de famílias numerosas. O quinto princípio reafirma a necessidade de cuidados, tratamento e educação para as crianças portadoras de necessidades especiais.

O nono princípio, que trata da proteção contra negligência, crueldade e exploração, também se refere à regulamentação do trabalho infanto-juvenil, o qual deve ser permitido somente se não houver prejuízo à saúde, educação e ao desenvolvimento da criança e do adolescente:

> PRINCÍPIO 9º
>
> A criança gozará proteção contra quaisquer formas de negligência, crueldade e exploração. Não será jamais objeto de tráfico, sob qualquer forma.
>
> Não será permitido à criança empregar-se antes da idade mínima conveniente; de nenhuma forma será levada a ou ser-lhe-á permitido empenhar-se em qualquer ocupação ou emprego que lhe prejudique a saúde ou a educação ou que interfira em seu desenvolvimento físico, mental ou moral. (Declaração dos Direitos da Criança, ONU, 1959).

O décimo e último princípio retoma o tema da discriminação e busca assegurar o direito de proteção da infância contra atos que possam suscitar discriminação de qualquer natureza.

---

25 Retornarei a essa questão mais adiante neste capítulo, quando tratar das conceituações sobre a formação do indivíduo e do cidadão.

Os princípios de 1959 foram reafirmados trinta anos depois na Convenção das Nações Unidas sobre os Direitos da Criança. Nela foi assegurado o direito de crianças e adolescentes a terem direitos, bem como a proteção e o cuidado visando seu bem-estar (conhecido como princípio do melhor interesse da criança) e o acesso a direitos sociais (saúde, previdência social, educação). Também estão presentes o direito à convivência familiar, que aparece em diversos artigos da Convenção, principalmente como dever do Estado em respeitar os direitos e responsabilidades dos pais, bem como de apoiá-los na tarefa de criação dos filhos, além do direito a ter nome e nacionalidade. Todos eles devem ser preservados, uma vez que manter os aspectos considerados básicos de sua identidade é direito da criança e do adolescente. Somente em casos excepcionais, o direito ao convívio familiar pode ser suspenso, principalmente quando houver maus-tratos perpetrados pelos pais, parentes ou responsáveis, devendo o Estado, nesses casos, retirá-la do convívio familiar, intervindo segundo o princípio do melhor interesse da criança.

A figura do Estado é um dos elementos da doutrina da proteção integral que passaram a ser explicitados na Convenção sobre os Direitos da Criança e que a distinguem da Declaração dos Direitos da Criança. Enquanto nesta o termo "Estado" sequer é mencionado, na Convenção, os "Estados Partes" ou "Estados Membros" estão presentes em quase todos os artigos, os quais se ocupam em definir seus deveres em relação ao reconhecimento, à promoção e à proteção dos direitos de crianças e adolescentes.

Outra distinção em relação à Declaração dos Direitos da Criança é a maior problematização da adolescência. Já o primeiro artigo da Convenção define que o termo "criança" se refere a todos os indivíduos com idade inferior a 18 anos, deixando clara a inclusão dos adolescentes enquanto sujeitos dos direitos previstos na Convenção. Outra questão que, a meu ver, também revela essa maior problematização é a inclusão do tema da administração da justiça da infância e da juventude, que estava ausente na Declaração dos Direitos da Criança. Esse tema já vinha sendo debatido anteriormente na ONU, sendo adotadas pela Assembleia Geral as Regras Mínimas das Nações Unidas para a Administração da Justiça da Infância e da Juventude, conhecidas como Regras de Beijing, em 1985. Nestas encontram-se estabelecidos os princípios do direito ao devido processo legal e de excepcionalidade e brevidade da medida de privação de liberdade, quando aplicada a adolescentes autores de ato infracional. O princípio de excepcionalidade prevê a internação como último recurso, sendo preferível a adoção de outras medidas, dentre as quais a liberdade assistida:

18. Pluralidade das medidas aplicáveis

18.1 Uma ampla variedade de medidas deve estar à disposição da autoridade competente, permitindo a flexibilidade e evitando ao máximo a institucionalização. Tais medidas, que podem algumas vezes ser aplicadas simultaneamente, incluem:

a) determinações de assistência, orientação e supervisão;

b) liberdade assistida;

c) prestação de serviços à comunidade;

d) multas, indenizações e restituições;

e) determinação de tratamento institucional ou outras formas de tratamento;

f) determinação de participar em sessões de grupo e atividades similares;

g) determinação de colocação em lar substituto, centro de convivência ou outros estabelecimentos educativos;

h) outras determinações pertinentes.

(...)

19. Caráter excepcional da institucionalização

19.1 A internação de um jovem em uma instituição será sempre uma medida de último recurso e pelo mais breve período possível. (Regras Mínimas das Nações Unidas para Administração da Justiça da Infância e da Juventude, ONU, 1985, grifo meu).[26]

O princípio de brevidade significa que a internação deve durar o menor tempo possível, uma vez que a internação prolongada pode vir a causar danos na formação das individualidades dos adolescentes. Além disso, as Regras de Beijing indicam a progressão do regime de internação para a chamada liberdade condicional, a qual consiste na assistência e supervisão por meio de um

---

26 Nas Regras de Beijing, o jovem é definido como "toda criança ou adolescente que, de acordo com o sistema jurídico respectivo, pode responder por uma infração de forma diferente do adulto" (Regras Mínimas das Nações Unidas para Administração da Justiça da Infância e da Juventude, ONU, 1985).

funcionário designado e o apoio da comunidade, aproximando-se da definição de liberdade assistida.

Esses princípios, estabelecidos em 1985 nas Regras de Beijing, foram incorporados à Convenção sobre os Direitos da Criança, a qual, porém, tem um posicionamento diferente delas em relação à educação e à profissionalização dos adolescentes. Embora a Convenção preveja o estímulo ao desenvolvimento do ensino secundário em suas diferentes formas, incluindo o ensino profissionalizante, ela define como objetivos da educação:

> ARTIGO 29
>
> 1. Os Estados Partes reconhecem que a educação da criança deverá estar orientada no sentido de:
>
> a) desenvolver a personalidade, as aptidões e a capacidade mental e física da criança em todo o seu potencial;
>
> b) imbuir na criança o respeito aos direitos humanos e às liberdades fundamentais, bem como aos princípios consagrados na Carta das Nações Unidas;
>
> c) imbuir na criança o respeito aos seus pais, à sua própria identidade cultural, ao seu idioma e seus valores, aos valores nacionais do país em que reside, aos do eventual país de origem, e aos das civilizações diferentes da sua;
>
> d) preparar a criança para assumir uma vida responsável numa sociedade livre, com espírito de compreensão, paz, tolerância, igualdade de sexos e amizade entre todos os povos, grupos étnicos, nacionais e religiosos e pessoas de origem indígena;
>
> e) imbuir na criança o respeito ao meio ambiente. (Convenção das Nações Unidas sobre os Direitos da Criança, ONU, 1989).

Conforme exposto acima, a tônica da educação formal na Convenção sobre os Direitos da Criança não está em seu aspecto instrumental de transmissão de subsídios técnicos para o exercício do trabalho, mas na possibilidade de desenvolvimento das potencialidades dos indivíduos, de respeito aos direitos humanos e às liberdades fundamentais, de aquisição de valores referentes à identidade cultural e nacional, de tolerância às diferenças culturais, étnicas e religiosas e de respeito ao meio ambiente. A educação formal, tal como definida na Convenção, não é pensada a partir da formação de indivíduos produtivos e úteis no aspecto econômico. Pelo contrário, há preocupação em incentivar os

"Estados Partes" a criarem mecanismos que evitem o ingresso precoce na produção e no mundo do trabalho:

ARTIGO 32

1. Os Estados Partes reconhecem o direito da criança de estar protegida contra a exploração econômica e contra o desempenho de qualquer trabalho que possa ser perigoso ou interferir em sua educação, ou que seja nocivo para sua saúde ou para seu desenvolvimento físico, mental, espiritual, moral ou social.

2. Os Estados Partes adotarão medidas legislativas, administrativas, sociais e educacionais com vistas a assegurar a aplicação do presente Artigo. Com tal propósito, e levando em consideração as disposições pertinentes de outros instrumentos internacionais, os Estados Partes, deverão, em particular:

a) estabelecer uma idade ou idades mínimas para a admissão em empregos;

b) estabelecer regulamentação apropriada relativa a horários e condições de emprego;

c) estabelecer penalidades ou outras sanções apropriadas a fim de assegurar o cumprimento efetivo do presente Artigo. (Convenção das Nações Unidas sobre os Direitos da Criança, ONU, 1989).

Nas Regras de Beijing, por outro lado, é admitida a profissionalização dos adolescentes autores de ato infracional, principalmente quando inseridos no tratamento em meio aberto:

24. Prestação da assistência necessária

24.1 Procurar-se-á proporcionar aos jovens, em todas as etapas dos procedimentos, assistência em termos de alojamento, ensino e capacitação profissional, emprego ou qualquer outra forma de assistência útil e prática para facilitar o processo de reabilitação. (Regras Mínimas das Nações Unidas para Administração da Justiça da Infância e da Juventude, ONU, 1985).

Nesse sentido, na promoção do chamado processo de reabilitação de adolescentes que se envolveram com atos ilícitos, são considerados válidos a capacitação profissional e o emprego.

Em outro documento que também compõe o conjunto de normativas da doutrina da proteção integral da ONU – as Diretrizes das Nações Unidas para a Prevenção da Delinquência Juvenil,[27] conhecidas como Diretrizes de Riad, de 1988 –, a capacitação profissional e o ingresso no mundo do trabalho aparecem como formas de prevenir o envolvimento com atos ilícitos. A quarta parte dessas Diretrizes é dedicada aos chamados "processos de socialização" e estabelece como políticas de prevenção da delinquência juvenil aquelas que favoreçam a socialização e a integração por meio da família, da comunidade, dos grupos de jovens, da escola e também da formação profissional e do trabalho.[28] No entanto, a inserção precoce no mundo do trabalho não constitui foco da ação preventiva, uma vez que as Diretrizes de Riad priorizam a promoção do bem-estar da família, o acesso de todos os jovens ao ensino público e o estabelecimento de serviços e programas de caráter comunitário. Sobre a promoção do bem-estar familiar, as Diretrizes indicam a criação de programas de assistência quando necessário. O ensino público, por sua vez, não se restringe à formação profissional, mas deve dedicar-se também, segundo essas Diretrizes, ao ensino de valores culturais próprios ao país de origem e dos direitos humanos e liberdades fundamentais, ao desenvolvimento das aptidões e potencialidades, ao respeito à diferença, e à participação ativa dos jovens no processo educativo. Enfim, o estabelecimento de serviços e programas de caráter comunitário deve responder "às necessidades, aos interesses e às inquietudes especiais dos jovens" e oferecer, "a eles e suas famílias, assessoria e orientação adequadas" (Diretrizes das Nações Unidas para a Prevenção da Delinquência Juvenil, ONU, 1988).

De modo geral, as Diretrizes de Riad reforçam a atuação da comunidade na promoção de ações que previnam o envolvimento de adolescentes com atos ilícitos, enquanto a Convenção sobre os Direitos da Criança enfatiza a figura do Estado na promoção e proteção de seus direitos. Em comum, ambas reafirmam os princípios de brevidade e excepcionalidade na internação em instituições públicas; de manutenção da convivência familiar, sempre que possível; de busca do bem-estar dos adolescentes; e, enfim, de sua afirmação enquanto sujeitos

---

27 Cabe destacar, como normativas internacionais que também subsidiam a doutrina da proteção integral, as Regras Mínimas das Nações Unidas para Jovens Privados de Liberdade e a Declaração Mundial sobre a Sobrevivência, a Proteção e o Desenvolvimento da Criança nos Anos 90, ambas de 1990. Ver ONU, 1990a e 1990b.

28 Uma das seções das Diretrizes de Riad tem como título a expressão "Processos de Socialização" e aborda os temas da família, educação, comunidade e meios de comunicação. Ver Diretrizes das Nações Unidas para a Prevenção da Delinquência Juvenil, ONU, 1988

de direitos. Há, também, nas duas normativas, a previsão de participação ativa dos adolescentes, não somente no processo educativo formal, mas em diversas instâncias da vida social. Nas Diretrizes de Riad, por exemplo, propõe-se a criação de organizações juvenis a fim de criar espaços de participação de adolescentes nos assuntos comunitários, entendendo-se que essa participação contribui preventivamente para o não envolvimento com atos ilícitos. Já na Convenção sobre os Direitos da Criança, são assegurados o direito de crianças e adolescentes expressarem sua opinião e tê-la considerada em qualquer assunto que os afete; o direito à liberdade de pensamento, consciência e religião; e a liberdade de associação, isto é, o direito de se encontrarem com outros e participarem ou fundarem associações.

O direito de participar e de expressar-se em assuntos comunitários, educativos e outros que os afetem diretamente propõe a inserção de crianças e adolescentes como atores na dimensão política. Embora não lhes seja concedida a possibilidade de tomar decisões, cabendo às famílias, à comunidade e ao Estado agirem em seu melhor interesse e assegurarem seu bem-estar, é-lhes garantido o direito de participarem dos processos de discussão e deliberação e de expressarem suas opiniões. Em documento posterior da ONU – o relatório *Um Mundo para as Crianças*, de 2002 –, essa participação infanto-juvenil aparece entre os dez princípios de proteção e bem-estar de crianças e adolescentes, ressaltando que devem ser levadas em conta sua idade e maturidade.[29]

O conjunto de direitos assegurados nos documentos internacionais que compõem a doutrina da proteção integral confere a crianças e adolescentes o *status* de cidadãos, não obstante os limites traçados para o exercício de sua cidadania face à condição peculiar de desenvolvimento em que se encontram. O pertencimento a uma nação, com o direito à identidade nacional e cultural, o direito de participar e de expressar-se em esferas decisórias sobre assuntos que os afetem e o direito a ter direitos constituem princípios da doutrina da proteção integral que apontam para o investimento na promoção da cidadania desde a infância.

Esse investimento vinha ao encontro dos movimentos brasileiros e paulistas de defesa dos direitos de crianças e adolescentes pobres – aqui representados pela Pastoral do Menor de São Paulo –, os quais tinham, no final da década de 1980, um contexto favorável para promover mudanças na forma como eram tratados na legislação e também na economia das intervenções punitivas.

---

29 Ver o Relatório *Um Mundo para as Crianças*, apresentado na Sessão Especial da Assembleia Geral das Nações Unidas sobre a Criança, em 2002.

Adotada pela legislação brasileira a partir da Constituição de 1988, a doutrina da proteção integral encontrou respaldo nesses movimentos, que não somente aderiram a seus princípios como também tinham, naquele momento histórico, força política para incluí-los na legislação.

O Estatuto da Criança e do Adolescente, promulgado em 1990, veio a reproduzir quase literalmente diversos trechos das normativas internacionais citadas acima, transformando o Brasil em um dos laboratórios de avaliação da operacionalidade prática dessa doutrina.[30] Dentre os princípios adotados pela legislação nacional, destaca-se o reconhecimento de crianças e adolescentes como sujeitos de direitos, ainda que sejam definidos, ao mesmo tempo, como pessoas em situação de desenvolvimento:

> Art. 3º A criança e o adolescente gozam de todos os direitos fundamentais inerentes à pessoa humana, sem prejuízo da proteção integral de que trata esta Lei, assegurando-se-lhes, por lei ou por outros meios, todas as oportunidades e facilidades, a fim de lhes facultar o desenvolvimento físico, mental, moral, espiritual e social, em condições de liberdade e de dignidade. (Estatuto da Criança e do Adolescente, Lei Federal 8.069, 1990).

No Estatuto, como nas normativas internacionais, crianças e adolescentes são credores de absoluta prioridade na efetivação de seus direitos. Porém, diferentemente da acentuada importância do Estado na efetivação desses direitos, tal como proposto na Convenção das Nações Unidas sobre os Direitos da Criança (1989), o Estatuto enfatiza a atuação da família e, sobretudo, da comunidade e da sociedade, na promoção, proteção e defesa de direitos. Nesse sentido, está mais próximo das Diretrizes de Riad (1988), que tratam da prevenção do envolvimento com atos infracionais. Cabe ressaltar, porém, que a ênfase na comunidade e na sociedade, no caso do Estatuto, resulta também, e principalmente, do contexto político de sua promulgação. O país estava saindo de um regime autoritário e havia a preocupação, por parte dos movimentos de defesa dos direitos das crianças e dos adolescentes, em criar mecanismos legais que

---

30 As normativas internacionais foram elaboradas entre 1985 e 1990, sendo quase imediatamente anteriores ou contemporâneas à Constituição Federal e ao Estatuto da Criança e do Adolescente, os quais se situavam politicamente em uma sociedade em pleno processo de redemocratização, ou seja, mais receptiva a propostas e ideais de garantia de direitos e promoção da cidadania.

assegurassem espaços de efetiva participação da sociedade civil na promoção, proteção e defesa de direitos.[31]

Além do reconhecimento de crianças e adolescentes como sujeitos de direitos, está presente no Estatuto o princípio da participação e manifestação de crianças e adolescentes sobre assuntos que os afetem:

> Art. 15. A criança e o adolescente têm direito à liberdade, ao respeito e à dignidade como pessoas humanas em processo de desenvolvimento e como sujeitos de direitos civis, humanos e sociais garantidos na Constituição e nas leis.
>
> Art. 16. O direito à liberdade compreende os seguintes aspectos:
>
> I - ir, vir e estar nos logradouros públicos e espaços comunitários, ressalvadas as restrições legais;
>
> II - *opinião e expressão*;
>
> III - crença e culto religioso;
>
> IV - brincar, praticar esportes e divertir-se;
>
> V - *participar da vida familiar e comunitária, sem discriminação*;
>
> VI - *participar da vida política, na forma da lei*;
>
> VII - buscar refúgio, auxílio e orientação. (Estatuto da Criança e do Adolescente, Lei Federal 8.069, 1990, grifos meus).

Os princípios e direitos presentes no Estatuto apontam para o investimento na promoção da cidadania desde a infância, tal como foi observado na doutrina da proteção integral. No entanto, enquanto nesta a educação formal aparece mais relacionada à promoção de direitos e, portanto, da cidadania, o Estatuto da Criança e do Adolescente tende a salientar também seu aspecto instrumental de qualificação para o trabalho:

> Art. 53. A criança e o adolescente têm direito à educação, visando ao pleno desenvolvimento de sua pessoa, preparo para o exercício da cidadania e qualificação para o trabalho, assegurando-se-lhes:
>
> I - igualdade de condições para o acesso e permanência na escola;

---

31 Retornarei a essa questão no terceiro capítulo, quando tratar das reconfigurações no campo de discursos e práticas sobre a infância e a adolescência pobres após 1990.

> II - direito de ser respeitado por seus educadores;
>
> III - direito de contestar critérios avaliativos, podendo recorrer às instâncias escolares superiores;
>
> IV - direito de organização e participação em entidades estudantis;
>
> V - acesso à escola pública e gratuita próxima de sua residência.
>
> (...)
>
> Art. 69. O adolescente tem direito à profissionalização e à proteção no trabalho, observados os seguintes aspectos, entre outros:
>
> I - respeito à condição peculiar de pessoa em desenvolvimento;
>
> II - capacitação profissional adequada ao mercado de trabalho. (Estatuto da Criança e do Adolescente, Lei Federal 8.069, 1990).

Há, enfim, um duplo investimento formativo no Estatuto, sendo que o primeiro se direciona à formação de cidadãos e busca assegurar o ingresso de crianças e adolescentes, pobres ou não, na dimensão política da vida social. O segundo investimento refere-se à formação de indivíduos, observada na proposta de desenvolvimento da pessoa e também na preocupação com a qualificação e capacitação para o trabalho.

Esse duplo investimento impacta a forma como a economia das intervenções punitivas se constitui a partir do Estatuto. Nesse sentido, as medidas socioeducativas de internação, semiliberdade e liberdade assistida passam a propor um conjunto de intervenções que buscam promover a cidadania por meio do acesso a direitos – saúde, educação, cultura, esporte, entre outros – e também atuam sobre o desenvolvimento pessoal dos adolescentes e buscam inseri-los no mercado de trabalho.

O investimento na formação de mão-de-obra e a inserção no mercado de trabalho, não obstante a precocidade dessa inserção, implicam, por um lado, uma continuidade do Estatuto da Criança e do Adolescente com relação aos Códigos de Menores. Nesse sentido, recoloca-se, na economia das intervenções punitivas, a formação das individualidades dos adolescentes autores de ato infracional por meio do trabalho e de sua participação na produção material. Trata-se da permanência da individualização produtiva, da produção de indivíduos economicamente úteis ao mercado de trabalho.

Contudo, esse mercado apresenta características diversas daquelas que marcaram os contextos econômicos dos Códigos de Menores e tem exigido dos trabalhadores a ampliação dos anos de estudo, isto é, a obtenção de credenciais educativas que qualifiquem sua entrada no mercado formal de trabalho.[32] A profissionalização dos adolescentes autores de ato infracional, embora proponha promover a qualificação profissional, volta-se para um público cujo perfil é caracterizado por poucos anos de estudo, que raras vezes ultrapassam os nove anos do ensino fundamental (ver SEDH, 2006). Para se adequarem a esse público, os cursos oferecidos são de curta duração, com menor nível técnico e resultam em credenciais educativas menos valorizadas no mercado formal de trabalho, restringindo as possibilidades de inserção. A contradição entre as credenciais educativas efetivamente acessíveis aos adolescentes e as exigidas pelo mercado formal é apenas uma das várias contradições do mundo do trabalho que vão tencionar as práticas de liberdade assistida pós-Estatuto, como retomarei no quarto capítulo.

Por outro lado, porém, há o investimento no desenvolvimento pessoal desses adolescentes e na sua formação enquanto cidadãos. O investimento na formação dos indivíduos, para além do mercado de trabalho, baseia-se na condição de pessoa em desenvolvimento e na convivência familiar e comunitária, princípios a serem levados em conta enquanto elementos necessários da história e trajetória de cada adolescente. A partir desses princípios, as práticas de intervenção da internação são definidas como excepcionais, uma vez que rompem a convivência familiar e comunitária e podem vir a causar danos no desenvolvimento dos adolescentes como consequências da privação de liberdade. Em contrapartida, a liberdade assistida torna-se valorizada na economia das intervenções punitivas justamente por possibilitar a manutenção dessa convivência, ao mesmo tempo em que desloca a intervenção sobre o desenvolvimento pessoal do adolescente de um ambiente fechado para o seu contexto de origem.

Enfim, o investimento na cidadania dos adolescentes autores de ato infracional faz com que essa economia passe a incorporar também intervenções que promovam ou protejam seus direitos, marcando uma ruptura inovadora do Estatuto da Criança e do Adolescente em relação aos Códigos de Menores. Embora houvesse propostas de formação de indivíduos, concentradas, no

---

32 A valorização de credenciais educativas como forma de acesso ao mercado de trabalho é um fenômeno que vem sendo considerado característico do capitalismo na contemporaneidade. Cf. Beck e Beck-Gernsheim, 2002; Castells, 1999.

primeiro Código de Menores, no problema da mão-de-obra e que passaram a englobar, no segundo Código, outras dimensões da vida dos adolescentes – tais como suas relações afetivas e seus vínculos com a família e a comunidade de origem –, o que distingue o Estatuto é a introdução da formação do cidadão enquanto problema sobre o qual é necessário intervir.

Socialização e cidadania na liberdade assistida: o duplo sentido político

As mudanças na economia das intervenções punitivas sobre os adolescentes autores de ato infracional, partindo do investimento inicial na dimensão econômica, ampliando-se posteriormente para a vida familiar e comunitária e, enfim, para a dimensão política, indicam tendência de expansão das intervenções sobre a socialização desses adolescentes. Nesse sentido, a formalização da doutrina da proteção integral no Estatuto da Criança e do Adolescente implica tanto um investimento em sua individualização, operacionalizada em intervenções que visam promover o desenvolvimento pessoal, quanto um investimento na constituição de sua cidadania, pautado no reconhecimento do adolescente enquanto sujeito de direitos.

Mais especificamente, a liberdade assistida propõe, em termos legais, intervir na socialização dos adolescentes por meio da mediação entre estes e as instâncias eleitas para assegurar seu ingresso e permanência no mundo social da ordem, quais sejam, a família, a escola e o mundo do trabalho. Envolve, para tanto, a efetivação de ações intencionais, as chamadas intervenções, orientadas para o desenvolvimento pessoal, social e político do adolescente fora do chamado "mundo do crime" e que buscam restabelecer suas relações com a família, a escola e o mundo do trabalho como meio para assegurar esse desenvolvimento. Nesse sentido, aproxima-se de outras medidas socioeducativas, mais especificamente, da internação e da semiliberdade, uma vez que estas também são formuladas enquanto intervenções na socialização do adolescente autor de ato infracional que visam promover seu desenvolvimento fora do "mundo do crime". A diferença entre a liberdade assistida e as demais é seu caráter de intervenção *in loco*, o qual foi transformado de vigilância em assistência a partir do segundo Código de Menores e de experiências de liberdade assistida comunitária das décadas de 1970 e 1980, e sistematizado em tipos de práticas posteriormente formalizados no Estatuto da Criança e do Adolescente, a saber, a promoção social do adolescente e sua família; a escolarização, a profissionalização e o ingresso no mundo do trabalho.

Analiticamente, a liberdade assistida, juntamente com a internação e a semiliberdade, é entendida aqui enquanto conjunto de práticas de intervenção sobre a socialização dos adolescentes. Nesse sentido, a liberdade assistida representa um investimento de poder sobre essa socialização focado em instâncias pré-definidas da vida social – família, escola e mundo do trabalho – e que se caracteriza por maior ramificação e capilaridade que os investimentos realizados pela internação e semiliberdade. As intervenções *in loco*, isto é, no contexto social de origem do adolescente fazem da liberdade assistida um investimento que se estende às capilaridades da vida social como forma de assegurar sua integração ao mundo ordem. Esse investimento, cabe ressaltar, dá-se tanto de forma repressiva, uma vez que as intervenções são punitivas e impostas judicialmente, quanto de forma assistencial, por meio da atuação do orientador social, que operacionaliza o investimento na integração ao mundo da ordem: é preciso promover socialmente quem não está inserido na ordem ou que está em suas bordas; deve-se escolarizar quem, supostamente, está fora da escola; deve-se também profissionalizar o adolescente para que possa ser integrado ao mercado formal de trabalho.

A aliança entre repressão e assistência explicita a eleição dos adolescentes pobres como alvo e torna legítima a desigualdade na aplicação das intervenções punitivas da liberdade assistida, recolocando a possibilidade de os adolescentes pobres virem a tornar-se criminosos adultos enquanto problema central a partir do qual se organizam essas intervenções. A liberdade assistida naturaliza a pobreza enquanto alvo da repressão ao mesmo tempo em que dá a essa última uma imagem de assistência.

Nesse sentido de investimento político sobre a socialização dos pobres para integrá-los ao mundo da ordem, a inserção do tema da cidadania na liberdade assistida tende a instrumentalizá-la enquanto acesso formal a direitos. O acesso a direitos sociais – sobretudo, assistência social, saúde e educação – é garantido formalmente pelas intervenções punitivas enquanto instrumento de integração ao mundo da ordem. A cidadania aparece, assim, reduzida a um valor utilitário, sendo promovida em sua dimensão formal porquanto assegure a manutenção da ordem social.[33]

---

33 Há diversos exemplos, no campo de discursos e práticas sobre a infância e a adolescência pobres e também fora dele, que ilustram essa redução do acesso a direitos a um valor utilitário. É bastante comum, por exemplo, o discurso que associa o acesso de crianças e adolescentes pobres à escola a uma ação preventiva contra seu envolvimento com atos infracionais.

Porém, há também um outro sentido político possível para as intervenções da liberdade assistida. A introdução da cidadania na economia das intervenções punitivas e na liberdade assistida deu-se por meio de práticas inovadoras que iam além da integração do adolescente pobre ao mundo da ordem e buscavam sua participação na dimensão política dessa ordem. Na experiência da liberdade assistida comunitária da Pastoral do Menor, as intervenções dos orientadores tinham uma motivação, ao mesmo tempo, religiosa e política, na qual a igualdade era um valor compartilhado por eles e que possibilitou à Pastoral transformar sua experiência em militância na defesa dos direitos dos adolescentes.

Nesse segundo sentido, a cidadania é mais do que o acesso a direitos, o qual representa a experiência formal e objetiva da cidadania. É também resultado de um processo de subjetivação a partir do qual os indivíduos aderem a valores que conferem sentido a essa experiência.

Enfim, com a doutrina da proteção integral, abre-se um novo debate sobre a dimensão política no processo de socialização dos pobres, assegurando aos adolescentes o direito a terem direitos.

Ambos os sentidos políticos da cidadania, seja na sua leitura instrumental de acesso formal a direitos, seja na sua leitura de exercício pleno por meio da associação entre acesso a direitos e adesão aos valores de igualdade e liberdade,[34] estão presentes no Estatuto da Criança e do Adolescente e podem ser transformados em práticas na liberdade assistida.

---

34 Para além da dimensão formal da cidadania, aqui trabalhada a partir da questão empírica do acesso a direitos, Marcel Gauchet (*apud* Telles, 2001) chama a atenção para sua dimensão simbólica, em que o Estado se torna "referência simbólica a partir da qual os indivíduos se reconhecem como iguais" (Telles, 2001, p. 28). A adesão a valores de igualdade e liberdade proposta aqui remete-se a essa dimensão simbólica e, portanto, à possibilidade de que os adolescentes pobres se reconheçam e sejam reconhecidos pela sociedade como igualmente cidadãos.

3
Reconfigurações do campo: a liberdade assistida como política municipal

Com a promulgação do Estatuto da Criança e do Adolescente, em 1990, o campo sobre a infância e a adolescência pobres passou por algumas reconfigurações impulsionadas pela consolidação de novas formas de participação da sociedade civil organizada. Essa consolidação esteve relacionada à atuação dos movimentos de defesa dos direitos da criança e do adolescente, os quais, como outros movimentos sociais, foram institucionalizados enquanto organizações da sociedade civil, a partir da redemocratização do país (cf. Landim, 2002). Juntamente com elas, outras formas de organização da sociedade civil, dentre as quais as entidades assistenciais de cunho filantrópico, encontraram um contexto favorável para seu crescimento e desenvolvimento a partir de meados da década de 1990, quando a reforma do Estado ampliou as linhas de financiamento para prestação de serviços públicos para o chamado "terceiro setor".[1]

---

[1] Como salienta Leilah Landim (2002), muitas das organizações da sociedade civil cuja origem remonta a movimentos sociais contava, e ainda conta, com financiamento de organismos internacionais. Contudo, também houve crescimento do financiamento por parte de órgãos governamentais após a redemocratização e a promulgação da Constituição Federal, em 1988, a partir da qual foram criados fundos nacionais, estaduais e municipais

Nesse sentido, ao tratar das políticas públicas para crianças e adolescentes pobres no século XX, Edson Passetti (1999b) chama a atenção para a emergência de uma "nova filantropia" após a promulgação do Estatuto da Criança e do Adolescente. Segundo o autor,

> Três pontos redimensionam a relação caridade-crueldade no final do século XX no Brasil, e que chamamos por nova filantropia: a contenção de programas sociais de Estado com parcerias não-governamentais, a ação jurídico-policial de encarceramento de infratores como medida de prevenção geral contra violências levando à proliferação de prisões e à diversificação das penas como medidas socioeducativas; e a disseminação da ação contra violentadores de crianças e adolescentes. (Passetti, 1999b, p. 367).

Sobre o primeiro ponto, a redução do investimento público nas áreas de atendimento social juntamente com a formalização de parcerias com organizações da sociedade civil é um fator a ser analisado na compreensão das reconfigurações do campo da infância e da adolescência pobres tanto no nível federal, quanto no estado e na cidade de São Paulo. Para Passetti (1999b), a expansão da sociedade civil na cena política está relacionada ao alinhamento do Estado brasileiro ao ideário neoliberal, que consiste em redução de custos e investimentos públicos em diversas áreas. Com isso, o Estado conteria custos ao mesmo tempo em que aumentariam os empregos na área social no âmbito privado e os empresários passariam a investir na filantropia como forma de reduzir os impostos. No entanto, a meu ver, a interpretação de Passetti (1999b) simplifica em demasia as reconfigurações do campo após a promulgação do Estatuto da Criança e do Adolescente, uma vez que, diferente de uma redução, parece haver transformação na forma como o Estado investe nessas áreas a partir de sua articulação com a sociedade civil.

Como apresentarei neste capítulo, a reforma gerencial do Estado a partir de meados da década de 1990 proporcionou a ampliação das linhas de financiamento público que permitiram às organizações da sociedade civil aumentarem a oferta de serviços que deveriam ser prestados pelo Estado. Nesse contexto, as

---

de diferentes áreas (educação, infância e adolescência, assistência social, segurança, dentre outros). Esse crescimento foi impulsionado, como tratarei neste capítulo, pela reforma do Estado a partir da segunda metade da década de 1990, quando passou a ser mais amplamente adotado o modelo de convênios com organizações da sociedade civil para a prestação de vários serviços públicos.

entidades assistenciais de cunho filantrópico tiveram novo impulso, como observou Passetti (1999b). Porém, não se pode reduzir a noção de sociedade civil à filantropia sob o risco de desconsiderar a emergência dos movimentos sociais nos anos 1970 e 1980 e das organizações civis originadas desses movimentos nos anos 1990. A atuação dos movimentos de defesa dos direitos das crianças e dos adolescentes foi fundamental para inscrever a questão da infância e da adolescência pobres na gramática do acesso a direitos e exercício da cidadania durante a Assembleia Constituinte e, posteriormente, na promulgação do Estatuto da Criança e do Adolescente. As organizações da sociedade civil originadas desses movimentos buscaram, por sua vez, empreender e estruturar práticas que concretizassem as vitórias conseguidas com a nova legislação. Assim, caridade e filantropia não devem ser confundidas com mobilização e luta por direitos, pois, embora nos dois casos se encontrem matrizes de organização da chamada "sociedade civil" na atualidade, o segundo tem uma proposta de transformação da realidade que está ausente no primeiro.

Quanto ao segundo ponto indicado por Passetti (1999b), o da proliferação de prisões e a diversificação das medidas socioeducativas, os dados do estado de São Paulo que serão aqui apresentados, referentes principalmente aos anos 2000, corroboram a percepção do autor. Por um lado, manteve-se a tendência de aplicação da internação provisória e da medida de internação. Por outro, as outras medidas também apresentaram tendência ascendente, indicando que não houve a substituição da internação por outras medidas, como apostavam os movimentos de defesa dos direitos das crianças e dos adolescentes, mas ampliação da população atendida pelo sistema socioeducativo estadual.

O terceiro ponto, da "nova filantropia", que trata dos casos de violência contra crianças e adolescentes, está além do escopo deste livro, de modo que não me deterei nele.

Neste capítulo, busco mapear as reconfigurações do campo sobre a infância e a adolescência pobres, ocorridas a partir de 1990, focalizando os adolescentes autores de ato infracional. Para tanto, serão apresentados os principais atores sociais desse campo cuja atuação nos níveis federal, estadual e municipal tenha tido desdobramentos para o atendimento da medida socioeducativa de liberdade assistida na cidade de São Paulo. O capítulo trata, mais especificamente, dos elementos que permitem analisar o processo de municipalização dessa medida, isto é, a transição da responsabilidade por sua execução do governo estadual para o municipal, finalizado em 2008.

Organizações da sociedade civil, redemocratização e a reforma do Estado na década de 1990

O processo de redemocratização do país, na década de 1980, e a promulgação do Estatuto da Criança e do Adolescente, em 1990, tornaram mais complexo o campo de discursos e práticas sobre a infância e a adolescência pobres, seja pela ampliação do número de atores sociais dele participantes, seja pelos rearranjos de poder que essa ampliação engendrou. Atores sociais que antes ocupavam posições mais periféricas passaram a ter maior relevância e a participar ativamente de processos decisórios sobre a legislação e as políticas de atendimento. Novos espaços de participação foram criados, destacando-se os Conselhos de Direitos, que têm composição paritária entre membros do poder público e da sociedade civil (inciso II do Art. 88, Estatuto da Criança e do Adolescente, Lei Federal 8.069/1990) e as Conferências de Direitos, realizadas aproximadamente a cada dois anos, envolvendo o poder público, a sociedade civil, os operadores do Sistema de Garantia de Direitos[2] e os próprios adolescentes.

A possibilidade da articulação entre movimentos sociais e organizações de defesa de direitos influenciar o processo de tomada de decisão é uma situação relativamente nova no campo, principalmente quando se considera, como foi abordei no primeiro capítulo, que o século XX se caracterizou pela concentração desse processo nas mãos do Estado. Com o Estatuto, os movimentos sociais de defesa dos direitos das crianças e dos adolescentes, que vinham se mobilizando desde fins da década de 1970, conseguiram demarcar uma nova posição: a da comunidade e da sociedade sendo responsáveis pela defesa e promoção dos direitos dos adolescentes juntamente com o Estado e a família.

> Art. 4º - É dever da família, da comunidade, da sociedade em geral e do poder público assegurar, com absoluta prioridade, a efetivação dos direitos referentes à vida, à saúde, à alimentação, à educação, ao esporte, ao lazer, à profissionalização, à cultura, à dignidade, ao respeito, à liberdade e à convivência familiar e comunitária (Estatuto da Criança e do Adolescente, Lei Federal 8.069/1990).

---

2   São operadores do Sistema de Garantia de Direitos – SGD os que atuam no Sistema Único de Saúde (SUS), no Sistema Educacional, no Sistema de Justiça e Segurança Pública, no Sistema Único de Assistência Social (SUAS) e no Sistema de Atendimento Socioeducativo. Sobre o Sistema de Garantia de Direitos, ver SEDH/PR, 2006.

A partir dessa nova posição, a legislação e as políticas para crianças e adolescentes não seriam mais definidas somente conforme as prioridades estabelecidas pelo Estado, mas teriam que ser negociadas junto a setores da sociedade civil. Com isso, os movimentos sociais buscaram assegurar sua participação nos processos de "desenho, formulação, implementação e fiscalização das políticas públicas voltadas para infância e adolescência no país" (Feltran, 2008, p. 205). Assim, a aprovação do Estatuto é vista como uma vitória para esses movimentos, pois demarcaram uma posição a partir da qual poderiam travar novas lutas por direitos em situação que lhes parecia mais favorável porque prevista na lei e por ela tornada legítima. Essa vitória, reflexo da redemocratização do país, engendrou uma nova etapa na história desses movimentos, caracterizada por sua institucionalização na forma de entidades e organizações da sociedade civil[3] e pela relativa homogeneidade de seus discursos e práticas em torno da defesa da lei, associada à garantia de direitos e, portanto, à promoção da cidadania.

Com a institucionalização, muitos dos atores sociais que atuaram nos movimentos de defesa dos direitos de crianças e adolescentes passaram a constituir, a partir da década de 1990, organizações e entidades sociais[4]. Nesse sentido, Gabriel de Santis Feltran (2010), ao estudar o Centro de Defesa dos Direitos de Crianças e Adolescentes – Cedeca de Sapopemba, bairro da zona leste da cidade de São Paulo, aponta para uma nova etapa, ou geração, desses movimentos:

> (...) o Cedeca já foi fundado como um movimento de segunda geração. Se o discurso dos militantes preserva o basismo dos movimentos dos anos 1970, a estruturação das atividades institucionais estava longe da subversão passível de repressão oficial: ela já era prevista em lei. Se os movimentos pioneiros exigiam a abertura de canais de participação no Estado, o Cedeca já era fruto da 'democracia participativa'. Se os primeiros queriam derrubar o regime, agora tratava-se, acima de tudo, de *fazer cumprir* a lei. (Feltran, 2010, p. 213, grifo original).

---

3 A institucionalização aqui se refere à formalização dos movimentos sociais enquanto organizações da sociedade civil, com personalidade jurídica, reconhecimento legal e obrigações previstas em lei.

4 Para citar apenas duas das mais conhecidas, fundadas no final da década de 1970 e início da década de 1980, com projeção nacional e que ocuparam posições mais centrais no campo, destaco o Movimento Nacional dos Meninos e Meninas de Rua (MNMMR) e a Pastoral do Menor (definida como organização de ação social mantida pela Confederação Nacional dos Bispos do Brasil – CNBB).

Em São Paulo, parte significativa desses movimentos, principalmente locais, i.e., cuja atuação se circunscrevia ao bairro de origem, tiveram como força política motriz as pastorais e as Comunidades Eclesiais de Base – CEB, cujo desenvolvimento, durante o período da Ditadura, contava com a estrutura e o apoio da Arquidiocese de São Paulo. Esse foi o caso, por exemplo, do Cedeca Sapopemba, estudado por Feltran (2008), e também do Centro Santo Dias[5], na zona sul de São Paulo, da Pastoral do Menor (abordada no segundo capítulo) e de outras organizações da sociedade civil nascidas nas paróquias dos bairros.

Com a redemocratização e a institucionalização, os movimentos tornados organizações passaram a atuar formal e legalmente, o que implicou uma forte estruturação de seus meios de sobrevivência. A obtenção do *status* de personalidade jurídica possibilitou a essas organizações pleitearem recursos públicos e de organismos internacionais para financiarem suas ações, proporcionando a remuneração das equipes e os recursos materiais necessários para manter a estrutura física. Com a abertura dessas fontes de financiamento,[6] as organizações da sociedade civil puderam ampliar seus quadros e escopo de ação. Em contrapartida, o financiamento público disponível a elas tornou-as progressivamente dependentes dessa fonte para sobreviverem, levando-as à relativa perda de autonomia em relação ao Estado. Assim, a conquista de uma nova posição no campo, promovendo setores da sociedade civil a uma situação menos desigual na negociação da legislação e das políticas da área de infância e adolescência, foi acompanhada de novas formas de hierarquização em relação ao Estado. Essas formas são menos explícitas porque o Estado passou a reconhecer a legitimidade dos seus discursos e práticas, mas tornou as organizações da sociedade civil mais dependentes de seus recursos e, portanto, de sua agenda política.

A nova hierarquização proporcionada pelo financiamento público das atividades das organizações da sociedade civil recolocou dentro do campo, em pleno contexto de redemocratização da vida social, a possibilidade de se desenvolverem táticas de subordinação dessas organizações ao Estado. Essa

---

5   O Centro Santo Dias de Direitos Humanos da Arquidiocese de São Paulo foi fundado em 1980, em homenagem a Santo Dias da Silva, líder operário e membro da pastoral operária de São Paulo assassinado pela Polícia Militar durante um piquete de greve em 1979. Para a história do Centro Santo Dias e sua vinculação aos movimentos de defesa dos direitos humanos organizados pela Arquidiocese de São Paulo, ver Loche, 2003.

6   A ampliação do financiamento a organizações da sociedade civil para prestação de serviços públicos está relacionada ao movimento de reforma do Estado que ocorreu no Brasil na década de 1990 e sobre o qual falarei adiante.

subordinação havia sido um dos focos de tensão com os movimentos sociais durante a Ditadura Militar, uma vez que a concepção de Estado do oficialato, em muito atrelada à perspectiva desenvolvimentista presente na doutrina de segurança e desenvolvimento da Escola Superior de Guerra – ESG, atribuía-lhe o papel [a função] de organizador e condutor da sociedade civil (como abordado no primeiro capítulo). Nesse esteio, um general chegou a afirmar, em 1976, que "liberdade e direitos emanam do Estado" (Lima apud Ianni, 2004, p. 267). Com a redemocratização, os movimentos sociais acreditavam em poder superar as tentativas da subordinação ao Estado e implantar dinâmicas e espaços de participação que lhes permitissem negociar as legislações e as políticas referentes não somente à área de infância e adolescência, mas também de educação, assistência social e saúde – enfim, ao conjunto dos direitos sociais.

Se, na Ditadura, a tendência era de ampliação da atuação do Estado e a hierarquização se dava principalmente por meio do controle repressivo da sociedade civil em nome da manutenção da ordem, a democracia brasileira da década de 1990 veria implantar-se no país a tendência de redução do Estado e uma hierarquização cada vez mais baseada em outras táticas que não visavam a repressão da sociedade civil. Essas táticas proporcionaram a articulação entre o estímulo à expansão das organizações da sociedade civil, como forma de desonerar o poder público de parte de suas obrigações legais, e a regulação público-estatal dessa expansão, por meio da abertura de linhas específicas de financiamento, da regulamentação dos registros de funcionamento das organizações da sociedade civil e de sistemas de controle de gastos. Nesse sentido, seria mais apropriado defini-las como táticas de colonização (em vez de subordinação), uma vez que estendiam à sociedade civil modos de agir e operar próprios da organização burocrática estatal.

A redução do Estado, associada à doutrina neoliberal, era o principal objetivo do movimento de reforma que se instaurou na administração pública federal, principalmente a partir da segunda metade da década de 1990.[7] Em curso

---

7   O tema da reforma do Estado e a implantação da chamada "administração pública gerencial" foi um dos destaques do governo Fernando Henrique Cardoso (1995-2002), tendo sido criado um ministério especialmente para esse fim. Em 1996, o Ministério da Administração Federal e Reforma do Estado, com o apoio das Nações Unidas, do Centro Latino Americano de Administração para o Desenvolvimento e do Banco Interamericano de Desenvolvimento – BID, promoveu um seminário para discutir o tema, culminando na publicação do livro *Reforma do Estado e administração pública gerencial* (Bresser Pereira e Spink, 2006), o qual é uma das principais fontes sobre o tema neste capítulo. Além disso, por meio da Fundação CASA-SP, cursei em 2010 o Programa de Desenvolvimento Gerencial – PDG, da Fundação

desde a década de 1980 em outros países, notadamente na Grã-Bretanha, sob o comando de Margaret Thatcher, mas também na Austrália, na Nova Zelândia e nos Estados Unidos, o movimento de reforma do Estado era uma resposta à crise fiscal dos governos, em consequência do crescimento do aparelho estatal juntamente com a redução de sua capacidade de arrecadação. Para os reformadores, a promoção do ajuste fiscal se daria pela diminuição do tamanho do Estado (daí a expressão "Estado mínimo"), tanto no sentido de reduzir sua estrutura a fim de cortar custos de manutenção do aparato público quanto no sentido de redimensionar os serviços que eram oferecidos. Havia, nesse sentido, duas metas a serem alcançadas pela reforma. Eram elas "a redução dos gastos públicos a curto prazo e o aumento da eficiência mediante uma orientação gerencial a médio prazo" (Bresser Pereira, 2006a, p. 32).

O conjunto de táticas e procedimentos usados na reforma da administração pública, tanto no Brasil como em outros países, foi importado da administração privada, a qual já vinha passando pela reestruturação de seus processos produtivos, tornados cada vez mais gerenciais (ver Glade, 2006). A administração gerencial é definida por seus adeptos pelo foco nos resultados, isto é, no atendimento das demandas do consumidor com o menor custo de produção (ver Bresser Pereira, 2006a e 2006b).[8] A adaptação da administração privada para a pública, das empresas para os Estados, demandou pouco mais do que alguns ajustes, principalmente no uso da linguagem, trocando-se a expressão "consumidor/cliente" por "cidadão/usuário". O cerne da racionalidade gerencial, porém, permaneceu o mesmo, com a busca da maximização da eficiência (redução de tempo e custo) no atendimento do consumidor e do cidadão. A administração pública entrava na era

---

do Desenvolvimento Administrativo – Fundap. Esse programa visa, justamente, contribuir para a formação de gestores públicos capazes de aplicar os princípios da administração pública gerencial. Assim, minhas anotações de campo são outra fonte importante a destacar. No sítio do Ministério do Planejamento, Orçamento e Gestão, há uma coleção de 17 cadernos temáticos, publicados entre 1997 e 1998, sobre a reforma do Estado e suas principais ações e programas. Consultado em http://www.planejamento.gov.br.

8 No setor privado brasileiro, a administração gerencial foi implementada quase ao mesmo tempo em que foi implantada como reforma do setor público, na segunda metade da década de 1990. Nesse sentido, Ana Claudia Moreira Cardoso (2006) apresenta o relato dessa implantação na fábrica da Volkswagen e os impactos gerados tanto para a organização do tempo dos trabalhadores quanto para suas relações de trabalho. Ver também Luca, 2001.

da cidadania consumidora, na qual a noção de cidadão o equipara ao consumidor "usuário" de produtos e serviços públicos.[9]

Para atender ao cidadão/usuário, a administração pública deveria implementar estratégias gerenciais, as quais dependiam de uma reforma na estrutura administrativa do Estado. Luiz Carlos Bresser Pereira, nomeado no governo de Fernando Henrique Cardoso (1995-2002) para o Ministério da Administração Federal e da Reforma do Estado – MARE e que esteve à frente da implantação dessa reforma no nível federal, afirmava ser necessário substituir o modelo burocrático pela administração pública gerencial,[10] a qual envolve:

> (...), uma mudança na estratégia de gerência, mas essa nova estratégia deve ser posta em prática em uma estrutura administrativa reformada. *A ideia geral é descentralizar, delegar autoridade.* Mas é preciso ser mais específico, definir claramente os setores que o Estado opera, as competências e as modalidades de administração mais adequadas a cada setor. (Bresser Pereira, 2006a, p. 33, grifo meu).

Bresser Pereira aponta como sendo quatro os setores em que os Estados operam. São eles o núcleo estratégico, as atividades exclusivas, os serviços não exclusivos e a produção de bens e serviços para o mercado. O núcleo estratégico é a posição central do processo decisório da agenda política estatal. Nas palavras do então ministro,

> O núcleo estratégico é o centro no qual se definem as leis, as políticas e como, em última instância, as fazer cumprir. É formado pelo Parlamento, pelos tribunais, pelo presidente ou primeiro ministro, por seus ministros e pela cúpula dos servidores civis. Autoridades locais importantes também podem ser consideradas parte do núcleo estratégico. No caso do sistema ser federal, também integram

---

9   Nesse sentido, a administração pública passa a preocupar-se com a satisfação do cliente/usuário e adotar procedimentos de prestação de serviços seguindo modelos de programas de qualidade total produzidos pela iniciativa privada. Como consequência, difunde-se a noção de cidadão não como detentor de direitos, mas como consumidor de serviços.

10   O próprio Bresser Pereira remete a Max Weber (1999) para definir o que entende por administração burocrática, apesar de admitir que tal modelo administrativo nunca chegou a suplantar o Estado patrimonialista no Brasil. Para Bresser Pereira, o modelo burocrático é excessivamente hierarquizado (dada a chamada estrutura piramidal do Estado burocrático), autorreferido e focado nos procedimentos e não nos resultados. Já a administração gerencial tem menos níveis hierárquicos, a referência é o cidadão e o foco são os resultados, estando, por isso, mais adequada às dinâmicas das sociedades contemporâneas. Ver Bresser Pereira, 2006a e 2006b.

esse núcleo os governadores e seus secretários e a alta administração pública estatal. (Bresser Pereira, 2006a, p. 33).

Importante destacar que já na definição do núcleo estratégico não há menção a instâncias de participação da sociedade civil senão aquelas previstas pela democracia representativa em sua forma tradicional (i.e., por meio dos parlamentares e membros do poder executivo). Não há a indicação de que pudessem compor esse núcleo, por exemplo, os conselhos nacionais, órgãos colegiados com representação paritária entre poder público e sociedade civil. Conforme a legislação específica de criação desses conselhos, seria sua atribuição a definição de políticas públicas a partir de processos que permitam a participação da sociedade.[11] Assim, a concepção da nova estrutura gerencial do Estado não reconhecia os órgãos colegiados como atores relevantes para o processo decisório, o que deslegitimava, ao menos em parte, a conquista dos movimentos sociais de criação ou reformulação desses órgãos como forma de ampliar a participação da sociedade civil nesse processo.

Além do núcleo estratégico, o Estado opera nos setores de atividades exclusivas, serviços não-exclusivos e produção de bens e serviços. Segundo Bresser Pereira (2006a), as primeiras são atividades que envolvem o poder do Estado, a saber, suas funções tradicionais de defesa territorial (forças armadas), segurança interna (polícia) e arrecadação de impostos. Também compõem esse setor atividades que passaram a existir mais recentemente, quais sejam, aquelas executadas pelas agências reguladoras e pelas agências de financiamento, fomento e controle dos serviços sociais e da seguridade social. Educação, saúde, cultura e pesquisa científica fazem parte do setor de serviços não-exclusivos, pois não envolvem o exercício do poder de Estado, podendo ser oferecidos também pelo setor privado e pelo setor público não-governamental. Enfim, o setor de produção de bens e serviços é composto pelas empresas públicas (ver Bresser Pereira, 2006a).

Sob a ótica da administração pública gerencial, a legislação e as políticas públicas sobre a infância e adolescência podem ser consideradas em parte pertencentes às atividades exclusivas, quando referidas a serviços sociais, e em

---

11 Além do Conselho Nacional dos Direitos da Criança e do Adolescente – Conanda, criado em 1991, cabe mencionar a criação do Conselho Nacional da Assistência Social (CNAS), em 1993, e a recomposição do Conselho Nacional de Saúde (CNS), em 1990, e do Conselho Nacional de Educação (CNE), em 1995. O modelo de participação adotado por esses conselhos faz uso de conferências locais, regionais e nacionais, além de tornar os resultados sistematizados dessas conferências disponíveis para consulta pública, antes de sua oficialização enquanto políticas nacionais.

parte inseridas no setor de serviços não-exclusivos (educação e saúde). Em ambos, há uma tendência posta em curso pela reforma de que esses serviços não sejam oferecidos diretamente pelo Estado. No caso dos serviços de educação e saúde, tidos como não-exclusivos em sua definição, está prevista de início a participação do setor privado e do setor público não governamental, isto é, das organizações e entidades da sociedade civil, sejam elas originadas ou não de movimentos sociais.[12] Já os serviços sociais, embora classificados como atividades exclusivas, devem ser operados pelo Estado por meio de agências de financiamento, fomento e controle. Financiar, fomentar e controlar não são ações que caracterizem a execução direta; pelo contrário, apontam a existência de outrem para fazê-lo. Nesse sentido, abre-se a possibilidade de que também os serviços sociais sejam oferecidos pelo setor privado e pelo setor público não-governamental.

Juntamente com a passagem da prestação de serviços públicos para setores não-estatais, a reforma propunha a especialização das funções de Estado a partir dos diferentes níveis de governo. As principais atribuições do governo federal seriam aquelas referentes ao núcleo estratégico, quais sejam, a formulação das políticas, a regulamentação visando a implantação dessas políticas, o financiamento das ações e a fiscalização dos resultados. O nível estadual teria uma função mediadora entre o nível federal, formulador das políticas, e o nível municipal, responsável pela execução das ações. Cabe ressaltar que, na definição de Bresser Pereira (2006a, p. 33), os governos municipais não compunham o núcleo estratégico do Estado.

---

12 Mais especificamente no caso da saúde, Bresser Pereira (2006a) defendia a criação das organizações sociais (OS), que são pessoas jurídicas de direito privado sem fins lucrativos, para a administração de equipamentos públicos. Em São Paulo, a passagem da administração de alguns hospitais públicos para Organizações Sociais de Saúde – OSS, de origem filantrópica, teve início em 1998, com 15 hospitais. Em 2011, quando defendi minha tese de doutorado, eram 37 hospitais, 38 ambulatórios, um centro de referência, duas farmácias e três laboratórios públicos geridos por OSS (consultado em http://portal.saude.sp.gov.br/content/geral_acoes_oss.mmp; para uma lista atualizada ver http://www.portaldatransparencia.saude.sp.gov.br/). Cabe ressaltar que São Paulo pode ser considerado um laboratório de aplicação das ideias da reforma gerencial no nível estadual, uma vez que é governado pelo mesmo partido político de Fernando Henrique Cardoso e Bresser Pereira desde 1995. Houve, nesse sentido, um alinhamento entre os níveis federal e estadual durante o governo de Fernando Henrique Cardoso (1995-2002) e uma continuidade da implantação da administração pública gerencial no estado após a mudança de governo no nível federal.

A especialização das funções de Estado em diferentes níveis de governo é chamada de descentralização política e é uma das características que definem a administração pública gerencial. São elas:

> (...) a) descentralização do ponto de vista político, transferindo-se recursos e atribuições para os níveis políticos regionais e locais; b) descentralização administrativa, através da delegação de autoridade aos administradores públicos, transformados em gerentes cada vez mais autônomos; c) organizações com poucos níveis hierárquicos, ao invés de piramidais; d) pressupostos da confiança limitada e não da desconfiança total; e) controle *a posteriori*, ao invés do controle rígido, passo a passo, dos processos administrativos; e f) administração voltada para o atendimento do cidadão, ao invés de autorreferida (Bresser Pereira, 2006b, p. 242-3).

Nessa administração, o poder executivo do Estado executa cada vez menos, delegando a outros essa função e retendo para si a nova função de gerenciá-los. É um movimento de delegação descendente, no qual o governo federal delega ao estadual e este aos governos municipais, que, por sua vez, delegam aos setores privado e público não governamental local a execução de diferentes serviços públicos. A administração pública gerencial permite, portanto, que atores emergentes da cena política brasileira pós-Constituição de 1988, os municípios e as organizações da sociedade civil, sejam incorporados a sua esfera de ação sem que isso implique em alterações nas posições mais centrais de poder. Eventualmente, algumas organizações da sociedade civil podem conseguir galgar posições mais próximas do núcleo estratégico do Estado, mas a maioria delas, de escopo local de ação, tem pouca probabilidade de sair da posição capilar que ocupam.[13]

Após a aprovação da Emenda Constitucional nº 19, em 1998, e com boa parte dos programas da reforma gerencial implantada,[14] o Ministério da Administração Federal e da Reforma do Estado foi extinto em 1999 e a con-

---

[13] Sobre a complexidade das formas de articulação das organizações da sociedade civil da cidade de São Paulo, produzindo redes hierarquizadas por atores centrais, "ponte" e periféricos, ver Gurza-Lavalle, Castello e Bichir, 2007 e 2008.

[14] São eles o Programa de Qualidade e Participação na Administração Pública, o Plano de Reestruturação e Melhoria da Gestão, a regulamentação das Agências Executivas, a regulamentação das OS, a Reforma Administrativa do Sistema de Saúde, a Nova Política de Recursos Humanos, o Programa de Reestruturação e Qualidade dos Ministérios, o Programa de Modernização do Poder Executivo e o Sistema Integrado de Atendimento ao Cidadão – SAC/Brasil. Consultar os cadernos do MARE disponíveis em http://www.planejamento.gov.br.

tinuidade da reforma passou a ser de responsabilidade do Ministério do Planejamento, Orçamento e Gestão. Embora tenha perdido parte de sua força política a partir de 2003, com o início do governo de Luís Inácio Lula da Silva (2003-2010), o movimento de reforma gerencial já havia se expandido para os níveis estadual e municipal, tendo mantido sua propagação nas estruturas de governo de alguns estados, como o de São Paulo.

Neste, a descentralização política, proposta pela reforma do Estado, engendrou um duplo movimento. O primeiro é a municipalização, a partir da qual os municípios assumem a prestação de parte dos serviços públicos, notadamente nas áreas de saúde, educação e serviço social, com repasse de verbas de fundos nacionais e estaduais para os municipais.[15] O segundo é o estabelecimento de convênios com as organizações da sociedade civil para a prestação de alguns desses serviços. Para o Estado, os convênios são uma tática gerencial que permite maior celeridade e menores custos para a expansão da capacidade de prestação de serviços públicos. Para as organizações da sociedade civil, as linhas de financiamento público que foram sendo criadas pareciam uma oportunidade de ampliarem sua estrutura, remunerarem suas equipes e expandirem seus atendimentos.

Parte das organizações da sociedade civil que passaram a contar com essa fonte de financiamento público é de caráter local e termina por assumir posições capilares em sua relação com a administração pública. Distantes do núcleo estratégico, essas organizações ocupam posições de menor prestígio e pouca capacidade de influenciar no processo decisório sobre as políticas cujas ações executam. Além disso, as regras para a manutenção dos convênios, com normas específicas sobre o uso dos recursos e tabelas de salários, bem como os detalhamentos e especificidades das prestações de contas e auditorias, são alguns dos procedimentos que levam as organizações a terem, também, suas pequenas burocracias, com funcionários cada vez mais especializados em realizar os termos de convênio e cada vez menos mobilizados ou motivados pela perspectiva da promoção de direitos e acesso à cidadania. Como observou Feltran (2010) no caso do Cedeca Sapopemba:

> As atividades de escritório passam a tomar mais tempo; é preciso gerenciar toda a máquina de atendimentos ao mesmo tempo em

---

15 Embora a municipalização não seja uma tendência exclusiva da reforma do Estado, pois já estava prevista na Constituição de 1988, ela veio ao encontro da descentralização política proposta pela reforma.

> que se planeja o ano seguinte, e o ciclo gerencial não tem fim. A consequência desse ciclo para as atividades políticas da organização é evidente. A expansão gerencial, nascida da dificuldade de mediar o trânsito ascendente das demandas dos jovens ao mundo público, inscreve o Cedeca em fluxo de vetor oposto. Dependente dos financiamentos, a entidade passa praticamente apenas a *executar* projetos cuja pauta é decidida nos editais criados pelos financiadores. (Feltran, 2010, p. 219-20, grifo original).

No caso do Cedeca, a alternativa para manter a mobilização política foi a criação do Centro de Diretos Humanos de Sapopemba – CDHS (ver Feltran, 2010). No entanto, nem todas as organizações da sociedade civil optaram por essa alternativa e algumas delas acabam presas no que se tem relevado a armadilha do financiamento público, na qual a dependência desse financiamento cresce ao mesmo tempo em que diminui a capacidade das organizações mediarem as reivindicações da população que representam e atendem frente ao Estado. Cabe ressaltar que, nesse processo de estabelecimento de convênios para execução dos serviços públicos, há o risco de as organizações da sociedade civil se tornarem, cada vez mais, uma extensão empobrecida e precária do Estado.

Velhos atores do campo: a filantropia, os operadores do direito e os gestores públicos

A conquista de posições de maior relevância no campo por parte das organizações da sociedade civil originadas dos movimentos sociais na década de 1990 tem sido acompanhada de novas lutas sobre a consolidação dessas posições. De um lado, tem-se a pressão exercida pela visão gerencial da administração pública. Para os defensores da administração gerencial, representados aqui pela figura de Bresser Pereira, as organizações da sociedade civil são percebidas como alternativa para manter a prestação de serviços públicos diante da necessidade de ajuste fiscal, pois o estabelecimento de convênios se revela menos oneroso que a prestação direta de serviços. Essa forma de administração, no entanto, tende a não reconhecer, *a priori*, a legitimidade da participação dessas organizações no processo decisório de elaboração da legislação e definição das políticas da área, excluindo-as do núcleo estratégico. Tal exclusão revela que não está consolidada a participação das organizações da sociedade civil nas decisões estratégicas de Estado sobre a infância e a adolescência pobres. De outro lado, há pressões internas à chamada sociedade civil, pois a conquista de novas posições no campo teve como um de seus efeitos a recolocação estratégica de antigos atores que vinham ocupando posições menos centrais, quais sejam, as entidades assistenciais de matriz filantrópica.

A filantropia e as entidades assistenciais dela originadas têm longa trajetória não somente no campo da infância e da adolescência pobres, mas principalmente no campo da pobreza no Brasil. Segundo Adrián Gurza-Lavalle, Graziela Castello e Renata Bichir (2008), as entidades assistenciais são uma forma de associação da sociedade civil caracterizada pela combinação de quatro elementos, a saber, o *ethos* cristão, que confere sentido à ação assistencial, definindo-a como forma de caridade; a prestação de serviços assistenciais como delimitação de sua esfera de ação; a definição dos segmentos mais vulneráveis da população como seu público-alvo; e o financiamento provindo, principalmente, do setor privado. Sua atuação na área social e no campo da infância e da adolescência pobres remonta às instituições assistenciais dos tempos coloniais,[16] sendo a cruzada filantrópica ocorrida entre o final do século XIX e início do século XX o momento de sua institucionalização (ver Adorno e Schindler, 1991), como abordei no primeiro capítulo.

É importante acrescentar às características dessas entidades sua relação histórica de parceria com o Estado. Nesse sentido, como aponta Aldaísa Sposati (1988), desde os anos 1930, as entidades assistenciais privadas tornaram-se parceiras do Estado no tratamento da pobreza enquanto questão social, dividindo com ele a função de prestar-lhe serviços assistenciais. No campo específico da infância e da adolescência pobres, coube ao Estado centralizar as decisões sobre a legislação e a política de atendimento, fazer a articulação entre os serviços que seriam oferecidos pelas instituições públicas e pelas entidades assistenciais e executar parte desses serviços (cf. Alvarez, 1989). A atuação dessas entidades assumia em parte a profissionalização da adolescência pobre,[17] deixava ao Estado a incumbência do atendimento aos adolescentes infratores e dividia com o ele o atendimento à infância abandonada ou carente. Elas eram, portanto, coadjuvantes do Estado no campo da infância e da adolescência pobres, servindo de complemento aos serviços governamentais.

As práticas assistenciais desenvolvidas pelo Estado e pelas entidades a partir dos anos 1930, abordadas no primeiro capítulo, eram principalmente

---

16 Sobre a Roda ou Casa dos Expostos, ver Alvarez, 2003, p. 127-8; Costa, 1999, p. 164-7.

17 Refiro-me, aqui, ao Sistema S (SESI, SESC, SENAI), criado na década de 1940 e atuante até os dias de hoje na chamada educação profissional. Ver Alvim e Valladares, 1988

caracterizadas pela delimitação do público-alvo e pela forma de intervenção sobre ele. Em relação ao público-alvo, segundo Vera Telles (2001), o enfoque na pobreza esteve relacionado ao estabelecimento de uma antinomia entre trabalho e pobreza, sendo a figura do pobre "inteiramente desenhada em negativo sob o signo da incapacidade e impotência, fazendo da ajuda a única forma possível para os assim definidos 'carentes' se manterem em sociedade" (Telles, 2001, p.27-8). A intervenção junto a essa população, percebida como incapaz e impotente, deveria dar-se por meio da tutela, cujo efeito era a produção de dependências e hierarquias em relação aos serviços assistenciais (cf. Landim, 2002; Telles, 2001; Sposati, 1988).

As entidades assistenciais atuantes no campo da infância e da adolescência pobres após 1990 são herdeiras dessa linhagem filantrópica secular, de cunho tutelar e caridoso, que prestava serviços em articulação com o Estado, não reconhecia em seu público-alvo os atributos da cidadania e lançava mão do uso de práticas produtoras de hierarquias e de individualidades assujeitadas.

Em contrapartida, as organizações da sociedade civil originadas dos movimentos sociais têm trajetória, discursos e práticas diversos. Ao analisar a história das chamadas organizações não-governamentais, Leilah Landim (2002) aponta que elas definem sua identidade justamente em oposição às entidades assistenciais, pois são:

> (...) de origem recente e ligadas em grande parte a movimentos sociais, compreendendo-se como tal também os relacionados à criação de novas identidades e à defesa de direitos específicos ou difusos; têm portanto determinados horizontes comuns no centro dos seus ideários, como a expansão de valores democráticos, de direitos civis, da cidadania; inserem-se marcadamente em redes de relações internacionalizadas, onde a questão do financiamento está de alguma forma presente. (Landim, 2002, p. 220).

No entanto, as fronteiras que separam as organizações da sociedade civil originadas de movimentos sociais das entidades assistenciais de matriz filantrópica estão cada vez menos definidas, como apontam Gurza-Lavalle, Castello e Bichir (2008):

> O perfil mais tradicional das entidades filantrópicas, embora caracterizado em parte nada desprezível da literatura sob a suspeição de um halo pré-moderno e conservador, é consensual. Contudo, a história recente do Brasil teria animado deslocamentos polêmicos no sentido de uma espécie de "onguização" das entidades assistenciais,

> levando-as a abandonar progressivamente sua tônica caritativa e apolítica para assumir uma maior politização e publicitação de seus trabalhos e demandas, bem como à adoção de discursos cifrados no registro dos direitos e da cidadania (Gurza Lavalle, Castello e Bichir, 2008, p. 78).

A aproximação entre as entidades assistenciais e as organizações originadas dos movimentos sociais dá-se em dois níveis. No primeiro nível, que entendo ser o dos discursos, as entidades assistenciais tendem a adotar o léxico que caracteriza os discursos de defesa e promoção de direitos e cidadania das organizações originadas dos movimentos sociais. No campo sobre a infância e adolescência pobres, essa aproximação dos discursos é acentuada e decorre, a meu ver, da alteração das regras de formação desses discursos ocorrida após a promulgação do Estatuto da Criança e do Adolescente.[18]

A partir dos anos 1990, instaurou-se uma disputa no campo quanto à disseminação do novo léxico, formalizado no Estatuto. A princípio, a adoção desse léxico restringia-se aos movimentos sociais e às organizações deles originadas, servindo-lhes como fonte de identidade e marcando sua posição em relação aos demais atores dentro do campo. O uso do mesmo léxico por outros atores, sob a alegação de que está formalizado na lei, é uma das disputas que travaram (e ainda travam) as organizações da sociedade civil originadas dos movimentos de defesa dos direitos das crianças e dos adolescentes.

Para quem não pertence ao campo, causa estranhamento a excessiva preocupação e o grande controle exercido por elas quanto ao que pode e o que não pode ser dito sobre crianças e adolescentes pobres. A utilização do termo "menor", por exemplo, é proibida aos iniciados e caracteriza os *outsiders*, isto é, aqueles que não pertencem ao campo, e os recém-chegados, que não entendem ainda seu significado. O uso reiterado do termo por iniciados pode lançá-los à condição de "menoristas", expressão de desprestígio porque associada ao legado dos discursos e práticas tutelares do século XX. Outro exemplo é o uso da expressão "delinquência juvenil". Apesar de ser usada na literatura internacional, inclusive como denominação do fenômeno social de envolvimento de jovens com atos ilícitos, seu emprego no campo é vedado por ser considerado uma postura "menorista", dada

---

18 As regras de formação dos discursos referem-se aos processos que regulam quais questões sociais são problematizadas enquanto objetos de intervenção e definem os principais conceitos e objetivos que norteiam e legitimam essa intervenção. Sobre regras de formação dos discursos, ver Foucault, 2000 e 2002; ver também Rose, 1999, sobre a problematização em Foucault.

sua proximidade com a expressão "menor delinquente". Há também a substituição de termos e expressões, tais como os "abandonados e carentes", que passaram a ser "crianças e adolescentes em situação de risco pessoal e social". Já os "menores infratores" passaram a ser denominados principalmente como "adolescentes em conflito com a lei", embora a expressão "adolescentes autores de ato infracional" seja também aceita (cf. Feltran, 2008).

Essas regras de formação dos discursos, focadas no léxico dos movimentos de defesa dos direitos das crianças e dos adolescentes e do Estatuto, têm sido progressivamente incorporadas pelas entidades assistenciais, diminuindo as disputas em torno dos discursos sobre cidadania em contraposição à tutela e deslocando os pontos de maior tensão entre os representantes da sociedade civil organizada para suas trajetórias e práticas.[19]

No segundo nível, das práticas, a aproximação pode caracterizar-se, como apontam Gurza-Lavalle, Castello e Bichir (2008), pela possibilidade de maior politização dos trabalhos e demandas das entidades assistenciais. Porém, em vez de pressupor que as práticas dessas entidades sejam ou tenham sido apolíticas, opto aqui por defini-las como despolitizantes, na medida em que sua matriz filantrópica converte direitos e cidadania em benevolência e carência. Jacques Donzelot (1986), ao analisar a relação entre filantropia, iniciativa privada e Estado no campo da infância pobre na França, salienta que a filantropia não é "uma fórmula ingenuamente apolítica de intervenção privada na esfera dos problemas ditos sociais", mas "uma estratégica deliberadamente despolitizante" (Donzelot, 1986, p. 155). Assim, no caso brasileiro, e principalmente paulista, se a aproximação das práticas das entidades sociais e das organizações originadas dos movimentos sociais pode politizar as primeiras, há também a possibilidade de que despolitize as segundas.

Enquanto há maior homogeneização no nível dos discursos das entidades e organizações que representam a sociedade civil no campo da infância e da

---

19 Sobre os demais atores do campo, dos quais tratarei adiante, cabe ressaltar que também os gestores públicos dos sistemas de atendimento aos adolescentes têm incorporado o novo discurso. No sistema de justiça juvenil, no entanto, há maiores resistências. Por um lado, os defensores públicos adotam o novo léxico, o que pode ser explicado por sua trajetória de aproximação com os movimentos sociais e seu engajamento na defesa de direitos e do acesso à cidadania. Por outro, o Poder Judiciário e o Ministério Público têm-se revelado mais resistentes às novas regras discursivas, principalmente quando nao atuam nas varas especializadas. Em São Paulo, por exemplo, enquanto a capital conta com as Varas Especiais da Infância e Juventude – VEIJ; nas comarcas do interior um mesmo juiz e/ou um mesmo promotor atua em diferentes áreas.

adolescência pobres, o principal foco de disputa entre elas parece deslocar-se para as práticas e seus efeitos. As práticas das entidades assistenciais, em sua origem, não visam a mediação dos adolescentes pobres com o espaço público. A proposta dessa mediação, como forma de proporcionar aos adolescentes a inserção na sociedade política e o exercício da cidadania, é uma característica específica das práticas das organizações originadas dos movimentos de defesa dos direitos das crianças e dos adolescentes e estão vinculadas às experiências e táticas desenvolvidas por esses movimentos a partir das práticas desenvolvidas pela educação de base (cf. Landim, 2002; Feltran, 2008).

Enfim, além das entidades assistenciais e das organizações originadas dos movimentos sociais, há outras formas de associação da sociedade civil que se podem constituir enquanto atores no campo sobre a infância e a adolescência pobres. Há, por exemplo, os sindicatos e os conselhos profissionais, dentre eles destacando-se os de advocacia, pediatria, psicologia e serviço social como atuantes no campo. Os sindicatos e conselhos têm uma atuação diversa da que está sendo focada aqui, uma vez que se concentram na articulação, na mobilização e nos debates, mas não executam o atendimento a crianças e adolescentes.[20] No que se refere à essa execução, é importante ressaltar que as organizações da sociedade civil não são exclusivamente entidades assistenciais ou originadas de movimentos de defesa dos direitos das crianças e dos adolescentes, podendo conter alguns elementos de ambas e também elementos que caracterizam outras formas de associação, tais como as associações de bairro.[21]

Sobre a atuação do Estado no campo, é necessário fazer também algumas considerações. Os diversos atores que o representam não agem em uníssono, havendo interesses divergentes e conflitos entre eles, além de alianças e aproximações de alguns com atores da sociedade civil a fim de exercerem pressão sobre os demais. Os consensos entre representantes do Estado não são, portanto,

---

20 Entre os representantes titulares e suplentes que compõem ou já compuseram o Conselho Nacional dos Direitos da Criança e do Adolescente – Conanda estão a Ordem dos Advogados do Brasil (OAB), o Conselho Federal de Serviço Social (CFSS), o Conselho Federal de Psicologia (CFP), a Sociedade Brasileira de Pediatria, a Confederação Geral dos Trabalhadores (CGT) e a Central Única dos Trabalhadores (CUT.) Ver SEDH/PR, 2006.

21 Um bom apanhado da literatura e dos conceitos que definem a sociedade civil na contemporaneidade pode ser encontrado nos artigos de Adrián Gurza Lavalle, Graziela Castello e Renata Bichir (2004, 2007 e 2008), os quais apresentam resultados de um *survey* realizado pelos autores na cidade de São Paulo em 2002 e que, ao trabalhar na perspectiva de redes, demonstram as articulações entre os diferentes atores da sociedade civil.

um dado *a priori*, mas são construídos *ad hoc* conforme sua capacidade de articularem interesses comuns.[22]

Os representantes do Estado dividem-se entre os poderes legislativo, judiciário e executivo, sendo os dois últimos mais atuantes no campo da infância e da adolescência pobres. Há também divisões quanto às esferas de governo, federal, estadual e municipal, e quanto aos grupos profissionais, cargos e funções ocupados. Nesse sentido, o corpo técnico dos poderes judiciário e executivo, composto principalmente por psicólogos e assistentes sociais, representa o Estado ao mesmo tempo em que possui uma interface com os respectivos conselhos profissionais, que compõem a sociedade civil.

Sobre o poder judiciário, a posição ocupada pela magistratura é central desde a emergência do campo, destacando-se que Mello Mattos, redator do primeiro Código de Menores, foi também um dos primeiros juízes de menores do país. É o poder judiciário que realiza, juntamente com a polícia, a triagem e seleção da população a ser atendida pelos serviços da área de infância e adolescência e que direciona essa população tanto para o conjunto das ações de proteção, face à constatação de violação de direitos, quanto para as medidas socioeducativas, mediante o comprovado envolvimento em ato infracional. Cabe ressaltar que o processo de inserção de crianças e adolescentes pobres nos serviços de atendimento engloba, além dos juízes, delegados e policiais, os promotores de justiça, advogados e defensores públicos.[23]

Em São Paulo, a relação entre juízes, promotores e os gestores públicos responsáveis pela administração das unidades de atendimento socioeducativo é marcada pela tensão. Uma das fontes dessa tensão advém da correição, isto é, da atribuição legal que o poder judiciário e o Ministério Público têm de fiscalizar as unidades e os serviços de atendimento, notificando o poder executivo quanto a irregularidades. Considerada a clássica divisão dos poderes no Estado moderno, essa tensão poderia ser entendida como efeito dos freios e contrapesos.

Porém, há uma disputa travada entre juízes e promotores, de um lado, e gestores públicos, de outro, pelo controle sobre as instituições e práticas de atendimento. Na capital, até a década de 1970, quando foi criada a Fundação

---

22 No poder executivo, que pude acompanhar entre 2006 e 2011 como ocupante de cargo de confiança da Fundação CASA-SP, há diversas frentes de disputa entre micropoderes que perpassam toda a estrutura interna do chamado "Estado".

23 Há também os conselheiros tutelares, que não são considerados operadores do direito, mas têm a atribuição formal de atuar em casos de violação de direitos de crianças e adolescentes.

Pró-Menor (1973) e depois a Febem-SP (1976), o poder judiciário exerce o controle direto sobre parte das instituições e práticas de atendimento, pois o Recolhimento Provisório de Menores (RPM) e o Centro de Observação Feminina (COF) estavam vinculados ao Juizado de Menores, todos no espaço do Quadrilátero.[24] Com as fundações, o poder executivo passou a centralizar esse controle, montando uma estrutura burocrática que chegava em 2011 a, aproximadamente, 12 mil funcionários na Fundação Centro de Atendimento Socioeducativo ao Adolescente (CASA-SP).

A atuação dos governos nas esferas federal, estadual e municipal também é dinâmica e, por vezes, conflituosa. Na esfera federal, o Centro Brasileiro para a Infância e Adolescência (CBIA) foi criado em 1990, em substituição à Funabem, e esteve ligado ao Ministério do Bem-Estar Social. Em 1995, o CBIA foi extinto, juntamente com a Legião Brasileira de Assistência (LBA), numa ação que pretendia enfraquecer o legado assistencial sobre o campo da infância e da adolescência pobres e alinhar as políticas federais aos discursos de defesa e promoção de direitos e da cidadania.

Nesse esteio, ainda em 1995, foi criado o Departamento da Criança e do Adolescente (DCA), vinculado à Secretaria de Assuntos da Cidadania do Ministério da Justiça. Posteriormente, esta passou a ser denominada Secretaria dos Direitos da Cidadania e, em 1997, Secretaria Nacional dos Direitos Humanos (SNDH). Em 1999, foi transformada em Secretaria de Estado dos Direitos Humanos (SEDH), com assento nas reuniões ministeriais, mas mantendo sua vinculação ao Ministério da Justiça. Em 2003, a SEDH foi transferida para a estrutura da Presidência da República, passando a ser uma secretaria especial com *status* de ministério. Na ocasião, o DCA passou a ser Subsecretaria da Promoção dos Direitos da Criança e do Adolescente (SPDCA). Em 2010, a secretaria tornou-se órgão especial da Presidência, denominando-se Secretaria de Direitos Humanos (SDH).[25]

---

24 Devido a limitações recentes na documentação disponível para consulta no sítio da Imprensa Oficial do Estado, não foi possível precisar, na pesquisa documental, se a vinculação entre o RPM, o COF e o Juizado de Menores era formalizada, mas ela ocorria nas práticas cotidianas. Essas informações me foram passadas por funcionários antigos, principalmente durante o projeto "Memória e Oralidades", que coordenei na Fundação CASA-SP em parceria com a historiadora Ana Cristina Bastos.

25 Em 2015, a Medida Provisória nº 696 aglutinou a SDH e as Secretarias de Políticas para as Mulheres (SPM), de Políticas de Promoção da Igualdade Racial (SEPPIR), e Nacional da Juventude (SNJ) em um mesmo ministério, o Ministério das Mulheres, da Igualdade Racial,

A SDH, na qual estão a SPDCA e também o Conselho Nacional dos Direitos da Criança e do Adolescente – Conanda, tem sido bastante atuante no campo da infância e da adolescência pobres nos últimos anos. Foi responsável pela publicação de diversos documentos que definem as diretrizes e políticas federais para o campo,[26] vinculando os discursos sobre direitos da criança e do adolescente aos de defesa dos direitos humanos e criando linhas de financiamento aos órgãos estaduais, municipais e a organizações da sociedade civil para ações que promovam suas diretrizes e políticas. Sua aproximação com as organizações da sociedade civil originadas de movimentos sociais tem gerado algumas tensões com outros órgãos públicos, tanto no nível federal quanto no estadual, e com algumas entidades da sociedade civil.[27]

Em São Paulo, a Febem passou a denominar-se Fundação CASA-SP em dezembro de 2006, num esforço de adequação ao léxico do Estatuto. Embora esteja hoje vinculada à Secretaria da Justiça e Defesa da Cidadania, a Fundação já esteve subordinada a diferentes secretarias, dentre elas as de Juventude e de Educação. Ainda em 2006, a Fundação iniciou um processo de descentralização do atendimento, com a construção de unidades menores no interior e no litoral. Com isso, o atendimento socioeducativo no estado deixou de concentrar-se na capital. Houve, também, o processo de municipalização das medidas

---

da Juventude e dos Direitos Humanos. Posteriormente, a Medida Provisória foi convertida na Lei 13.266, de 5 de abril de 2016. Sobre o histórico da SDH, ver www.direitoshumanos.gov.br e também Costa, 2006a, p. 47-54.

26 Destacam-se os documentos Sistema Nacional de Atendimento Socioeducativo – Sinase, o conjunto de guias sobre socioeducação, o Plano Nacional de Convivência Familiar e Comunitária – PNCFC, o Plano Nacional de Enfrentamento da Violência Sexual Infanto-Juvenil, todos publicados em 2006; as Orientações para criação e funcionamento dos Conselhos Municipais de Direitos da Criança e do Adolescente e Conselhos Tutelares e o esboço das Diretrizes das Nações Unidas sobre Emprego e Condições Adequadas de Cuidados Alternativos com Crianças, apresentado pelo governo brasileiro ao Comitê dos Direitos da Criança nas Nações Unidas, ambos de 2007. Todos os documentos foram consultados em http://www.direitoshumanos.gov.br/spdca/publicacoes.

27 A publicação da terceira versão do Plano Nacional de Direitos Humanos (PNDH III) encontrou resistências tanto no Ministério da Defesa quanto na sociedade civil, principalmente nas entidades religiosas. No que se refere especificamente ao campo da infância e adolescência, as tensões ocorrem tanto em divergências entre a política federal e as políticas estaduais quanto em conflitos entre as denúncias de violação de direitos trazidas por organizações da sociedade civil e as atuações das administrações estaduais no sentido de adequar as estruturas públicas às previsões legais.

socioeducativas em meio aberto (liberdade assistida e prestação de serviço à comunidade), do qual tratarei adiante.

No nível municipal, não há uma secretaria ou órgão específico criado para atuar no campo da infância e da adolescência pobres, sobretudo no que se refere aos adolescentes autores de ato infracional, sendo essa atribuição específica assumida pela Secretaria Municipal da Assistência e Desenvolvimento Social (SMADS), conforme retomarei adiante.

Por fim, os representantes do Estado também se articulam por meio de associações e fóruns, como é o caso da Associação Brasileira de Magistrados, Promotores de Justiça e Defensores Públicos da Infância e Juventude (ABMP), de cunho não-governamental, e do Fórum Nacional de Organizações Governamentais de Atendimento à Criança e ao Adolescente (Fonacriad).

A ABMP foi fundada em 1968 por um grupo de magistrados e teve como denominação inicial Associação de Juízes de Menores do Brasil. Em 1994, passou a denominar-se Associação Brasileira dos Magistrados e Promotores da Infância e Juventude (ABMP), ampliando seus quadros associativos para incorporar os promotores de justiça. Em 2008, a ABMP passou a incorporar também os defensores públicos da infância e da juventude, ampliando sua denominação para Associação Brasileira de Magistrados, Promotores de Justiça e Defensores Públicos da Infância e Juventude, mas mantendo a sigla ABMP.[28]

Já o Fonacriad foi criado pelos dirigentes das Fundações Estaduais de Bem-Estar do Menor durante o processo de redemocratização, tendo acompanhado e apoiado o Estatuto da Criança e do Adolescente em sua fase de tramitação no Congresso Nacional e na sanção pelo Presidente da República (ver Costa, 2006a). Atualmente, o Fonacriad é um espaço de articulação dos gestores estaduais ante às demandas da SDH e sua política federal.

Novas articulações: a municipalização da liberdade assistida como diretriz federal

Em 2002, a então Secretaria Especial de Direitos Humanos – SEDH, por meio da SPDCA e do Conanda, organizou uma série de encontros estaduais e regionais, além de um encontro nacional, com os objetivos de promover a discussão sobre uma proposta de lei para a execução das medidas socioeducativas,

---

28 Consultado no sítio oficial da ABMP, http://www.abmp.org.br/

encaminhada pela ABMP, e de formular um conjunto de parâmetros e diretrizes para essa execução. Os encontros foram organizados em parceria com a própria ABMP e com o Fonacriad e contaram com a participação de juízes, promotores de justiça, conselheiros de direitos[29], gestores e técnicos de entidades que atuavam no atendimento socioeducativo (ver SEDH/PR, 2006).

O resultado desses encontros foi a constituição de dois grupos de trabalho, sendo o primeiro responsável pela transformação da proposta em um projeto de lei e o segundo pela redação de um documento técnico-operacional de execução das medidas socioeducativas. O segundo grupo apresentou uma versão preliminar do documento em 2004, já com o título de Sistema Nacional de Atendimento Socioeducativo – Sinase, o qual foi submetido à nova rodada de discussões, sendo a versão final publicada pela então SEDH e pelo Conanda, em 2006. O projeto de lei (PL 1627/2007), por sua vez, ficou em tramitação entre 2007 e 2012, quando foi promulgada a Lei do Sinase (Lei Federal nº 12.595/2012).[30]

O documento do Sinase (SEDH/PR, 2006) está organizado em nove capítulos, sendo a maior parte deles referente à organização e gestão do próprio sistema, abordando questões como as atribuições das diferentes esferas de governo, gestão dos programas de atendimento, com indicação sobre recursos humanos, parâmetros pedagógicos para o atendimento socioeducativo, formas de avaliação e monitoramento do sistema e padrão arquitetônico das unidades de internação. Focarei aqui os elementos que permitem compreender como a municipalização das medidas socioeducativas em meio aberto se insere na política federal, sendo uma de suas diretrizes.

O ponto de partida do Sinase é a descrição do contexto no qual se entende a inserção do atendimento socioeducativo. Nesse sentido, o chamado "marco situacional" salienta a pobreza, a falta de acesso à educação (definida pela baixa escolarização e pela não permanência na escola), a desigualdade racial e a alta taxa de mortalidade por agressão entre jovens como as questões que caracterizam o quadro de desigualdade social a ser enfrentado pelo Sinase. O contexto vivido pelos adolescentes autores de ato infracional é percebido como inserido no contexto dos adolescentes brasileiros em geral, "repleto de contradições e

---

29 São Conselhos de Direitos estabelecidos no Estatuto da Criança e do Adolescente, além do Conanda, que atua no nível federal, os Conselhos Estaduais dos Direitos da Criança e do Adolescente e os Conselhos Municipais dos Direitos da Criança e do Adolescente – CMDCA.

30 Quando defendi a tese, em maio de 2011, a Lei do Sinase ainda se encontrava em tramitação, razão pela qual não foi incluída nesta análise.

marcado por uma imensa desigualdade social, reflexo da concentração de renda" (SEDH/PR, 2006, p. 17). Para enfrentar a situação de vulnerabilidade social, efeito da desigualdade, o atendimento socioeducativo deve desenvolver-se de forma integrada com "as diferentes políticas e sistemas dentro de uma rede integrada de atendimento e, sobretudo, dar efetividade ao Sistema de Garantia de Direitos" (SEDH/PR, 2006, p. 18).

O Sistema de Garantia de Direitos (SGD) é o formato dado pelo documento do Sinase ao conjunto de ações, instituições e atores que visam a promoção e defesa dos direitos das crianças e dos adolescentes, assegurados na Constituição Federal e no Estatuto da Criança e do Adolescente. O SGD envolve, para tanto, diversos atores da sociedade civil e do Estado, em seus diferentes poderes, níveis de governo e também áreas (saúde, educação, assistência social, segurança pública e justiça).

> Nele incluem-se princípios e normas que regem a política de atenção a crianças e adolescentes, cujas ações são promovidas pelo Poder Público em suas 03 esferas (União, Estados, Distrito Federal e Municípios), pelos 03 Poderes (Executivo, Legislativo e Judiciário) e pela sociedade civil, sob três eixos: Promoção, Defesa e Controle Social (SEDH/PR, 2006, p. 22).

Os três eixos de atenção aos direitos das crianças e dos adolescentes são uma das interpretações do Estatuto da Criança e do Adolescente mais difundidas entre os atores do campo cuja trajetória está vinculada aos movimentos de defesa desses direitos. O primeiro eixo, da promoção de direitos, contempla políticas públicas e ações que promovam a universalidade do acesso de crianças e adolescentes a direitos. O segundo eixo, da proteção e defesa de direitos, refere-se às políticas e ações específicas voltadas para o enfrentamento de situações de ameaça ou violação de direitos. Enfim, o terceiro eixo, do controle social, remete à atuação da sociedade civil e de órgãos públicos no controle externo e interno das ações de Estado, visando à efetivação dos direitos.

O atendimento socioeducativo está vinculado ao eixo de proteção e defesa de direitos, implicando que o adolescente autor de ato infracional seja percebido como estando dentre aqueles cujos direitos estão ameaçados ou violados. Nesse sentido, o atendimento socioeducativo é concebido como uma estratégia de proteção especial. Para promover o acesso a direitos por meio do atendimento socioeducativo, o documento do Sinase propõe sua reorganização a partir de uma concepção sistêmica, com especificação de atribuições entre os níveis federal, estadual e municipal de governo, bem como entre as diferentes áreas de atuação social do Estado, as quais formariam, em sua totalidade, os subsistemas do SGD.[31]

O investimento nas medidas em meio aberto insere-se nessa concepção sistêmica, como forma de reduzir o investimento nas medidas restritivas de liberdade (internação e semiliberdade), cujas unidades são geridas pelos governos estaduais, e fortalecer a organização de serviços municipais de atendimento. Para tanto, aproximam-se as políticas da área de infância e adolescência às de assistência social, estabelecendo, no nível municipal, a articulação entre o sistema socioeducativo e o Sistema Único da Assistência Social – SUAS para a execução das medidas em meio aberto. Nesse esteio, em 2007, a SDH lançou o Projeto "Na medida certa", integrado ao Programa Pró-Sinase, para promover o cofinanciamento entre o Fundo Nacional da Criança e do Adolescente (FNCA e o SUAS) na criação de serviços de execução das medidas em meio aberto em 872 municípios brasileiros com mais de 50 mil habitantes.[32]

Em termos numéricos, as medidas em meio aberto já eram mais aplicadas do que as restritivas de liberdade em 2004, quando a SDH realizou um levantamento estatístico sobre o sistema socioeducativo nacional, o qual compõe o "marco situacional" do Sinase (SEDH/PR, 2006, p. 17-21). Segundo esse levantamento, naquele ano, havia 39.758 adolescentes cumprindo medidas socioeducativas em todo o país (ver Tabela 3.1, abaixo), dos quais 70% (27.763) estavam cumprindo medidas em meio aberto. Nesse sentido, o investimento da SDH não pode ser entendido somente como uma ampliação do número de adolescentes atendidos nas medidas em meio aberto, mas refere-se também à delimitação do que a SDH define como sendo o modo ideal de atendimento em meio aberto. Esse ideal ficaria mais claro em 2007, quando o Projeto "Na medida certa" direcionou o financiamento federal para a municipalização em parceria com o SUAS. Dito de outro modo, as ações da SDH indicam que seu investimento no atendimento em meio aberto não visa somente ampliar o número de adolescentes que cumprem esse tipo de medida, mas também assegurar que defina a forma como essa medida deve ser executada em todo o país.

---

31 São subsistemas do SGD, além do próprio Sinase, o sistema educacional, o sistema de justiça e segurança pública, o Sistema Único de Saúde – SUS e o Sistema Único de Assistência Social – SUAS. Ver SEDH/PR, 2006, p. 23.

32 Segundo o Plano Decenal (SDH, 2010, p. 21), havia 2.169 municípios no país em que as medidas em meio aberto eram executadas pelo poder judiciário em 2009. Ver também http://www.direitoshumanos.gov.br/spdca/prosinase.

3.1. Adolescentes inseridos no sistema socioeducativo (SSE) e população na faixa etária de 12 a 18 anos. Brasil. 2000 e 2004

Regiões	Adolescentes no SSE		População de 12 a 18 anos	
	na	%	na	%
Brasil	39.758	100,0	25.499.418	100,0
Centro-Oeste	3.601	9,1	1.704.139	6,7
Sudeste	22.022	55,5	9.790.356	38,4
Sul	6.413	16,2	3.406.985	13,4
Norte	2.048	5,2	2.180.849	8,6
Nordeste	5.494	14,0	8.417.089	33,0

Fonte: SEDH (2004); IBGE (Censo 2000).[33]

Apesar da relevância do atendimento em meio aberto, tanto numericamente quanto em termos de política federal, o documento do Sinase detém-se mais na padronização e sistematização dos procedimentos das medidas restritivas de liberdade, principalmente a internação. Ainda que essas medidas representassem 30% do total de inserções no sistema socioeducativo em 2004, boa parte da sua descrição no Sinase dedica-se a elas, havendo menos referências às medidas em meio aberto. A maior atenção à internação, em comparação às demais medidas socioeducativas, também pode ser observada no conjunto de guias sobre a socioeducação publicado pela SDH no mesmo ano de publicação do documento do Sinase (Ver Costa, 2006a, 2006b, 2006c, 2006d, 2006e). Nesses documentos, as referências às medidas socioeducativas em meio aberto são menos operacionais quando comparadas à internação, havendo menos prescrições específicas referentes a práticas e procedimentos a serem adotados na sua execução.

Enquanto política federal, nos documentos publicados pela SDH, a tônica das medidas em meio aberto está na defesa de sua ampliação e de sua municipalização como ações que contribuiriam para efetivar "uma política que contemple os direitos humanos buscando transformar a problemática realidade atual em oportunidade de mudança" (SEDH/PR, 2006, p. 21).[34] O conjunto dessas

---

[33] Embora haja diferença entre o ano do levantamento estatístico da SEDH (2004) e o dos dados de população do Instituto Brasileiro de Geografia e Estatística – IBGE (2000), estes foram usados no documento do Sinase (2006, p. 19) para descrever o "Marco situacional" do sistema socioeducativo brasileiro. O mais adequado, para fins de comparação, seria utilizar a projeção da população do IBGE para 2004.

[34] Além da ampliação e municipalização do sistema socioeducativo em meio aberto, o Sinase propõe como ações o reordenamento institucional das unidades de internação, o pleno

ações é percebido como possibilidade de acesso a direitos e transformação da realidade, o que aproxima a política federal do ideário da proteção integral do Estatuto da Criança e do Adolescente.

No que se refere especificamente à liberdade assistida, o documento do Sinase define como sendo seu objetivo:

> O cumprimento em meio aberto da medida socioeducativa de liberdade assistida tem como objetivo estabelecer um processo de acompanhamento, auxílio e orientação ao adolescente. Sua intervenção e ação socioeducativa devem ser estruturadas com ênfase na vida social do adolescente (família, escola, trabalho, profissionalização e comunidade) possibilitando, assim, o estabelecimento de relações positivas que é a base de sustentação do processo de inclusão social a qual se objetiva. Desta forma o programa [de liberdade assistida] deve ser o catalisador da integração e inclusão social desse adolescente (SEDH/PR, 2006, p. 44).

Como indicado no trecho acima, entende-se que a liberdade assistida deve focar a vida social do adolescente, por meio da qual é possível promover sua inclusão social. O estabelecimento de relações positivas com a família, a escola, o trabalho, a profissionalização e a comunidade resulta da intervenção "catalisadora", isto é, da mediação feita pelo orientador entre o adolescente e sua vida social. Têm-se, também nesse trecho, alguns pressupostos do trabalho a ser desenvolvido pelo orientador, quais sejam, o adolescente autor de ato infracional não está socialmente incluído e as relações estabelecidas até então entre ele e mundo social são, de alguma forma, negativas porque não viabilizaram essa inclusão.

A ênfase na inclusão social como foco da intervenção socioeducativa, presente no documento do Sinase e nos guias sobre a socioeducação, pode produzir como efeito dessa intervenção a individualização de contradições inerentes à vida social. Embora esses documentos percebam que o adolescente autor de ato infracional está inserido em um contexto social mais amplo, com desigualdades que se manifestam de diferentes formas e direitos sociais que não

---

funcionamento do sistema de defesa dos adolescentes autores de ato infracional, a regionalização do atendimento, a capacitação dos atores socioeducativos, a elaboração das políticas estaduais e municipais de atendimento integradas com a política federal, a ampliação das varas especializadas, o maior entendimento da lei e suas especificidades, a integração do Poder Judiciário, Ministério Público, Defensoria Pública e órgãos da segurança pública e assistência social no atendimento inicial ao adolescente autor de ato infracional, e o atendimento aos egressos. Ver SEDH/PR, 2006, p. 21.

se universalizam, a intervenção que propõem não se direciona a esse contexto, mas à forma como o adolescente se relaciona com ele. Assim, se a problematização do ato infracional e do atendimento socioeducativo envolve questões sociais (pobreza, desigualdade, discriminação, violação de direitos), a solução encontrada é depositar nos indivíduos, ainda que adolescentes, a possibilidade de superarem isoladamente essas questões.

Nesse sentido, o documento do Sinase, ao trazer a definição de desenvolvimento pessoal e social do adolescente, indica a aposta na capacidade individual de fazer escolhas:

> Segundo o Paradigma do Desenvolvimento Humano do Programa das Nações Unidas para o Desenvolvimento (PNUD), 'toda pessoa nasce com um potencial e tem o direito de desenvolvê-lo. Para desenvolver o seu potencial as pessoas precisam de oportunidades. O que uma pessoa se torna ao longo da vida depende de duas coisas: as oportunidades que tem e as escolhas que fez. Além de ter oportunidades, as pessoas precisam ser preparadas para fazer escolhas.' Portanto, *as pessoas devem ser dotadas de critérios para avaliar e tomar decisões fundamentadas*. (SEDH/PR, 2006, p. 52, grifo meu).

Para que o adolescente autor de ato infracional desenvolva sua capacidade de fazer escolhas e tomar decisões fundamentadas:

> As ações socioeducativas devem exercer uma influência sobre a vida do adolescente, contribuindo para a construção de sua identidade, de modo a favorecer a elaboração de um projeto de vida, o seu pertencimento social e o respeito às diversidades (...), possibilitando que assuma um papel inclusivo na dinâmica social e comunitária. Para tanto, é vital a criação de acontecimentos que fomentem o desenvolvimento da autonomia, da solidariedade e de competências pessoais relacionais, cognitivas e produtivas. (SEDH/PR, 2006, p. 52).

Ter capacidade de tomar decisões fundamentadas, construir um projeto de vida, assumir um papel inclusivo na vida social, desenvolver autonomia e variadas competências são ações que remetem à concepção contemporânea de indivíduo, que está presente nas entrelinhas dos documentos da SDH e também aparece nas práticas da liberdade assistida (que analisarei no próximo capítulo). Essa concepção, que acentua o fenômeno do individualismo contemporâneo ao depositar no indivíduo a potencialidade para solucionar contradições inerentes ao contexto social em que vive, pode ser percebida também nos conceitos de "resiliência" e "protagonismo juvenil", considerados ferramentas ou técnicas a serviço do trabalho socioeducativo:

> • a *resiliência* é ferramenta educativa que desenvolve no educando sua capacidade de usar as situações adversas em favor do seu próprio crescimento. O educando se torna mais capaz de enfrentar e superar desafios, crescendo, mediante a adversidade;
>
> (...)
>
> • o *protagonismo juvenil* amplia e qualifica os mecanismos de participação do educando na ação social e educativa. O educando é percebido como fonte de iniciativa (ação), liberdade (opção) e compromisso (responsabilidade), atuando como parte da solução e não apenas do problema (...) (Costa, 2006b, p. 44, grifos originais).

Tanto a resiliência, significando a capacidade individual de superar adversidades, quanto o protagonismo juvenil, pelo qual o adolescente se torna capaz de gerir sua própria vida, agindo de forma responsável conforme suas escolhas, são defendidos como ideais a serem alcançados na intervenção socioeducativa e revelam uma supervalorização do indivíduo, percebido como capaz de promover mudanças nos rumos de sua vida e também na realidade em que se insere. Porém, sem serem capazes de engendrar mudanças que superem as contradições dessa realidade, as soluções individuais são precárias, e tendem mais à conformação do que à transformação da vida social.

Esse fenômeno de supervalorização do indivíduo, observado na análise dos documentos produzidos pela SDH e que servem tanto para explicitar a política federal quanto para nortear as políticas e ações estaduais e municipais, tem sido abordado pela literatura sociológica e antropológica recente de, pelo menos, duas formas que são, a meu ver, complementares. A primeira delas refere-se ao conceito de liberdade precária (*precarious freedom*) do indivíduo contemporâneo, desenvolvido por Ulrich Beck e Elisabeth Beck-Gernsheim (2002). Ao estudarem as consequências das políticas promovidas pelo Estado de Bem-Estar Social alemão, os autores apontam que elas possibilitaram o desenvolvimento de um processo de individualização no qual o crescimento da liberdade de escolha compeliu os indivíduos a se tornarem gerenciadores constantes de suas biografias. Considerando que a gama de possibilidades de escolha depende das instituições sociais nas quais os indivíduos se inserem, quando as escolhas oferecidas institucionalmente são conflituosas, a compulsão a fazê-las transforma crises e contradições do mundo social em risco individual. Nesse sentido, o crescimento da liberdade individual fez-se acompanhar da individualização dos riscos, daí a precariedade dessa liberdade (Beck e Beck-Gernsheim, 2002).

A segunda forma pela qual a supervalorização do indivíduo tem sido abordada é o conceito de reprivatização de conflitos que vem sendo trabalhado para analisar os desdobramentos mais recentes das políticas e ações de enfrentamento da violência de gênero. Ao analisar a atuação, em São Paulo, dos Juizados Especiais Criminais (JECRIM) em relação aos direitos da mulher, Guita Grin Debert (2006) aponta que há um movimento em curso no qual os conflitos de gênero trazidos por mulheres vítimas de violência são remetidos de volta ao âmbito familiar, sob o discurso de proteção social da família. Nesse sentido, os conflitos de gênero, ao serem trazidos para a esfera pública, representada pelo poder judiciário, não são resolvidos nessa esfera, mas relançados à esfera privada, o que tende a reiterar hierarquias e desigualdades.

Liberdade precária e reprivatização dos conflitos são a face menos visível do processo contemporâneo de individualização, no qual se intensifica a valorização cultural do indivíduo, sua capacidade de fazer escolhas, de construir a própria identidade, ser protagonista de sua história e gerenciar sua biografia. Trazido para o campo de discursos e práticas sobre a infância e a adolescência pobres, esse processo pode intensificar a individualização de riscos e a vivência de desigualdades e violações, enquanto permanecem inalteradas as contradições engendradas pelas tramas institucionais nas quais os adolescentes autores de ato infracional se inserem.

Não obstante haver, nos documentos da SDH, o reconhecimento de que as contradições advindas da pobreza, das desigualdades e da violação de direitos são vivenciadas pelos adolescentes autores de ato infracional como também por boa parte dos adolescentes brasileiros, as intervenções propostas por esses documentos individualizam as soluções, compelindo os adolescentes a resolverem, individualmente, as contradições e os conflitos que vivenciam em seus contextos sociais. Ao individualizar as soluções às contradições e aos conflitos sociais, o atendimento socioeducativo se distancia da possibilidade de transformar a realidade, tal como se espera. A precária liberdade individual oferecida aos adolescentes e a reprivatização dos conflitos que eles vivenciam são efeitos não previstos nas intervenções socioeducativas e podem gerar tensões em relação aos efeitos pretendidos pelo atendimento, de desenvolvimento da autonomia, da solidariedade e de competências. Essa tensão manifestar-se-á nas práticas socioeducativas da liberdade assistida, como apresentarei no quarto capítulo.

Quanto às referências mais operacionais da liberdade assistida, boa parte dos chamados parâmetros socioeducativos do Sinase é comum a todas as medidas socioeducativas e trata de diferentes temas, tais como diversidade étnico-racial, gênero e orientação sexual; educação; esporte, cultura e lazer; saúde; profissionalização, trabalho e previdência.[35] Há parâmetros específicos da liberdade assistida somente no que se refere ao suporte institucional e pedagógico e à abordagem familiar e comunitária.

Sobre os parâmetros referentes ao suporte institucional e pedagógico da liberdade assistida, há uma divisão entre aqueles voltados para a Liberdade Assistida Comunitária – LAC, executada por organizações da sociedade civil, e os referentes à Liberdade Assistida Institucional – LAI, executada por órgãos governamentais. Para a LAC, prevê-se a obrigatoriedade de acompanhamento técnico dos orientadores sociais comunitários, sendo que cada orientador poderia acompanhar até dois adolescentes e cada técnico até 20 orientadores. No caso da LAI, o único parâmetro prevê que cada técnico acompanhe até 20 adolescentes.

Já os parâmetros referentes à abordagem familiar e comunitária visam, em todas as medidas socioeducativas, o desenvolvimento de metodologias que possibilitem o encaminhamento das famílias a programas públicos de assistência social, geração de emprego e renda e apoio à família, promovendo a superação das necessidades socioeconômicas e afetivas que essas famílias possam apresentar (SEDH/PR, 2006, p. 62-3). Quanto à comunidade, sua participação está restrita ao uso comum de espaços de convivência, esporte, lazer e cultura e à divulgação das ações do programa de atendimento.

Ainda sobre a abordagem familiar e comunitária, são parâmetros específicos da liberdade assistida os seguintes:

> 1) construir uma efetiva rede de atendimento social público e comunitário para encontrar soluções e encaminhamentos das necessidades dos adolescentes e seus familiares; e

---

35 Nesses parâmetros, há prescrições gerais consideradas comuns a todas as medidas, visando a garantia de direitos básicos, tais como a promoção de ações de combate à discriminação racial, sexual ou de gênero; de garantia do acesso à escola (ingresso e permanência) e a programas culturais, de esporte e lazer; de atenção à saúde por meio da inserção na rede pública; e de acesso a programas de educação profissional. Somente os parâmetros de segurança são restritos aos programas que executam a internação provisória e as medidas de internação e semiliberdade.

2) possuir um plano de marketing social para divulgação do programa nos meios de comunicação com o intuito de agregar novos orientadores." (SEDH/PR, 2006, p. 63).

Percebe-se haver continuidade entre os parâmetros gerais e específicos da liberdade assistida quanto à abordagem familiar e comunitária, pois ambos partem do pressuposto de que as famílias dos adolescentes autores de ato infracional têm necessidades que devem ser atendidas por programas públicos. A especificidade da liberdade assistida está em atuar na organização desses programas em uma rede de atendimento e na divulgação das ações realizadas.

Não há, porém, referência direta à articulação com e entre as organizações locais da sociedade civil, condição fundamental para o trabalho em rede, ou à criação de espaços públicos ou fóruns de debate que promovam ações coletivas e viabilizem a participação da comunidade nas decisões referentes aos programas de liberdade assistida. O envolvimento e a participação da comunidade e da sociedade são resumidos ao uso comum de espaços de convivência e recreação; ao oferecimento de vagas em programas comunitários e à questão de *marketing* social.

Nesse sentido, os parâmetros referentes à abordagem familiar e comunitária dos adolescentes em cumprimento de medidas socioeducativas focalizam as intervenções sobre as famílias desses adolescentes, elegendo-as como grupo social prioritário de pertencimento. O foco na vida familiar traduz operacionalmente o investimento na individualização do adolescente, visando promover seu desenvolvimento pessoal e o estabelecimento de vínculos afetivos. Em contrapartida, a não previsão de investimentos específicos em outros grupos sociais com os quais os adolescentes também se relacionam e aos quais pertencem impossibilita a operacionalização de práticas que visem a formação de cidadãos. Isso porque a família, enquanto grupo social, se caracteriza pelo estabelecimento de relações essencialmente afetivas, pessoalizadas e privadas, não lhe sendo próprio o estabelecimento das relações despersonalizadas que caracterizam a esfera pública e o exercício da cidadania.[36]

Em 2009, foi realizada a 8ª Conferência dos Direitos da Criança e do Adolescente, que teve como foco a elaboração de diretrizes para a Política Nacional de Direitos Humanos da Criança e do Adolescente e o primeiro Plano Decenal. As rodadas de discussão que antecederam a Conferência Nacional contaram com

---

36 O lugar da família nas medidas socioeducativas e suas consequências foram abordados na minha dissertação de mestrado. Ver Paula, 2004.

2.611 conferências municipais, 260 regionais e 27 estaduais, envolvendo 65 mil participantes em todo o país, dos quais um terço era de adolescentes (SDH, 2010, p. 3). O resultado final foi sistematizado em um documento cuja versão preliminar foi submetida à consulta pública entre 12 de outubro e 12 de novembro de 2010.[37]

Como Política Nacional, o documento estabelece princípios, eixos norteadores e diretrizes. Como princípios, estão assegurados a universalidade dos direitos com equidade e justiça social, a igualdade e o direito à diversidade, como pertencentes ao âmbito dos direitos humanos em geral. Além desses, a proteção integral, a prioridade absoluta para a criança e o adolescente e o reconhecimento de crianças e adolescentes como sujeitos de direitos são apontados como princípios específicos dos direitos humanos de crianças e adolescentes. Estão também assegurados os princípios de organização da política e garantia de direitos, a saber, a descentralização político-administrativa; a participação e o controle social; a interssetorialidade e o trabalho em rede. Quanto aos eixos, são os mesmos estabelecidos na interpretação do Estatuto da Criança e do Adolescente – promoção de direitos; proteção e defesa de direitos; controle social da efetivação dos direitos – e mais a participação de crianças e adolescentes e a gestão da política. Para cada eixo, há um conjunto de diretrizes. O atendimento socioeducativo está incluído no eixo de proteção e defesa de direitos, tendo como diretriz a proteção especial a crianças e adolescentes com seus direitos ameaçados ou violados.

O Plano Decenal de Direitos Humanos de Crianças e Adolescentes, por sua vez, lista os objetivos estratégicos e metas para a cada uma das diretrizes.[38] O atendimento socioeducativo a adolescentes autores de ato infracional aparece como um dos objetivos estratégicos da diretriz de proteção especial a crianças e adolescentes com direitos ameaçados e violados, para o qual são previstas quatro metas, como segue:

> Objetivo Estratégico 20 - Implementar os serviços e programas de proteção dos direitos e responsabilização dos adolescentes em conflito com a lei, de acordo com os parâmetros do Sistema Nacional de Atendimento Socioeducativo.

---

37 O Plano foi aprovado pelo Conanda em 19 de abril de 2011, após o depósito da minha tese. O documento analisado aqui foi o submetido à consulta pública.

38 Ao todo, o documento preliminar do Plano Decenal (2010) continha 32 objetivos estratégicos e 90 metas, havendo variação do número de metas para cada objetivo.

> Meta 56 - Até 2015, programas para execução de medidas socioeducativas em meio aberto implantados em 100% dos municípios com mais de 20.000 habitantes.
>
> Meta 57 – Até 2020, reduzida em 50% a taxa de internação de adolescentes em conflito com a lei.
>
> Meta 58 – Até 2015, implantados, em todas as capitais, centros integrados de atendimento inicial ao adolescente [ao qual] se atribua ato infracional.
>
> Meta 59 – Até 2015, 100% das unidades de execução das medidas socioeducativas com SIPIA-SINASE alimentado. (SDH, 2010, p. 38)

Como pode ser observado no trecho acima, há uma dupla investida sobre os atores estaduais, pois propõe, por um lado, a transferência da execução das medidas socioeducativas em meio aberto (liberdade assistida e prestação de serviço à comunidade) para os municípios e, por outro, redefine as diretrizes das medidas em meio fechado (internação e semiliberdade), cuja execução é atribuição dos estados. Boa parte das diretrizes da política federal, que já vinham sendo explicitadas no Sinase, tem sido disseminada entre os atores estaduais, tendo sido criadas linhas de financiamento do Fundo Nacional da Criança e do Adolescente (FNCA) para aqueles que se disponham a operacionalizar essa política em seus estados.[39]

Em São Paulo, tem havido o investimento, por parte da antiga Febem-SP e atual Fundação CASA, no sentido de alinhar-se à política federal proposta no Sinase, o que levou à regionalização do atendimento em meio fechado, com a construção de aproximadamente 50 unidades no interior e litoral do Estado, e a municipalização do meio aberto, que foi definida como uma das diretrizes da política estadual quando da publicação do Plano Estadual de Atendimento Socioeducativo, em 2006. Em 2009, havia mais de 120 municípios paulistas com mais de 20 mil habitantes executando os programas em meio aberto, dentre eles a cidade de São Paulo, cujo atendimento é municipalizado desde 2008, como tratarei a seguir (Ver Fundação CASA, 2010).

---

39 A partir de 2008, os editais de financiamento do FNCA passaram a ser abertos anualmente, sendo possível acompanhá-los por meio do sítio oficial da SDH (www.direitoshumanos.gov.br).

A municipalização da liberdade assistida em São Paulo

A municipalização de serviços antes executados pelas esferas federal e estadual é uma tendência que vem sendo observada em diferentes áreas da administração pública, principalmente nas que se referem à efetivação de direitos sociais. Com ela, o município assume a prestação dos serviços públicos, os quais podem ser executados diretamente ou por meio de convênios, enquanto os estados e a União repassam recursos e definem as principais ações a serem executadas e as metas a serem atingidas.

A municipalização tem sido defendida por gestores públicos, políticos profissionais e membros da sociedade civil por permitir maior proximidade entre os serviços e os usuários finais, os cidadãos. Nesse sentido, a municipalização é justificada com base no princípio de territorialização das políticas públicas, que tem sido aplicado na organização da prestação de serviços da saúde pelo SUS e da assistência social pelo SUAS, tendo esse último influenciado a forma como as medidas socioeducativas em meio aberto terminaram por ser municipalizadas no estado e na cidade de São Paulo.

O movimento de municipalização esteve associado, em São Paulo, ao estabelecimento de convênios com organizações da sociedade civil, o que vem ocorrendo nos âmbitos estadual e municipal das práticas sobre a infância e a adolescência pobres desde meados da década de 1990. Ainda no início daquela década, houve uma cisão entre o atendimento aos chamados "carentes" e aquele dedicado aos autores de ato infracional. O atendimento aos "carentes", isto é, crianças e adolescentes pobres considerados em situação de risco pessoal e social, teve uma primeira reestruturação com a criação do SOS Criança pela então Secretaria Estadual do Menor, em 1990, no final do governo de Orestes Quércia (1987-1990). O SOS Criança substituiu as unidades de triagem da Febem-SP pelo Plantão Operacional Integrado, para o qual poderiam ser encaminhados tanto crianças e adolescentes em situação de risco quanto autores de ato infracional apreendidos pela polícia. A gestão das unidades de abrigo, para as quais os primeiros poderiam ser encaminhados, permanecia com a Febem-SP (Ver Gregori e Silva, 2000).

Os abrigos passaram a ser administrados por meio de convênios a partir de 1995, durante o governo de Mário Covas. Maria Filomena Gregori e Cátia Aida Silva (2000), ao abordarem as políticas voltadas ao atendimento de meninos e meninas em situação de rua, descrevem as linhas de ação do início do governo Covas:

> Ao tomar posse, em 1995, o governador Mário Covas encontrou o estado em situação financeira calamitosa. A sua primeira medida de impacto foi *reduzir os gastos e promover cortes* que atingiram grande parte dos profissionais dos programas em meio aberto, mantidos anteriormente com verbas das companhias estatais.
>
> A nova secretária da pasta, Marta Godinho, assistente social ligada ao grupo político do governador, iniciou uma *política de cortes*, dando prioridade às *metas de descentralização e de realização de convênios* com a iniciativa privada. (Gregori e Silva, 2000, p. 41, grifos meus).

A redução de gastos, a descentralização e a realização de convênios enquanto ações do governo estadual vinham ao encontro das propostas de reforma gerencial do Estado no nível federal, então governado por Fernando Henrique Cardoso (1995-2003). Nesse sentido, o alinhamento estratégico entre os níveis federal e estadual, no que se refere às principais características da reforma do Estado, caracterizou as reconfigurações do atendimento à infância e adolescência pobres em São Paulo na segunda metade da década de 1990. Ainda em 1995, a política estadual de convênios e parcerias seria estabelecida por meio do Decreto Estadual nº 40.099.

Juntamente com o estabelecimento dos convênios com organizações da sociedade civil para a administração dos abrigos, ocorreu o movimento de descentralização das unidades de abrigo, levando à desativação da Unidade Sampaio Viana, no bairro do Pacaembu, em 1998.[40] A municipalização do atendimento a crianças e adolescentes em situação de risco pessoal e social seguiu a descentralização e os convênios, ficando concluído em 2004, com a desativação do SOS Criança, todo o processo de desmanche da estrutura estadual de atendimento a eles. Tinha-se, assim, um cenário favorável à municipalização das medidas em meio aberto (liberdade assistida e prestação de serviço

---

40 Criado no final do século XIX para atender os bebês deixados na Roda dos Expostos da Santa Casa de Misericórdia, o Asilo dos Expostos funcionava na Chácara Wanderley, na rua Angatuba, no bairro do Pacaembu. Posteriormente, o Asilo recebeu a nomenclatura de Educandário Sampaio Viana, sendo mantido pela Irmandade da Santa Casa até a década de 1960, quando passou a pertencer ao governo estadual. Com a criação da Febem-SP, em 1976, teve sua nomenclatura novamente alterada para Unidade de Triagem Sampaio Viana – UT 1. Tudo somado, a Sampaio Viana abrigou bebês e crianças abandonados da cidade de São Paulo por praticamente um século, sendo o conjunto arquitetônico tombado pela prefeitura em 2003 e hoje pertencente à Fundação da Faculdade de Medicina da Universidade de São Paulo. Ver Resolução 02/2003 do Conselho Municipal de Preservação do Patrimônio Histórico, Cultural e Ambiental da Cidade de São Paulo.

à comunidade) e sua execução por meio de convênios com organizações da sociedade civil, a partir dos anos 2000.

O atendimento das medidas em meio aberto já apresentava caráter descentralizado, diferenciando-se da forma como estava estruturado o atendimento das medidas de internação e semiliberdade. As unidades de internação concentravam-se em grandes complexos situados na capital (Brás, Imigrantes, Tatuapé ou Quadrilátero, Raposo Tavares e Vila Maria) e as unidades de semiliberdade também se concentravam na capital, organizando-se em conjuntos de Casas Comunitárias, nas quatro regiões (norte, sul, leste e oeste). A criação dos postos de atendimento do meio aberto, por sua vez, refletia a adoção de uma estratégia de organização territorial diferenciada para as medidas de liberdade assistida e a prestação de serviços à comunidade desde a segunda metade da década de 1980. Essa estratégia baseava-se na regionalização e na descentralização, implicando maior dispersão desse atendimento em todo o Estado (Cf. Fundação CASA, 2010).[41]

Com a descentralização, os postos ficaram mais próximos dos contextos sociais de origem dos adolescentes inseridos nas medidas de liberdade assistida e prestação de serviço à comunidade. Além disso, as próprias características dessas medidas, que não acontecem em ambientes fechados e segregados, mas nos ambientes de origem dos adolescentes, levaram os profissionais do meio aberto a terem maior contato e conhecimento desses contextos e dos serviços públicos e privados neles disponíveis. Esses profissionais passaram a buscar, tanto nos órgãos públicos quanto nas organizações da sociedade civil que atuavam nessas situações, alternativas para viabilizar a inclusão dos adolescentes nos serviços oferecidos, buscando concretizar o que previa o Estatuto da Criança e do Adolescente. Atuavam, assim, na articulação da chamada rede de proteção ou rede socioassistencial, segundo a qual os serviços e ações voltados para o atendimento de crianças e adolescentes pobres deveriam ser organizados assegurando-se a incompletude e a complementariedade.[42]

---

41 O atendimento das medidas de internação e semiliberdade passou a ser regionalizado somente a partir da segunda metade dos anos 2000, com a construção de novas unidades no interior e litoral do estado.

42 Quando trabalhei na Fundação CASA-SP, tive a oportunidade de conhecer e conviver com alguns desses profissionais, que têm, a meu ver, um perfil diferente dos profissionais cuja trajetória na Fundação se vincula à execução da medida de internação. Os profissionais do meio aberto engajaram-se nas articulações junto à sociedade civil, enquanto os da internação tendiam a ver as organizações da sociedade civil com certo antagonismo. Para os

Entre 1997 e 2002, foram formalizados diversos convênios com e sem repasse de recursos entre a Febem-SP, organizações da sociedade civil e prefeituras, chegando-se, em 2002, a 70% dos atendimentos sendo realizados por meio dos convênios, os quais incluíam a supervisão e o acompanhamento técnico dos profissionais dos postos da Febem-SP. Os convênios permitiam que a ampliação do número de vagas no meio aberto fosse feita de forma mais célere e com menores custos para o governo estadual do que a execução direta, a qual implicaria investimentos em infraestrutura, materiais permanentes e de consumo e também em recursos humanos, com o provimento de mais cargos e a realização de novos concursos públicos.

A ampliação do número de vagas acompanhava o crescimento acentuado da demanda gerada pelo Poder Judiciário de inserção de adolescentes autores de ato infracional nas medidas de liberdade assistida e prestação de serviços à comunidade. Em meados dos anos 2000, o número de adolescentes cumprindo essas medidas no Estado de São Paulo era quase duas vezes maior que o número de adolescentes cumprindo as medidas de internação e semiliberdade. Segundo dados publicados no Plano Estadual de Atendimento Socioeducativo da então Febem-SP (atual Fundação CASA-SP), havia, em 2004, 6.637 adolescentes inseridos no sistema socioeducativo estadual[43] para cumprimento das medidas de internação e semiliberdade e 12.820 cumprindo medida de liberdade assistida ou prestação de serviço à comunidade.

---

profissionais do meio aberto, conhecer o contexto de origem do adolescente, seu bairro, sua casa, sua família, a escola onde estuda ou estudou, fazia parte do trabalho cotidiano; enquanto os profissionais da internação muito raramente declararam ter feito alguma visita domiciliar ou adotado outro procedimento para conhecer a realidade social dos adolescentes que atendiam. Com a regionalização e o estabelecimento de convênios com organizações da sociedade civil para gestão compartilhada de novas unidades de internação e semiliberdade, a partir de 2006, é possível que o perfil dos profissionais da Fundação que atuam no atendimento em meio fechado tenda a se aproximar daquele dos profissionais que atuaram no meio aberto.

43 O sistema socioeducativo engloba a internação provisória e as medidas socioeducativas de internação, semiliberdade, liberdade assistida e prestação de serviços à comunidade. As demais medidas socioeducativas (advertência e obrigação de reparar o dano) são executadas diretamente pelo Poder Judiciário, não sendo incluídas no sistema específico de execução das demais medidas. Para a definição de sistema socioeducativo, ver SEDH, 2006, p. 18.

3.1. Adolescentes em cumprimento de medidas socioeducativas no Estado de São Paulo

Fonte: Febem-SP, 2006a.

Como pode ser observado no gráfico acima, houve duas tendências entre os anos de 1995 e 2004 no sistema de atendimento socioeducativo paulista. A primeira foi o crescimento continuado do número de adolescentes inseridos nesse sistema, o qual quase triplicou em dez anos, passando de 6.527 em 1995 para 19.457 em 2004. Esse crescimento foi bastante acentuado se considerarmos, por exemplo, que as projeções populacionais para o período apresentaram um aumento bem menor do número de adolescentes na população paulista. Segundo dados demográficos da Fundação Sistema Estadual de Análise de Dados – Seade, a população do Estado na faixa etária de 10 a 14 anos declinou de 3.318.900, em 1995, para 3.252.964, em 2004. Já a população da faixa etária de 15 a 19 anos passou por um ligeiro crescimento – de 3.237.688, em 1995, para 3.480.410, em 2004, um acréscimo de 7,5% em dez anos. Somando-se as faixas etárias de 10 a 14 anos e de 15 a 19 anos, o crescimento populacional desse conjunto foi de 2,7%, bem menor que o crescimento de 198% da população inserida no sistema socioeducativo, no mesmo período.[44]

A tendência de crescimento continuado e acentuado do número de adolescentes inseridos no sistema socioeducativo em relação à população total de adolescentes está vinculada à forma como atuaram, no período, as instituições e os atores responsáveis pela inserção nesse sistema, a saber, polícia e policiais, poder judiciário e juízes.

Sobre a atuação da polícia e dos policiais, é provável ter sido dada prioridade ao controle das condutas infracionais de adolescentes, fazendo com que

---

[44] O grupo etário que pode ser inserido no sistema socioeducativo (12 a 18 anos) situa-se nessas duas faixas.

se tornassem alvos visados pela atuação policial. O aumento das apreensões de adolescentes não resulta, necessariamente, do aumento do número de infrações cometidas por eles, mas implica que suas condutas se tornaram mais visadas pelas forças policiais, principalmente no que se refere ao seu envolvimento com o tráfico de drogas (questão que será discutida no quarto capítulo). Os adolescentes costumam ocupar os postos mais baixos na hierarquia, na organização do tráfico[45], estando mais visíveis e acessíveis ao trabalho repressivo dos policiais, o que aumenta o número de apreensões sem que a atividade do tráfico em si sofra maiores prejuízos. Porém, somente a atuação da polícia e dos policiais não é suficiente para explicar o crescimento do número de adolescentes no sistema socioeducativo.

Nesse sentido, é decisiva a atuação do poder judiciário e dos juízes, pois não há cumprimento de medida socioeducativa que não esteja atrelado a uma determinação judicial. Se o número de inserções no sistema cresceu, isso decorre da maior aplicação de medidas socioeducativas por parte dos juízes. Embora tenham feito maior uso das medidas em meio aberto (liberdade assistida e prestação de serviço à comunidade) em relação à internação e semiliberdade, o poder judiciário e os juízes intensificaram a punição dos adolescentes de forma acentuadamente desproporcional ao crescimento do número de adolescentes na população paulista. Para melhor compreensão desse movimento mais punitivo – não obstante o recurso a punições mais brandas, como o são as medidas socioeducativas em meio aberto –, seria necessário atualizar os dados sobre a atuação do poder judiciário paulista, pois os dados hoje disponíveis remetem a pesquisas da década de 1990 (Ver Adorno, Lima e Bordini, 1999; Miraglia 2001). É interessante ressaltar, porém, que, no período de 1995 a 2004, o Estatuto da Criança e do Adolescente e a doutrina da proteção integral já estavam mais disseminados no meio jurídico e, assim, o maior conhecimento da legislação e da doutrina por parte dos juízes foi acompanhado da maior aplicação de sanções aos adolescentes considerados autores de ato infracional.

---

45 Em pesquisa realizada no final da década de 1980 no Rio de Janeiro, Alba Zaluar (1994b) já observava que os adolescentes ocupavam posturas de desprestígio na estrutura do crime organizado, sendo chamados de "teleguiados" pelos líderes do tráfico por serem mais dóceis e fáceis de controlar. Em pesquisa recente sobre Juventude e Violência, realizada pelo Fórum Brasileiro de Segurança Pública entre os anos de 2009 e 2010 com adolescentes e jovens privados de liberdade, observou-se que os adolescentes continuam a ocupar posições de menos prestígio e maior risco – tanto de apreensão por parte da polícia quanto de morte. Ver www.forumseguranca.org.br.

A segunda tendência observada no período de 1995 a 2004 é a relativa estabilidade da proporção de adolescentes cumprindo as medidas em meio aberto em relação àqueles cumprindo medidas restritivas de liberdade (internação e semiliberdade). Como pode ser observado no gráfico abaixo, essa proporção oscilou pouco menos de dez pontos percentuais, mantendo-se maior a porcentagem de adolescentes em cumprimento das medidas em meio aberto em todo o período (entre 60% e 70% do total de medidas).

3.2. Adolescentes em cumprimento de medidas socioeducativas no Estado de São Paulo (em porcentagem). 1995- 2004

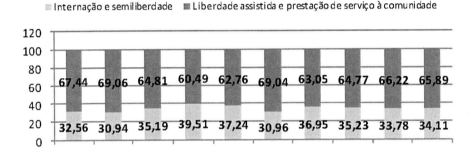

Fonte: Febem-SP. 2006a.

Na cidade de São Paulo, a discussão sobre a municipalização do atendimento em meio aberto teve início em 2002, sendo nessa época instaurada uma Comissão Interinstitucional, formalizada em protocolo assinado pela então Febem-SP, Secretaria Estadual de Educação, à qual a Febem-SP estava vinculada, e Secretaria Municipal de Assistência Social – SAS. O processo de municipalização teve início na capital em 2004, com a celebração do termo de convênio tripartite entre a Febem-SP, a SAS e organizações da sociedade civil, seguindo o modelo instituído pela prefeitura municipal.[46] O convênio foi estabelecido para o atendimento de 400 adolescentes, tendo o caráter de Projeto-piloto e

---

46 Em 2003, as discussões sobre a municipalização das medidas em meio aberto, implicando a transferência de sua gestão e execução da Febem-SP para a Prefeitura, pareciam avançar no sentido de sua concretização, estando à frente do governo do Estado Geraldo Alckmin, do PSDB, e do governo municipal, Marta Suplicy, do PT. A Febem-SP era presidida por Paulo Sérgio de Oliveira e Costa e era subordinada à Secretaria da Educação, sendo Gabriel Chalita o secretário à época. A Secretaria Municipal de Assistência Social (SAS) tinha como secretária Aldaíza Sposati. Com a mudança na gestão municipal em 2005, e José Serra, do PSDB, assumindo a prefeitura, houve uma refreada do processo, o qual foi retomado somente em 2006.

envolvendo as regiões norte, sul e leste da cidade de São Paulo, representadas, respectivamente, pelos distritos de Brasilândia, Cidade Ademar e Sapopemba (Cf. Fundação CASA, 2010; Veltri, 2006).

Os distritos escolhidos para o Projeto-piloto de municipalização do atendimento em meio aberto eram os que apresentavam maior número de adolescentes em cumprimento das medidas de liberdade assistida e prestação de serviços à comunidade (Ver Veltri, 2006). Os três distritos têm outras características comuns, dentre elas o fato de serem todos situados em áreas periféricas e de fronteira: Sapopemba está na divisa de São Paulo com São Caetano do Sul, Cidade Ademar está na divisa com Diadema e Brasilândia com Mairiporã, separados pela Serra da Cantareira. Além disso, representavam as regiões mais populosas da cidade. Segundo dados da Fundação Sistema Estadual de Dados e Estatística – Seade, em 2004, a população da cidade de São Paulo era de 10.679.760 habitantes, estando a maior parte concentrada nas regiões leste, sul e norte, respectivamente, como pode ser observado no gráfico abaixo:

3.3. População de São Paulo por região (em porcentagem). 2004

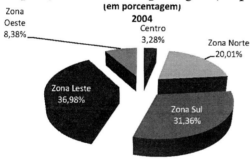

Fonte: Fundação Seade; IBGE.

Ainda em 2004, segundo dados da Fundação Seade e do Instituto Brasileiro de Geografia e Estatística – IBGE,[47] os dez distritos mais populosos da capital eram Grajaú (385.578 habitantes), na Zona Sul, seguido de Sapopemba (286.857 habitantes), na Zona Leste, Jardim Ângela (266.682 habitantes), na Zona Sul, Brasilândia (259.596 habitantes), na Zona Norte, Capão Redondo (253.752 habitantes), Jardim São Luís (247.692 habitantes), Cidade Ademar (244.692

---

47 Para dados de população, ver www.seade.sp.gov.br e www.ibge.gov.br.

habitantes), Sacomã (231.128 habitantes), estes na Zona Sul, Cidade Tiradentes (229.606, habitantes) e Itaim Paulista (227.137 habitantes), ambos na Zona Leste.[48] Assim, os distritos de Sapopemba, Brasilândia e Cidade Ademar figuravam entre os dez mais populosos da cidade.

Em comum, esses distritos tinham também indicadores de saúde, educação e violência pouco favoráveis aos adolescentes e jovens que neles residiam. Na primeira medição, feita em 2000, do Índice de Vulnerabilidade Juvenil – IVJ,[49] desenvolvido pela Fundação Seade, Brasilândia, Cidade Ademar e Sapopemba estavam entre os distritos de maior vulnerabilidade juvenil. Isso indica que a realidade de adolescentes e jovens desses distritos era caracterizada pela pobreza, medida pelo baixo rendimento mensal das famílias, e também por percentuais mais elevados de adolescentes que não estavam inseridos no sistema de ensino, pela maior ocorrência de gravidez na adolescência e de mortalidade de adolescentes causada por agressão (homicídio).

Nesses contextos é que foi desenvolvido o Projeto-piloto da municipalização do atendimento em meio aberto, cuja experiência se encontra relatada na dissertação de mestrado em serviço social de Marcos Veltri (2006) e na tese de doutorado em ciências sociais de Gabriel de Santis Feltran (2008). Os relatos referem-se, respectivamente, aos projetos executados pelo Centro Comunitário Castelinho, no distrito de Cidade Ademar, e pelo Cedeca Sapopemba. Em ambos, os convênios foram celebrados com organizações da sociedade civil local que já tinham experiência anterior de convênio com a Febem-SP para a execução das medidas em meio aberto e desenvolviam, até aquele momento, programas de liberdade assistida comunitária (LAC). Esses programas eram diversos, porém, da

---

48 A divisão dos distritos por regiões usou como critério o Mapa das Regiões, Subprefeituras e Distritos, elaborado pela Secretaria Municipal de Desenvolvimento Urbano – SMDU e disponível em http://infocidade.prefeitura.sp.gov.br/mapas/3_regioes_subprefeituras_e_distritos_2009_8.pdf.

49 O IVJ é um indicador sintético calculado a partir das seguintes variáveis: taxa anual de crescimento populacional; percentual de jovens de 15 a 19 anos no total da população dos distritos; taxa de mortalidade por homicídio da população masculina de 15 a 19 anos; percentual de mães adolescentes de 14 a 17 anos no total de nascidos vivos; valor do rendimento nominal médio mensal das pessoas com rendimento responsáveis pelos domicílios particulares permanentes; e percentual de jovens de 15 a 17 anos que não frequentam a escola. Com base no cálculo desse indicador, foi criada uma escala de pontos, organizada em cinco grupos, sendo o Grupo 1 (até 21 pontos) composto pelos distritos da capital de menor vulnerabilidade e o Grupo 5 (mais de 65 pontos) composto pelos distritos de maior vulnerabilidade. Ver http://www.seade.sp.gov.br/produtos/ivj/index.php.

experiência pioneira da Pastoral do Menor, relatada no segundo capítulo, uma vez que os orientadores sociais não eram casais de outros bairros e origens sociais, mas moradores da própria comunidade local e, posteriormente, profissionais e técnicos da área social (Cf. Feltran, 2008; Veltri, 2006).

O novo convênio tinha como foco a municipalização do atendimento, o que implicava, a princípio, a participação da esfera municipal no financiamento e também na supervisão administrativa e técnica dos serviços conveniados, juntamente com a Febem-SP. No entanto, o desenho do convênio tripartite introduzia também mudanças na forma como esse serviço deveria ser prestado. Conforme aponta Veltri (2006), ao analisar documentos produzidos pela Prefeitura de São Paulo, o atendimento municipalizado das medidas socioeducativas em meio aberto inseria-se no processo de "reordenamento da política de assistência social do município" (Veltri, 2006, p. 69). A Prefeitura, por meio da SAS, propunha a criação de um Sistema de Proteção Social Básica e Especial à Criança, ao Adolescente e ao Jovem, organizando os serviços em três eixos: prevenção, proteção e reinserção (Ver Veltri, 2006).

Nos três distritos em que o atendimento das medidas em meio aberto passou a ser municipalizado pelo Projeto-piloto, foram criados os Núcleos Socioeducativos, responsáveis pelo acompanhamento dos adolescentes em cumprimento das medidas de liberdade assistida e prestação de serviço à comunidade. A eles também caberia executar novas modalidades de acompanhamento, chamadas de: "pré-medida", pela qual se estabelecia o contato com adolescentes em fase de desinternação das unidades da Febem-SP e que, possivelmente, seriam inseridos no atendimento em meio aberto; e "pós-medida", isto é, a continuidade do acompanhamento dos adolescentes, de forma mais esporádica, após o término do cumprimento da medida em meio aberto (cf. Feltran, 2008; Veltri, 2006). Além disso, os Núcleos passariam a executar outro tipo de atendimento, chamado "ciclo de violência", voltado para os "grupos de amigos e parentes dos adolescentes atendidos, bem como outros adolescentes do bairro" (Feltran, 2008, p. 234).

A organização dos serviços, tal como proposta no Projeto-piloto, previa também a criação dos Serviços Jurídico-Psico-Sociais, para oferecer atendimento técnico especializado com advogados, psicólogos e assistentes sociais; dos Módulos de Gerenciamento Técnico-Administrativo e das Incubadoras Sociais (ver Veltri, 2006). Toda essa estrutura era gerida por meio dos convênios, isto é, a execução dos serviços era atribuição das organizações conveniadas da sociedade civil.

Em 2005, com as mudanças na gestão municipal, os convênios do Projeto-piloto foram suspensos e, posteriormente, concluídos sem renovação, retornando à esfera estadual a atribuição do atendimento das medidas em meio aberto (cf. Feltran, 2008 Veltri, 2006). O processo de municipalização foi retomado em 2006, sob novos termos.

Em julho daquele ano, havia 16.373 adolescentes cumprindo medidas socioeducativas em meio aberto em todo o Estado, sendo 82,02% (13.429) em cumprimento de liberdade assistida e 17,98% (2.944) de prestação de serviços à comunidade (PSC). Excluindo-se os casos que aguardavam decisão judicial para encerramento, o número diminuía para 15.252 adolescentes, dos quais apenas 25,95% (3.957) eram atendidos diretamente pelos postos da Febem-SP (atual Fundação CASA-SP), enquanto 74,05% (11.295) eram atendidos pelas entidades conveniadas (Ver Febem-SP, 2006a).[50] Ainda em 2006, na cidade de São Paulo, 3.741 adolescentes encontravam-se em cumprimento de liberdade assistida ou aguardando decisão judicial para seu encerramento, representando 27,85% do total (13.429 em liberdade assistida).[51] Os distritos da capital com maior número de casos continuavam a ser, respectivamente, Sapopemba, na Zona Leste, com 181 casos, Cidade Ademar, na Zona Sul, com 175 casos, e Brasilândia, na Zona Norte, com 143 casos.

A nova proposta apresentada pela Secretaria Municipal de Assistência e Desenvolvimento Social (SMADS), nomenclatura e sigla que substituíram a Secretaria Municipal de Assistência Social – SAS, reduzia a proposta do Projeto-piloto aos Núcleos Socioeducativos, que passaram a chamar-se Núcleos de Proteção Especial e deixaram de contar com apoio do Módulo de Gerenciamento,

---

50 Na capital, os atendimentos eram executados ou gerenciados pelos Postos Norte, Sul, Leste e Oeste. Na Região Metropolitana (exceto a capital), funcionavam os Postos Grande Norte, Grande Sul, Grande Leste e Grande Oeste. No interior do Estado, o atendimento era efetuado ou gerenciado nos Postos de Araçatuba (com Subposto em Andradina), Araraquara, Barretos, Bauru, Campinas (com Subpostos em Rio Claro e Jundiaí), Marília (com Subpostos em Assis e Ourinhos), Presidente Prudente (com Subposto em Osvaldo Cruz), Ribeirão Preto, São José do Rio Preto, Sorocaba (com Subposto em Avaré) e Vale do Paraíba (com Subposto em Caraguatatuba). Havia também o Posto do Litoral (em Santos, com Subposto no Vale do Paraíba e no Guarujá), totalizando 20 Postos e 10 Subpostos de Atendimento das medidas socioeducativas em meio aberto em todo o Estado (ver Febem-SP, 2006a).

51 Em 2006, a população da cidade da faixa etária de 15 a 19 anos era de 835.709 habitantes. Se todos os adolescentes em cumprimento de liberdade assistida em 2006 estivessem nessa faixa etária, eles representariam 0,45% dessa população. Para dados de população, ver sítio da Fundação Seade, disponíveis em http://www.seade.sp.gov.br/produtos/msp/index.php.

da Incubadora Social e dos especialistas do Serviço Jurídico-Psico-Social. Outras reduções também foram observadas nas verbas de custeio para a execução das medidas e nos salários oferecidos aos orientadores sociais (Ver Feltran, 2008).

Enfim, em termos de gestão pública, o processo de municipalização das medidas socioeducativas em meio aberto foi totalmente concluído na cidade de São Paulo em 2008, ficando a Fundação CASA-SP somente com a atribuição de transferir os recursos para a Prefeitura; esta, por sua vez, passou a estabelecer o desenho da política municipal e dos programas de atendimento, incluindo o estabelecimento de convênios e as formas de supervisão e prestação de contas. A partir de 2009, a Fundação CASA-SP transferiu os recursos do atendimento em meio aberto para a Secretaria Estadual de Desenvolvimento e Assistência Social – SEADS, a qual estabeleceu um pacto com 120 municípios paulistas, dentre eles São Paulo, para repasse orçamentário e financeiro (Cf. Fundação CASA-SP, 2010; Souza, 2010).

A liberdade assistida na direção da assistência social: continuidades do campo

A municipalização do atendimento socioeducativo em meio aberto em São Paulo conduzida, no nível municipal, pela SAS e, posteriormente, pela SMADS, entre os anos de 2002 e 2008; a transferência, no nível estadual, dos recursos públicos da Fundação CASA-SP para a SEADS para financiamento desse atendimento, a partir de 2009; e o cofinanciamento, no nível federal, do FNCA com o SUAS, para a criação de serviços municipais de execução das medidas em meio aberto, em 2007, indicam um consenso entre os gestores dos três níveis de que o atendimento socioeducativo em meio aberto compõe as ações de assistência social. Essa apropriação das medidas socioeducativas em meio aberto pela assistência social é um movimento que se acentuou a partir da segunda metade dos anos 2000, quando das discussões e publicação da Política Nacional de Assistência Social – PNAS, em 2004, e da Norma Operacional Básica – NOB/SUAS, em 2005.[52]

---

52 A NOB/SUAS é a normativa que "disciplina a gestão pública da Política de Assistência Social no território brasileiro, exercida de modo sistêmico pelos entes federativos, em consonância com a Constituição da República de 1988, a LOAS e as legislações complementares a ela aplicáveis" (NOB/SUAS, 2005, p. 15). Trata, especificamente, dos tipos e níveis de gestão do SUAS; dos instrumentos de gestão; das instâncias de articulação, pactuação e deliberação; e do financiamento das ações.

A Lei Orgânica da Assistência Social – LOAS (Lei Federal 8.742), publicada em 1993, não aborda diretamente as medidas socioeducativas ou os adolescentes autores de ato infracional, somente referindo-se à infância e à adolescência quando consideradas nas ações de assistência social e projetos de enfrentamento da pobreza. Nesse sentido, a LOAS trata, de forma geral, da proteção à infância e à adolescência e, especificamente, da assistência à infância e à adolescência carentes, como observado no artigo 2º, a seguir:

> Art. 2º A assistência social tem por objetivos:
>
> I - a proteção à família, à maternidade, à infância, à adolescência e à velhice;
>
> II - o amparo às crianças e adolescentes carentes;
>
> III - a promoção da integração ao mercado de trabalho;
>
> IV - a habilitação e reabilitação das pessoas portadoras de deficiência e a promoção de sua integração à vida comunitária;
>
> V - a garantia de 1 (um) salário mínimo de benefício mensal à pessoa portadora de deficiência e ao idoso que comprovem não possuir meios de prover a própria manutenção ou de tê-la provida por sua família.
>
> Parágrafo único. A assistência social realiza-se de forma integrada às políticas setoriais, visando ao enfrentamento da pobreza, à garantia dos mínimos sociais, ao provimento de condições para atender contingências sociais e à universalização dos direitos sociais. (Lei Orgânica da Assistência Social – LOAS, Lei Federal 8.742/1993).

As referências às medidas socioeducativas e aos adolescentes autores de ato infracional passaram a compor os documentos oficiais que norteiam o atendimento da assistência social a partir de 2004, com a publicação da nova PNAS. Essa política resultou das discussões da IV Conferência Nacional de Assistência Social, realizada em dezembro de 2003, que propôs a construção e a implementação do SUAS como forma de dar efetividade a direitos sociais assegurados pela legislação. Visando a elaboração do documento de referência do SUAS, o Ministério do Desenvolvimento Social e Combate à Fome – MDS e o CNAS publicaram conjuntamente a PNAS e, em 2005, a NOB/SUAS.

Partindo do que considera serem as três vertentes da proteção social – quais sejam, os indivíduos, as circunstâncias em que vivem e suas famílias, vistas como o primeiro núcleo de apoio –, a PNAS define que a proteção social requer maior aproximação do cotidiano dos indivíduos, entendendo que nele os indivíduos vivenciam as situações de risco e vulnerabilidade. Assim, a territorialização é o princípio que relaciona os indivíduos aos seus territórios. Como norteador de política pública, esse princípio implica a prioridade em municipalizar os serviços de assistência social, uma vez que o município é o menor território na escala administrativa governamental.[53] Dessa forma,

> A Política Nacional de Assistência Social se configura necessariamente na perspectiva socioterritorial, tendo os mais de 5.500 municípios brasileiros como suas referências privilegiadas de análise, pois se trata de uma política pública, cujas intervenções se dão essencialmente nas capilaridades dos territórios. Essa característica peculiar da política tem exigido cada vez mais um reconhecimento da dinâmica que se processa no cotidiano das populações (MDS, 2005a, p. 16).

Para organizar os serviços de assistência social no nível municipal, a PNAS divide-os em serviços de proteção social básica e serviços de proteção social especial. A proteção social básica é voltada para a prevenção de situações de risco vivenciadas em decorrência da pobreza, da privação de renda ou serviços públicos e da fragilização dos chamados "vínculos afetivo-relacionais e de pertencimento social (discriminações etárias, étnicas, de gênero ou por deficiências, entre outras)" (MDS, 2005a, p. 33). Os serviços de proteção básica devem ser executados pelos Centros de Referência da Assistência Social – CRAS, a serem implantados em áreas de vulnerabilidade social e atuarem junto a indivíduos e famílias, "visando a orientação e o convívio sociofamiliar e comunitário" (MDS, 2005a, p. 35). Nesse sentido, os serviços se organizam também por meio do princípio da *matricialidade* sociofamiliar, segundo o qual a família é considerada o "núcleo social básico de acolhida, autonomia, sustentabilidade e protagonismo social" (MDS, 2005b, p.16).

A proteção social especial, por sua vez, foca o que a PNAS define como processo de exclusão social, o qual acentua as situações de risco e violação de direitos, originadas da desigualdade social e da pobreza. A proteção social especial é, portanto,

---

53 Segundo a PNAS (MDS, 2005a), os municípios podem, por seu tamanho, dividir-se a partir da territorialização intraurbana, isto é, estabelecer microterritórios dentro do município.

> (...) a modalidade de atendimento assistencial destinada a famílias e indivíduos que se encontram em situação de risco pessoal e social, por ocorrência de abandono, maus tratos físicos e, ou, psíquicos, abuso sexual, uso de substâncias psicoativas, *cumprimento de medidas socioeducativas*, situação de rua, situação de trabalho infantil, entre outras. (MDS, 2005a, p. 37, grifo meu).

As medidas socioeducativas em meio aberto figuram entre os procedimentos que a PNAS classifica como serviços de proteção social especial de média complexidade, isto é, aqueles voltados para o atendimento a "famílias e indivíduos com seus direitos violados, mas cujos vínculos familiar e comunitário não foram rompidos" (MDS, 2005a, p. 38). Para esses serviços, a PNAS prevê a criação de Centros de Referência Especializados da Assistência Social (CREAS). A NOB/SUAS, que define critérios e formas de pactuação e financiamento das ações de assistência social, reitera o atendimento a adolescentes em cumprimento de medidas socioeducativas como parte da proteção social especial, destinada a situações de risco ou violação de direitos (Ver MDS, 2005b).

Cabe ressaltar que a PNAS prevê que tanto o CREAS quanto o CRAS devam atuar também na articulação da rede socioassistencial junto a órgãos governamentais e organizações da sociedade civil, visando a superação da visão filantrópica e benemérita da assistência social e sua inclusão no campo dos direitos e da cidadania (MDS, 2005a).

Nesse sentido, a PNAS tem como proposta superar a forma como os serviços de assistência social aos pobres se organizaram ao longo do século XX, transformando esses serviços em direitos sociais e, por isso, em formas de efetivação da cidadania dos pobres. Propõe marcar, assim, uma ruptura em relação à matriz filantrópica e à visão de assistência social como benevolência do Estado (ver Sposati *et al.*, 2010; Sposati, 1988; Telles, 2001), definindo-a como "política de proteção social" garantida "a todos, que dela necessitem, e sem contribuição prévia a provisão dessa proteção". (MDS, 2005a, p. 15).

A implantação do SUAS, tal como explicitada na PNAS e na NOB/SUAS, busca operacionalizar essa inclusão dos pobres na cidadania por meio da organização dos serviços, de modo a garantir a universalização do acesso a direitos sociais, prevista na Constituição Federal e na LOAS. Foca, por meio da territorialização, as áreas consideradas de maior vulnerabilidade, isto é, onde há maior incidência da pobreza e menor incidência de recursos públicos, o que inclui as periferias dos grandes centros urbanos, como São Paulo. Foca também, por meio da matricialidade sociofamiliar (MDS, 2005b, p.16), a intervenção sobre as famílias, mais do que sobre os indivíduos, explicitando a percepção de que a pobreza e a exclusão social são experiências coletivas, mais do que individuais (Cf. MDS, 2005a; Sposati *et al.*, 2010).

Incidindo sobre o campo dos discursos e práticas a respeito da infância e da adolescência pobres, a aproximação entre política de assistência social e execução de medidas socioeducativas recoloca a associação entre pobreza e delinquência, reiterando sua permanência enquanto chave explicativa e fonte de legitimidade das intervenções. Dessa vez, porém, a marginalização é substituída pela exclusão social, estabelecendo-se um novo trinômio entre pobreza, exclusão social e delinquência. Assim, a inserção das medidas socioeducativas na proteção social especial implica a percepção de que o envolvimento de adolescentes com atos infracionais resulta da pobreza e da exclusão social, circunscrevendo a ação socioeducativa ao registro da pobreza. Essa percepção está presente também no Sinase e nos guias sobre socioeducação publicados pela SDH. Conforme tratado anteriormente neste capítulo, a ação socioeducativa é entendida nesses documentos como ação inclusiva, isto é, como integração dos socialmente excluídos.

Em comum, a nova política de assistência e as diretrizes do atendimento socioeducativo propõem romper com os mecanismos e práticas que, por mais de cem anos, têm caracterizado o campo sobre infância e adolescência pobres no Brasil e, mais especificamente, as intervenções sobre os adolescentes autores de ato infracional. Se, historicamente, esses mecanismos e essas práticas atuaram na conformação das contradições engendradas pela expansão da ordem social moderna no Brasil, a nova proposta é que a ação de assistência social e a ação socioeducativa promovam a transformação da realidade das populações que vivem na pobreza, investindo em sua inclusão social por meio do acesso a direitos sociais.

Enfim, os Núcleos de Proteção Psicossocial Especial

Em termos operacionais, a municipalização do atendimento das medidas socioeducativas em meio aberto seguiu, em São Paulo, o princípio da territorialização explicitado na PNAS. Para tanto, a SMADS definiu a criação de Núcleos de Proteção Psicossocial Especial – NPPE para o atendimento dos adolescentes conforme suas regiões de moradia. A prestação dos serviços de atendimento foi conveniada, tendo a SMADS publicado os editais e realizado as audiências públicas para estabelecer os termos de convênio com organizações da sociedade civil.

Cada NPPE deveria oferecer, inicialmente, 80 vagas para atendimento de medidas socioeducativas e 20 vagas para ciclo de violência. Porém, em dois anos de atendimento municipalizado, a demanda de vagas cresceu acentuadamente, chegando-se, ao final de 2010, ao total de 51 NPPE na cidade, com as 100 vagas voltadas para o atendimento de medidas socioeducativas.[54] A capacidade de atendimento passou, então, para 5.100 adolescentes, crescimento de 34,2% em relação aos aproximadamente 3.800 adolescentes que eram atendidos em 2006 no meio aberto em São Paulo.

A partir de 2009, quando iniciei as observações dos atendimentos de liberdade assistida, eles já eram municipalizados e realizados pelos NPPE. Para fins da pesquisa, estabeleci a localização como critério de seleção dos NPPE participantes: assim, foram escolhidos um localizado na região central e outro em um bairro periférico. Com a indicação e o auxílio dos profissionais da Fundação CASA-SP que haviam trabalh trabalhado no atendimento em meio aberto, entrei em contato com dois núcleos, nos quais realizei as observações entre 2009 e 2010.

O primeiro, situado na região central, era administrado por uma organização social fundada na década de 1980, com história de mobilização e militância pela garantia de direitos de crianças e adolescentes. Por meio de convênio firmado com a SMADS, essa organização assumiu o NPPE do seu bairro de origem e um dos que se localizam na região central, onde foi feita a pesquisa. O trabalho no outro núcleo já vinha sendo desenvolvido desde o final da década de 1990, por meio de convênio antes firmado com a então Febem-SP. O segundo era um trabalho novo, no centro da cidade, e implicou o deslocamento de parte da equipe para lá.

A coordenadora do núcleo era uma advogada cuja trajetória profissional era marcada pela luta pelos direitos das crianças e dos adolescentes no bairro onde reside, e pela mobilização em torno da garantia desses direitos. Atuava na área havia bastante tempo, tendo participado dos movimentos sociais de luta pela implementação do Estatuto da Criança e do Adolescente e trabalhado na execução da liberdade assistida durante o convênio com a Febem-SP. Os orientadores sociais, por sua vez, residiam em diferentes regiões da cidade, sendo que nenhum deles residia na região central ou nas proximidades do NPPE. A

---

54 O NPPE teve sua nomenclatura alterada para Serviço de Medidas Socioeducativas em Meio Aberto – SMSE/MA após a conclusão da pesquisa, em setembro de 2010. Atualmente, funcionam 56 SMSE/MA na cidade de São Paulo. Consultado em http://www.prefeitura.sp.gov.br/cidade/secretarias/assistencia_social/protecao_social_especial/index.php?p=28943.

sua relação com o bairro onde estava o NPPE e com a organização que o administrava era estritamente profissional, sendo essa uma característica comum a todos: eram profissionais da área social, sem experiência na militância e luta por direitos. Sua formação superior era heterogênea, havendo assistentes sociais, psicólogos, professores e sociólogos. Alguns eram recém-formados e outros tinham experiência anterior em trabalhos da área social, sendo que duas orientadoras eram ex-funcionárias da então Febem-SP. Além dos orientadores, o NPPE tinha uma técnica, formada em psicologia.

O segundo NPPE ficava na zona norte, sendo administrado por uma organização social fundada em 1998 e que passou por rápida expansão, tendo, no momento da pesquisa, vários convênios com a Prefeitura e o governo estadual para o desenvolvimento de projetos na área social. Dentre eles, a organização administrava vários NPPE, embora não tivesse experiência anterior nesse tipo de atendimento.

Sem experiência anterior e sem o histórico de luta e mobilização por direitos humanos ou, mais especificamente, pelos direitos das crianças e dos adolescentes, a organização social tinha, contudo, uma estrutura burocrática, capacidade de expansão e organização para oferta de vagas e uma "metodologia de intervenção social" que fizeram dela a organização da sociedade civil com maior número de NPPE conveniados, sendo responsável pelo atendimento de quase um quinto do total de adolescentes em medidas em meio aberto na capital no momento da pesquisa.

O coordenador do NPPE da zona norte era formado em psicologia e tinha, em sua trajetória profissional, a experiência de ter trabalhado na área social em favelas. Como ele, os orientadores sociais também tinham perfil de profissionais da área social, alguns com experiências anteriores e outros iniciando a vida profissional após a conclusão do curso superior. Havia duas técnicas, uma psicóloga e uma assistente social, que faziam o acompanhamento dos casos junto aos orientadores, embora não realizassem o atendimento direto.

Embora as organizações que administravam os núcleos tivessem trajetórias diferentes, sendo a origem da primeira os movimentos sociais de seu bairro, enquanto a segunda apresentava um perfil mais próximo de uma nova entidade filantrópica em ascensão, as práticas de liberdade assistida executadas pelas duas equipes eram bastante semelhantes, conforme tratarei no próximo capítulo.

4

Práticas da liberdade assistida: intervenções, conflitos e resistências

A partir de 2008, o atendimento à medida socioeducativa de liberdade assistida na cidade de São Paulo passou a ser responsabilidade do município, implicando algumas reconfigurações no campo local de discursos e práticas sobre a infância e adolescência pobre. Por um lado, saiu de cena a Fundação CASA, após aproximadamente 30 anos na gestão desse tipo de atendimento, para a entrada, por outro, da Secretaria Estadual de Assistência e Desenvolvimento Social (SEADS) e da Prefeitura. A nova gestão, que manteve e ampliou o formato de atendimento via convênios com organizações da sociedade civil, viabilizou a inserção de novas organizações, que não tinham experiência anterior nesse tipo de atendimento, juntamente com a permanência de algumas das organizações que já eram conveniadas com a antiga Febem-SP desde 1998.

A municipalização da liberdade assistida na cidade de São Paulo também implicou sua inclusão no conjunto de atendimentos da assistência social, conforme abordado no terceiro capítulo. Essa inclusão significa tanto um alinhamento entre os princípios e diretrizes das políticas municipais de assistência social e de atendimento socioeducativo, quanto um alinhamento gerencial, a partir do qual esse procedimento passou a ser financiado com recursos dos fundos estadual e municipal de assistência social. Os discursos e práticas da SEADS e da Secretaria Municipal de Assistência e Desenvolvimento Social – SMADS, responsáveis pelos respectivos fundos, são marcadamente gerenciais e focalizam o uso eficiente e eficaz dos recursos destinados aos convênios com as organizações da sociedade civil. Estas devem prestar contas dos recursos recebidos e cumprir os requisitos formais do serviço de atendimento tal como previsto no termo de convênio, o que envolve o oferecimento de atendimentos individuais e em grupo para o adolescente e sua família; a contratação de dois técnicos, um psicólogo e um assistente social, para acompanhar o trabalho dos orientadores; a elaboração sistemática de registros de atendimento, bem como de relatórios e outros formulários relativamente padronizados; a organização das pastas de acompanhamento da medida, com os formulários e cópias dos documentos pessoais do adolescente, o que comprova a efetuação das atividades mencionadas; a distribuição de vale transporte aos adolescentes e famílias que dele precisem para comparecerem aos locais indicados; entre outras atividades de caráter formal e burocrático.

A municipalização e os convênios envolvem o estabelecimento de uma nova cadeia na gestão da liberdade assistida, em que a posição mais central é ocupada pelo núcleo estratégico federal, sobretudo pela Secretaria de Direitos Humanos (SDH) e pelo Ministério do Desenvolvimento Social e Combate à Fome (MDS), e as posições mais capilares são ocupadas pelos municípios e organizações da sociedade civil por eles conveniadas para prestarem o serviço de atendimento. Para essas organizações, a racionalidade gerencial que se impõe a fim de manterem os convênios – e, portanto, os recursos públicos – requer forte investimento na profissionalização da gestão, com a contratação de funcionários administrativos, e das práticas de atendimento, com a contratação de profissionais com formação ou experiência na área social.

A racionalidade gerencial que os supervisores da SMADS impõem aos coordenadores e técnicos dos Núcleos de Proteção Psicossocial Especial (NPPE) e esses aos orientadores sociais, juntamente com as demandas do Poder Judiciário para que as sentenças dos adolescentes sejam cumpridas integralmente, tendem a reduzir as intervenções da liberdade assistida àquelas que estão formalmente previstas como atribuições do orientador. Segundo o Estatuto da Criança e do Adolescente, são elas:

> Art. 119 – Incumbe ao orientador, com o apoio e a supervisão da autoridade competente, a realização dos seguintes encargos, entre outros:

I – promover socialmente o adolescente e sua família, fornecendo-lhes orientação e inserindo-os, se necessário, em programa oficial ou comunitário de auxílio e assistência social;

II – supervisionar a frequência e o aproveitamento escolar do adolescente, promovendo, inclusive, sua matrícula;

III – diligenciar no sentido da profissionalização do adolescente e de sua inserção no mercado de trabalho;

IV – apresentar relatório do caso. (Estatuto da Criança e do Adolescente – ECA, Lei Federal 8.069/1990).

As práticas de intervenção da liberdade assistida executadas pelos orientadores sociais tanto no NPPE da região central da cidade e quanto no NPPE da zona norte seguem esse esquema formal de atribuições, sendo recorrentes em suas intervenções os temas da família, da escola, da educação profissional e do trabalho. A adequação das práticas a esse esquema revela uma compreensão formalista do desenvolvimento da medida de liberdade assistida, manifesta nas ritualizações dos atendimentos, notadamente de curta duração, que abordavam, quase invariavelmente, pelo menos um dos temas previstos no Estatuto, acrescido, por vezes, do tema da drogadição.[1]

A formalização das práticas, apoiada na racionalização gerencial, garante alguma padronização das intervenções, bem como assegura a adequação entre o serviço prestado e o conveniado. Em contrapartida, a excessiva preocupação em cumprir as atribuições legais e contratuais do trabalho de orientação faz com que os orientadores sociais tenham pouca possibilidade de tratar das questões mais específicas das trajetórias dos adolescentes que atendem. É preciso inserir o adolescente e sua família em programas sociais, inclui-lo na escola, arrumar-lhe uma vaga em curso de educação profissional, pois essas intervenções fazem parte do esquema que é cobrado do orientador pelo técnico, pelo supervisor, pelo juiz. E ele cobra do adolescente, às vezes recorrendo à figura do juiz, a disposição para aceitar todas essas intervenções, que ora se apresentam como seus direitos, ora como seus deveres para com o Poder Judiciário.

A clientela dos serviços de liberdade assistida, os adolescentes autores de ato infracional, é contestadora e fugidia, questionando as intervenções e criando alternativas para não cumprir ou cumprir parcialmente os seus supostos

---

1   Essa compreensão procura adequar o desenvolvimento da medida à forma prescrita na legislação, não obstante os conflitos que nele emergem.

deveres. Algumas sequências de atendimentos eram verdadeiros jogos de força, nos quais o orientador buscava, de diferentes formas, a aceitação do adolescente para suas intervenções, enquanto ele buscava esquivar-se delas de diversas maneiras, utilizando variadas linhas de fuga. Para os adolescentes, que revelavam em alguns momentos percepção mais aguçada do que a de seus orientadores sobre os conflitos do mundo social em que viviam, boa parte das intervenções não tinha outro sentido senão o cumprimento da sentença judicial. E os orientadores, pressionados pelo esquema formal, também tinham dificuldade em oferecer, além desse, outros sentidos às intervenções.

As práticas formais de intervenção da liberdade assistida, prescritas pelas atribuições legais do orientador e sentenças judiciais, implicam o estabelecimento de uma mediação formal entre o adolescente e o mundo social. Embora os adolescentes externassem as tensões e os conflitos inerentes a esse mundo, nos atendimentos individuais e nos grupos, principalmente no que se refere à escola, ao mundo do trabalho e à violência, não encontravam outras formas de se manifestarem a respeito.

Para apresentação das práticas observadas, este capítulo parte do esquema formal estabelecido, abordando, em sequência, as questões referentes às famílias, à escola e ao trabalho, permeadas por aquelas não explicitadas ou previstas no esquema, a saber, a violência, as drogas e o próprio circuito socioeducativo.

Participações das famílias no processo socioeducativo: rupturas, solidariedades e intervenções

A importância da família como grupo social mais próximo e significativo para a formação dos indivíduos é um consenso que perpassa as normativas internacionais da doutrina da proteção integral, os direitos e garantias constitucionais e do Estatuto da Criança e do Adolescente e também os planos e políticas das áreas de assistência social e direitos humanos que têm as crianças e os adolescentes pobres como público-alvo.

As normativas internacionais, analisadas no segundo capítulo, asseguram o princípio da convivência familiar e comunitária, definindo como dever do Estado apoiar os pais em suas funções de cuidar e educar os filhos (cf. principalmente, a Convenção das Nações Unidas sobre os Direitos da Criança,

ONU, 1989).[2] Esse princípio estabelece o respeito aos direitos, deveres e responsabilidades dos pais – ou membros da família ampliada e da comunidade, conforme os costumes locais – no cuidado e na educação das crianças e dos adolescentes. Também nas normativas, há o reconhecimento dos vínculos familiares como aspectos básicos de sua identidade, juntamente com seu nome e sua nacionalidade (cf. principalmente, a Convenção das Nações Unidas sobre os Direitos da Criança, ONU, 1989).

No Brasil, a adesão à doutrina da proteção integral, formalizada na Constituição Federal e no Estatuto da Criança e do Adolescente, implicou a adoção desse princípio, o qual faz contraponto aos discursos jurídicos dos Códigos de Menores, que legitimavam a substituição dos cuidados familiares pelos estatais por meio da internação, tornando-a a principal estratégia de intervenção em relação a crianças e adolescentes considerados "carentes", "abandonados" e "infratores". O princípio da convivência familiar e comunitária, por sua vez, desvaloriza as práticas de internação ao mesmo tempo em que permite a valorização e legitima o desenvolvimento de práticas de intervenção *in loco*, isto é, do chamado atendimento em meio aberto.

Aos adolescentes autores de ato infracional, o atendimento em meio aberto dá-se pelo cumprimento das medidas socioeducativas de liberdade assistida e prestação de serviços à comunidade. Na seção do Estatuto da Criança e do Adolescente que trata da liberdade assistida, juntamente com o adolescente, a família aparece como um dos alvos das intervenções socioeducativas a serem feitas pelo orientador social:

> Art. 119 – Incumbe ao orientador, com o apoio e a supervisão da autoridade competente, a realização dos seguintes encargos, entre outros:
>
> I – promover socialmente o adolescente e sua família, fornecendo-lhes orientação e inserindo-os, se necessário, em programa oficial ou comunitário de auxílio e assistência social;
>
> (...).(Estatuto da Criança e do Adolescente – ECA, Lei Federal 8.069/1990).

---

2 Nesse sentido, cabe ao Estado prestar assistência aos pais ou responsáveis; criar instituições e serviços para o cuidado das crianças, principalmente, daquelas cujos pais trabalhem; e assegurar a educação primária gratuita e compulsória. Ver artigos 18 e 28 da Convenção das Nações Unidas sobre os Direitos da Criança, ONU, 1989.

Ao mesmo tempo em que a liberdade assistida é uma medida socioeducativa na qual se assegura a convivência familiar e comunitária, uma vez que o adolescente permanece com sua família e na sua comunidade de origem, ela também prevê a elaboração de práticas de intervenção que irão incidir nas formas como essa convivência ocorre. Como visto no trecho acima, há previsão formal do atendimento às famílias enquanto parte integrante das intervenções socioeducativas, bem como a circunscrição dessas intervenções ao objetivo de promoção social, definida em termos de orientação familiar e assistência social.

Os planos e políticas federais das áreas de assistência social e direitos da criança e do adolescente que têm os adolescentes autores de ato infracional como público-alvo também traduzem o princípio da convivência familiar e comunitária em possibilidade de intervenção socioeducativa, afirmando a importância da participação da família e da comunidade para assegurar a efetividade do processo socioeducativo. No Sistema Nacional de Atendimento Socioeducativo (Sinase), documento publicado em 2006 pela então Secretaria Especial de Direitos Humanos (SEDH) e analisado no terceiro capítulo, a participação da família e da comunidade é uma das diretrizes pedagógicas do atendimento, pois

> A participação da família, da comunidade e das organizações da sociedade civil voltadas à defesa dos direitos da criança e do adolescente na ação socioeducativa é fundamental para a consecução dos objetivos da medida aplicada ao adolescente.
>
> As práticas sociais devem oferecer condições reais, por meio de ações e atividades programáticas, à participação ativa e qualitativa da família no processo socioeducativo, possibilitando o fortalecimento dos vínculos e a inclusão dos adolescentes no ambiente familiar e comunitário. As ações e atividades devem ser programadas a partir da realidade familiar e comunitária dos adolescentes para que em conjunto – programa de atendimento, adolescentes e familiares – possam encontrar respostas e soluções mais aproximadas de suas reais necessidades.
>
> Tudo que é objetivo na formação do adolescente é extensivo à sua família. Portanto, o protagonismo do adolescente não se dá fora das relações mais íntimas. Sua cidadania não acontece plenamente se ele não estiver integrado à comunidade e compartilhando suas conquistas com a sua família. (SEDH, 2006, p. 49).

Embora o Sinase mencione também a participação da comunidade, nota-se, no texto acima, que foca principalmente a participação da família, adotando a concepção de que é a mediadora entre o adolescente e as demais instâncias do mundo social. Nesse sentido, afirma que é a partir da participação da família no processo socioeducativo que se estabelecem os vínculos do adolescente com sua comunidade de origem. Associa também as relações familiares à realização do protagonismo juvenil, isto é, entende que a capacidade de o adolescente agir, fazer escolhas e assumir responsabilidades por elas se desenvolve a partir de suas relações íntimas. Define, enfim, a família como grupo social a partir do qual é possível ao adolescente vivenciar sua cidadania plena, a qual depende, segundo o Sinase, da integração à comunidade promovida pela família.

Na área da assistência social, a família também ocupa um lugar central para o planejamento das ações e intervenções. Como tratado no terceiro capítulo, a Política Nacional de Assistência Social (PNAS) e o Sistema Único de Assistência Social (SUAS) têm, como um de seus princípios, a chamada matricialidade sociofamiliar, a qual é definida da seguinte forma:

> - a família é o núcleo social básico de acolhida, convívio, autonomia, sustentabilidade e protagonismo social;
>
> - a defesa do direito à convivência familiar, na proteção de Assistência Social, supera o conceito de família como unidade econômica, mera referência de cálculo de rendimento per capita e a entende como núcleo afetivo, vinculado por laços consanguíneos, de aliança ou afinidade, que circunscrevem obrigações recíprocas e mútuas, organizadas em torno de relações de geração e de gênero;
>
> - a família deve ser apoiada e ter acesso a condições para responder ao seu papel no sustento, na guarda e na educação de suas crianças e adolescentes, bem como na proteção de seus idosos e portadores de deficiência;
>
> - o fortalecimento de possibilidades de convívio, educação e proteção social, na própria família, não restringe as responsabilidades públicas de proteção social para com os indivíduos e a sociedade. (MDS, 2005b, p. 19).

A concepção do papel central da família enquanto núcleo social básico é, portanto, adotada no planejamento e direcionamento das intervenções da política de assistência social bem como naqueles referentes às intervenções da política de atendimento socioeducativo.

Deve ser dado destaque ao fato de que essa concepção não está baseada em um conceito de família pensado a partir de um modelo de estrutura familiar. Como pode ser verificado no trecho acima e também ao longo do documento do Sinase (SEDH, 2006), o conceito de família adotado pelos planos e políticas federais de assistência social e de atendimento socioeducativo é definido pelas relações familiares, estabelecidas a partir dos recortes de gênero e geração (inter e intrageracional) e dos tipos de vínculos (consanguidade, aliança ou afinidade). Nesse sentido, as intervenções planejadas não visam impactar a estrutura, adequando a vida familiar dos adolescentes a um modelo de estrutura familiar pré-estabelecido.

Isso não significa, porém, não haver um novo modelo a partir do qual a realidade da vida familiar dos adolescentes autores de ato infracional vai ser observada, medida, comparada e, também, ajustada. O novo modelo define-se pela idealização das relações familiares, entendidas como afetivas, estabelecendo obrigações recíprocas e mútuas de sustento, guarda e educação das crianças e adolescentes e proteção dos idosos e portadores de deficiência. No que se refere especificamente às crianças e aos adolescentes, o novo modelo implica o estabelecimento de padrões ideais de afetividade, cuidado e educação que serão medidos e sobre os quais a intervenção será organizada. Assim, a manutenção da convivência familiar na liberdade assistida, bem como a participação da família no processo socioeducativo, implica o planejamento e execução de intervenções sobre a vida familiar dos adolescentes, a fim de aproximá-la desses padrões, que são, cabe enfatizar, relacionais e não estruturais. A figura da família desestruturada submerge e, em seu lugar, surge a "família disfuncional", cujas relações afetivas não cumprem os papéis socialmente atribuídos a elas.

Em termos sociológicos, as mudanças no planejamento das intervenções das políticas públicas de assistência social e atendimento socioeducativo resultam, por um lado, do reconhecimento e legitimidade de experiências de vida familiar diversas do conceito moderno de família nuclear. Contudo, enquanto novas formas de organização da vida familiar adquirem legitimidade, há, por outro lado, um reinvestimento político sobre as relações familiares (ver Paula, 2004).

Nesse sentido, ao analisar o caso francês, François de Singly (2007) assinala que a vida privada nas sociedades contemporâneas é caracterizada por um duplo movimento: de um lado, a personalização e o crescimento da intimidade das relações entre cônjuges e entre pais e filhos; de outro, o aumento das intervenções do Estado e da sociedade pela mediação da escola, das políticas familiares e sociais e dos saberes psicológicos.

Segundo Singly (2007), a vida familiar moderna era regulamentada pela intervenção formal do Estado por meio da fixação de regras sobre matrimônio e a criação dos filhos (cf. também Durkheim, 1975). Para o autor, diferentes níveis de atuação do Estado colaboraram para o estabelecimento e a manutenção do modelo da família nuclear moderna, baseado na desigualdade entre homens e mulheres, manifesta na divisão sexual do trabalho, e na centralidade das relações entre pais e filhos. Primeiramente, no nível jurídico, o Estado atuou por meio do estabelecimento de leis referentes ao casamento, ao divórcio, ao aborto, à regulamentação da autoridade paterna, à legitimidade dos filhos, dentre outros. Já no nível econômico, estabeleceu e geriu a seguridade social, a aposentadoria e a poupança. Enfim, houve também a atuação no nível institucional, com a escolarização precoce dos filhos (ver Singly, 2007).

A partir da década de 1960, a emergência dos movimentos feministas e estudantis levou esse modelo a uma crise de legitimidade nas sociedades ocidentais, tais como a França e a Alemanha (cf. Beck e Beck-Gernsheim, 2002; Singly, 2007; Vaistman, 1995).[3] Os movimentos feministas, mais especificamente, buscavam o reconhecimento das mulheres como iguais, alçando-as à condição de sujeitos de direitos e legitimando sua inserção no mundo público, isto é, nas dimensões política e do trabalho. Esse reconhecimento implicava na perda de legitimidade da divisão sexual (tradicional) do trabalho, segundo a qual cabia ao homem atuar no mundo público, exercendo atividades de trabalho remuneradas e fazendo a mediação desse mundo com a família, enquanto a mulher deveria ficar circunscrita ao espaço privado da família e ao trabalho doméstico, não remunerado e muitas vezes não reconhecido como trabalho.[4]

O questionamento e a perda de legitimidade dessa divisão abalaram a desigualdade entre mulheres e homens, levando tanto à maior equalização do acesso à educação e à ampliação da participação feminina no mercado de trabalho

---

3   Segundo Jeni Vaistman (1995), a crise do modelo familiar moderno foi ocasionada pelo abalo na divisão sexual do trabalho entre homens e mulheres e na dicotomia entre público e privado, com o ingresso das mulheres no espaço público. Para Ulrich Beck e Elisabeth Beck-Gernsheim (2002), deve-se destacar também o aprofundamento do processo de individualização, objetivado nas sociedades ocidentais desenvolvidas pelas políticas de bem-estar social e a consequente equalização do acesso à educação entre homens e mulheres.

4   Em seus estudos sobre a família moderna, Talcott Parsons chegou a propor que o homem seria o líder instrumental do grupo familiar, tendo como responsabilidade a sobrevivência material da família e também sua relação o mundo exterior, enquanto a mulher seria a líder expressiva, responsável pela manutenção das relações internas à família. Ver Parsons e Bales, 1960.

remunerado quanto ao crescimento da dissolubilidade dos laços matrimoniais. Resultando desse último, diferentes formas de vida íntima ganharam visibilidade e abalaram o primado da configuração marido e esposa, pais e filhos como única forma legítima de experiência familiar (cf. Beck e Beck-Gernsheim, 2002).

Segundo Ulrich Beck e Elisabeth Beck-Gernsheim (2002), a vida familiar contemporânea substituiu a comunidade de necessidade, baseada na divisão sexual do trabalho, pelas relações eletivas; dessa forma, em sua visão, a vida familiar contemporânea define-se a partir das relações entre os membros da família. Nesse sentido, o crescimento das famílias monoparentais e a recomposição familiar criam novas possibilidades de educação dos filhos pela redução ou ampliação das relações com os adultos, implicando a maior diversificação dos contextos de socialização familiar das crianças e dos adolescentes (ver Singly, 2007).

Em relação às intervenções do Estado na vida familiar contemporânea, François de Singly (2007) aponta a existência de um recuo da intervenção voltada para a fixação de regras sobre matrimônio, embora o mesmo não ocorra com as regras referentes à parentalidade.[5] Se os laços entre mulheres e homens podem ser dissolvidos, se a comunidade conjugal se pode extinguir, o mesmo não pode ser dito dos laços entre pais e filhos. Nesse ponto, afirma Singly (2007), há uma continuidade do investimento estatal nas relações familiares inter geracionais, emergindo a imagem do "casal parental", unido, mesmo após o divórcio, em nome da criação dos filhos em comum. Esse investimento se manifesta no nível jurídico, seja na promulgação de leis, seja na elaboração de sentenças judiciais, mas envolve também a expansão de novas formas de intervenção, de caráter terapêutico, resultantes principalmente dos saberes médicos, psicológicos e assistenciais, os quais servem de apoio e conferem legitimidade às intervenções formais (ver Singly, 2007; e também Donzelot, 1986).

No Brasil, principalmente, a partir da década de 1970, a vida familiar tem passado por transformações semelhantes às observadas nas sociedades ocidentais. Os dados sociodemográficos levantados pela Pesquisa Nacional por Amostra de Domicílios (PNAD) do Instituto Brasileiro de Geografia e Estatística (IBGE), desde a década de 1980, apontam a tendência de declínio relativo da vida familiar organizada em torno do casal e seus filhos, juntamente

---

5 A parentalidade é entendida aqui como o conjunto de prescrições socialmente estabelecidas que qualificam o significado de ser pai e ser mãe. Os termos em francês, *parentalité*, e em inglês, *parenting*, englobam tanto a maternidade quanto a paternidade, não havendo, até o momento, um termo similar em português, de onde a opção por utilizar uma tradução.

com o crescimento de outras formas de arranjo familiar. Como pode ser observado no gráfico abaixo, a representatividade dos arranjos familiares compostos por casais com filhos diminuiu de 65,0% em 1981 para 48,9% em 2007, uma queda de 24,8% em 26 anos.

4.1. Distribuição dos arranjos familiares (em porcentagem)

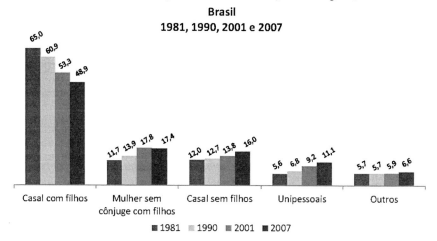

Fontes: IBGE/PNAD 2001 e 2007; Ribeiro et al., 1998.

Essa diminuição não foi acompanhada do surgimento de um novo modelo hegemônico de família; pelo contrário, ocorreu em conjunto com maior distribuição relativa de outros arranjos familiares, dentre eles as famílias monoparentais, principalmente femininas (mulheres sem cônjuge com filhos), que subiram de 11,7%, do total em 1981, para 17,4% em 2007, os casais sem filhos e os lares unipessoais.

A diversidade de arranjos familiares obteve reconhecimento legal com a promulgação da Constituição Federal de 1988, a qual legitimou a união estável (art. 226, §3º) e as famílias monoparentais (art. 226, §4º), além de promover a equalização de direitos conjugais entre homens e mulheres, eliminar as distinções entre filhos nascidos dentro e fora do casamento civil e estabelecer a proteção especial de crianças e adolescentes. Na legislação anterior, cabia ao Estado atuar como guardião da família nuclear, reconhecendo somente os direitos daqueles que compusessem o núcleo legalmente constituído e, ainda assim, fazendo-o de forma a privilegiar os direitos dos homens sobre mulheres, crianças e adolescentes. Com a Constituição de 1988, o Estado passou a atuar na proteção especial da família com base nos princípios de "defesa da dignidade humana e garantia da realização dos potenciais da pessoa" (Koerner, 2002, p. 79).

Segundo Andrei Koerner (2002), também no Brasil, a intervenção formal do Estado sobre as famílias, por meio do estabelecimento de regras fixas para o matrimônio e da padronização de um modelo único de família, teria entrado num momento histórico de recuo. Nesse sentido, a Constituição Federal Brasileira de 1988, ao definir a família como base da sociedade e detentora de especial proteção por parte do Estado, estendeu essa proteção para além do núcleo constituído pelo casamento civil e passou a considerar também a união estável e a comunidade formada por qualquer dos pais e seus descendentes.[6] Ao reconhecer legalmente outras formas de vida íntima, a Constituição indica uma abertura da legislação à diversidade de costumes e às pluralidades (Cf. Koerner, 2002).

Porém, ainda segundo Koerner (2002), o reconhecimento de diferentes formas de organização familiar como legalmente possíveis não significa a diminuição da intervenção estatal sobre a vida familiar, pois há possibilidade de um "reinvestimento, isto é, uma outra maneira pela qual a família articula-se à ordem política e social" (Koerner, 2002, p. 82). Se há maior flexibilidade quanto às formas permitidas de organização familiar, há também – e, talvez, em contrapartida – um reinvestimento na intervenção sobre a criação dos filhos. Sobre essa questão, a Constituição Federal estabelece que é dever da família assegurar os direitos individuais e sociais básicos de seus filhos, "além de colocá-los a salvo de toda forma de negligência, discriminação, exploração, violência, crueldade e opressão" e é dever dos pais "assistir, criar e educar os filhos menores" (Art. 227 e 229, respectivamente, da Constituição da República Federativa do Brasil).

A diversidade de arranjos familiares, realidade vivida por parcela crescente da população brasileira e reconhecida legalmente, gera diferentes possibilidades de educação familiar das crianças, dos adolescentes e dos jovens, pela redução ou ampliação do contato com os adultos responsáveis imediatamente por essa educação.[7] Com base nessa diversidade, fiz um recorte intencional do perfil

---

6 Ver Capítulo VII – Da família, da criança, do adolescente e do idoso, Constituição da República Federativa do Brasil, 1988.

7 A educação familiar é entendida aqui como resultado das relações entre membros diferentes gerações de uma mesma família, chamadas de inter geracionais. Esse conceito parte da proposta de socialização familiar feita por François de Singly (2007), a qual engloba também as relações intra geracionais. A socialização familiar é, portanto, um conceito mais amplo, que envolve não somente o estabelecimento de relações entre diferentes gerações, mas também as relações entre membros de uma mesma geração. Ver, também, Dubar, 2005.

familiar dos adolescentes que participariam da pesquisa, visando garanti-la nas observações e avaliar se e em que medida a experimentação dos diferentes contextos de educação familiar poderia impactar no desenvolvimento da liberdade assistida e na consecução dos seus objetivos. O critério de seleção dos participantes visou assegurar a maior variação de tipos de relações inter geracionais, isto é, de relações estabelecidas entre os adolescentes e os adultos responsáveis por eles. Assim, busquei como participantes: adolescentes que morassem com o pai e a mãe, sendo ambos responsáveis por seu cuidado e educação; adolescentes que morassem somente com a mãe ou somente com o pai, indicando a possível redução do número de adultos imediatamente envolvidos em sua educação familiar; adolescentes que morassem com mãe e padrasto ou pai e madrasta, apontando a possibilidade de recomposição do número de adultos imediatamente envolvidos na educação familiar; e, finalmente, adolescentes que morassem com outros adultos que não eram seus pais, implicando em outras formas de educação familiar estabelecidas por vínculos que não a filiação direta.

Partindo desse recorte na seleção dos casos a serem acompanhados, gostaria de fazer duas ressalvas antes de apresentar os resultados e a análise das observações de campo. A primeira refere-se ao fato de que, embora as relações imediatas entre pais e filhos tenham sido o ponto de partida para selecionar os participantes, as observações de suas dinâmicas familiares levaram em consideração também a existência de redes de solidariedade familiar. Essas redes ampliam o contexto de educação familiar da convivência mais imediata entre pais e filhos para outras relações que se estabelecem entre os adolescentes e demais adultos da família, destacando-se os avós, tios e tias. Como se verá na análise dos casos acompanhados, essas redes são uma variável importante tanto para caracterizar o contexto de educação familiar dos adolescentes quanto para compreender a construção de trajetórias individuais em face do envolvimento com atos infracionais. A segunda ressalva é a de que o recorte focado na educação familiar, isto é, nas relações entre as gerações mais velhas e as mais novas de uma mesma família não significa que a socialização familiar, noção que engloba também as relações entre membros de uma mesma geração, tenha sido negligenciada. Nesse sentido, as observações dos casos também apontaram a relevância das dinâmicas estabelecidas horizontalmente entre irmãos e entre primos para a compreensão dos contextos de socialização familiar.

No Núcleo de Proteção Psicossocial Especial (NPPE) na região central, os critérios de seleção foram seguidos quase integralmente devido ao número de novos casos quando iniciei o campo, sendo selecionados para participar da pesquisa um adolescente que vivia com seu pai e sua mãe; três que viviam com mãe, sendo dois meninos com mãe e padrasto e uma menina somente com a mãe; um adolescente que vivia somente com o pai e, enfim, um adolescente cujo responsável não era nem o pai, nem a mãe, mas a avó materna. Já no NPPE na zona norte, o número encontrado de novos casos foi mais restrito, não sendo possível garantir maior diversidade de contextos familiares, sendo acompanhados os casos de uma menina que vivia com a irmã mais velha, um menino que vivia com a avó materna e outro que vivia com a mãe adotiva.[8] Havia também um rapaz que morava com a mãe e o padrasto, um menino que morava somente com a mãe e outro que morava somente com o pai. Porém, esses não foram acompanhados devido à recusa dos adolescentes em participar da pesquisa.

A apresentação dos resultados e a análise das observações referentes às famílias dos adolescentes e sua participação na liberdade assistida está dividida em três partes. Primeiramente, farei a descrição e análise dos contextos de socialização familiar encontrados, focando as relações mais imediatas entre pais e filhos e as redes de solidariedade familiar. Na segunda parte, apresentarei a forma como esses contextos foram apreendidos pelas equipes dos Núcleos de Proteção Psicossocial Especial, tornando-se alvos das práticas de intervenção da liberdade assistida. A terceira parte será tratada na seção seguinte e refere-se às mediações estabelecidas entre as famílias dos adolescentes e as situações de violência vividas no mundo privado e no público.

De todos os casos acompanhados, somente Luís morava com seu pai e sua mãe. Tinha 14 anos quando, ao furtar um aparelho celular na região central, foi apreendido e sentenciado a cumprir a medida socioeducativa de liberdade assistida no NPPE da região central. Além de seus pais, também moravam com ele um irmão, uma cunhada e um sobrinho. O pai de Luís trabalhava como autônomo até ser atropelado em 2003, acidente que o deixou com sequelas no pescoço, na coluna e em um braço e inviabilizou a possibilidade de voltar a trabalhar. Como nunca contribuiu para a previdência social, sua família estava tendo dificuldade em obter uma aposentadoria por invalidez. Para garantir a sobrevivência familiar, a mãe de Luís vendia cigarros contrabandeados e sua cunhada trabalhava em casa de família. Luís tem três irmãos mais velhos: um

---

8 Em dezembro de 2009, quando iniciei o campo no NPPE da zona norte, não havia muito mais do que seis novos casos de adolescentes iniciando o atendimento da medida de liberdade assistida. Desse modo, tive que aceitar acompanhar todos os casos, que já eram o número limite estabelecido para a pesquisa.

de 23 anos, que estava preso na Penitenciária de Presidente Prudente; um de 20 anos, que estava preso no Centro de Detenção de Provisória de Mauá e era marido da cunhada e pai do sobrinho com quem Luís morava; e um irmão de 17 anos, que não tinha envolvimento com atos infracionais.

As dinâmicas estabelecidas pelas relações familiares de Luís estavam marcadas pelas situações limite que os membros estavam vivendo, com o pai permanentemente impossibilitado de retornar ao trabalho, dois irmãos presos e Luís em cumprimento de liberdade assistida. Sua mãe cuidava do marido, o que incluía várias idas ao serviço de saúde, além de ser responsável por Luís, seu irmão de 17 anos e, em certa medida, também pelo neto, de 4 anos, sendo que somente ela e a cunhada contribuíam para o rendimento familiar. Não foram observadas relações de solidariedade familiar entre a mãe e o pai de Luís e outros adultos que fossem ou de sua geração (no caso, tios e tias de Luís) ou da geração anterior (avós). A família estava organizada a partir de seus pais, os únicos representantes da geração mais velha, sua descendência (filhos, netos) e agregados (cunhada). Nessa organização, a mãe de Luís ocupava posição central na manutenção das relações e vínculos familiares, tanto em termos econômicos quanto em termos afetivos, podendo-se dizer, portanto, que era a pessoa de referência da família.[9]

O crescimento das famílias com as mulheres como as pessoas de referência é uma das tendências que vêm sendo verificadas na vida familiar brasileira desde a década de 1980 (Cf. IBGE, 2002).[10] Segundo dados da PNAD, entre 1992 e 2001, considerando-se tanto os arranjos familiares de mulheres sem cônjuge ou companheiro (família monoparental feminina) quanto aqueles em que havia o casal, houve um crescimento de 24,7% na proporção de famílias em que as pessoas de referência eram as mulheres, chegando a representar 27,3% dos arranjos familiares brasileiros. Na Região Metropolitana de São Paulo, esse percentual chegava a 31,0%, em 2001. Já na PNAD de 2009, o percentual nacional atingiu 35,2% do total de famílias brasileiras em que as mulheres figuram como pessoas de referência, um crescimento de 28,9% em oito anos (Ver IBGE, 2010).

---

9   Segundo o IBGE, a pessoa de referência é a responsável pelo domicílio/família ou assim considerada pelos demais membros. Ver IBGE, 2008.

10 Além do crescimento do número de famílias em que as mulheres são as pessoas de referência (com ou sem cônjuge), outras duas tendências que se vêm consolidando nos dados sobre famílias brasileiras são a redução do número de componentes do núcleo familiar e o declínio representativo dos arranjos familiares compostos por casais com filhos, como tratado anteriormente.

Esse crescimento vem sendo acompanhado, contudo, de situações de pobreza e desigualdade de renda. Segundo dados sobre rendimento familiar da PNAD de 2007 (IBGE, 2008), as famílias cujas pessoas de referência são mulheres, comparadas com aquelas cujas pessoas de referência são homens, tendem a ter menor participação nas faixas de rendimento familiar *per capita* acima de um salário mínimo. Essa questão pode ser observada na tabela abaixo, em que os dados apresentados se referem a arranjos familiares nos quais o ciclo de vida familiar se encontra na etapa intermediária, isto é, em que há filhos menores de 16 anos e filhos de 16 anos ou mais,[11] como é o caso da família de Luís. A proporção de famílias em que as mulheres são pessoas de referência com um percentual de rendimento familiar *per capita* de mais de um salário mínimo era de 27,1% para as famílias compostas por casais e de 20,2% para as famílias monoparentais. Já a proporção de famílias em que os homens são pessoas de referência e que tem um percentual de rendimento familiar *per capita* de mais de um salário mínimo era de 32,2% e de 23,0%, respectivamente.

4.1. Arranjos familiares residentes em domicílios particulares, total e respectiva distribuição percentual por rendimento familiar per capita, segundo os tipos de arranjos e sexo da pessoa de referência. Brasil, 2007

Tipos de arranjo e sexo da pessoa de referência	Arranjos familiares residentes em domicílios particulares							
	Total (1000 arranjos)	Distribuição percentual, por rendimento familiar *per capita* (salário mínimo) (%)						
		Até 1/2	Mais de 1/2 a 3/4	Mais de 3/4 a 1	Mais de 1 a 2	Mais de 2	Sem Rendimento	Sem Declaração
Casal com filhos menores de 16 anos e de 16 anos ou mais de idade	4995	36,1	16,9	12,2	20,2	11,4	0,5	2,7
Pessoa de referência do sexo masculino	4416	36,1	16,4	12,1	20,5	11,7	0,5	2,7
Pessoa de referência do sexo feminino	579	35,7	20,9	12,8	17,8	9,3	0,6	2,9
Pessoa de referência sem cônjuge com filhos menores de 16 anos e de 16 anos ou mais de idade	1396	45,9	17,9	11,5	14,3	6,1	1,8	2,6
Pessoa de referência do sexo masculino	122	42,6	17,9	11,1	13,8	9,2	2,4	3,0
Pessoa de referência do sexo feminino	1274	46,2	17,9	11,5	14,4	5,8	1,8	2,5

Fonte: IBGE, Pesquisa Nacional por Amostra de Domicílios 2007.

Além da família de Luís, as mulheres eram as pessoas de referência da família em outros cinco dos nove casos acompanhados. Nesses cinco casos, porém, essas mulheres não tinham um cônjuge ou companheiro. Para diminuir

---

11 A análise do ciclo de vida familiar busca "apresentar, numa perspectiva temporal, os diferentes momentos de sua trajetória, entendidos enquanto etapas do desenvolvimento familiar" (Ribeiro *et al.*, 1998, p. 140). A forma mais usual para estabelecer essas etapas é sua definição partir da idade dos filhos. Na etapa jovem, todos os filhos têm menos de 16 anos; na etapa intermediária, há tanto filhos com menos quanto filhos com mais de 16 anos; enfim, na etapa de dispersão, todos os filhos têm mais de 16 anos. Ver IBGE, 2008; Ribeiro *et al.*, 1998.

a precariedade dos rendimentos familiares, era fundamental a participação de outros membros da família na complementação da renda. A ampliação do número dos membros economicamente ativos no grupo familiar possibilita o aumento dos rendimentos, diminuindo os custos gerados pelo sustento dos membros inativos. Porém, para que haja essa ampliação, muitas vezes é necessário encurtar o tempo de transição entre a infância inativa e a fase adulta ativa, o que leva os adolescentes pobres a ingressarem mais precocemente no mercado de trabalho do que os adolescentes das classes média e alta (ver Sarti, 1996). Essa inserção precoce está associada, em parte, à expectativa do grupo familiar de que os adolescentes se tornem economicamente ativos e assumam as obrigações esperadas para com o grupo no sentido de participarem, com seu trabalho, do rendimento familiar. É importante salientar aqui que, nos casos acompanhados em que havia dois ou mais membros da família contribuindo para o rendimento familiar mensal, a situação econômica era menos precária do que nos casos em que havia somente um membro contribuindo, sobretudo, quando a pessoa de referência era uma mulher.

A participação de vários membros adultos no rendimento familiar, e a expectativa de ampliar essa participação entre os adolescentes e jovens, era uma das dinâmicas familiares que caracterizavam o caso de Joaquim, que tinha 17 anos quando iniciou o cumprimento da medida de liberdade assistida no NPPE da zona norte. Joaquim morava com sua mãe de criação, a qual era a pessoa de referência da família, e também com um sobrinho de 18 anos. Nos fundos do mesmo terreno, moravam sua irmã de criação, o marido, duas filhas da irmã, de uniões anteriores, e os dois filhos pequenos do casal. A irmã e o marido trabalhavam e contribuíam para o rendimento familiar da mãe, cuja principal fonte de renda era sua aposentadoria. Nesse contexto, havia expectativa de que Joaquim e seu sobrinho de 18 anos conseguissem ingressar no mercado de trabalho e, assim, contribuíssem também. Além da irmã, Joaquim tinha mais três irmãos de criação, sendo um falecido (o pai do sobrinho que mora com ele). Os outros dois moravam em Campinas com suas famílias.

Além das dinâmicas estabelecidas para garantir o sustento do grupo, a família de Joaquim formava uma rede de solidariedade em que sua mãe de criação assumia o cuidado e educação das crianças da família extensa em diversas situações. Os quatro filhos da irmã passavam o dia sob os cuidados da mãe de Joaquim, uma vez que a irmã e o marido trabalhavam. O sobrinho de 18 anos também passou pelos cuidados da mãe de Joaquim em diferentes momentos de sua trajetória, principalmente após o falecimento do pai, tendo passado uma temporada residindo com a mãe em Cidade Tiradentes e depois retornado. Enfim, a mãe de Joaquim é tia materna de sua mãe biológica, que residia no Mato Grosso. Quando ele tinha entre 1 e 2 anos de idade, ficou doente e sua mãe biológica o trouxe para São Paulo para fazer o tratamento. Como esse era complexo e demorado, a mãe biológica optou por deixar Joaquim com a tia e voltar para Mato Grosso. Tudo somado, a mãe de criação de Joaquim foi responsável pelo cuidado e educação dele, de seus quatro filhos biológicos e corresponsável por mais 5 netos.

O envolvimento de Joaquim com o comércio ilegal de drogas, que o levou a ser apreendido pela polícia e sentenciado a cumprir liberdade assistida, a dificuldade que enfrentava para encontrar um trabalho e voltar a estudar, e o tempo que passava na rua com os amigos do bairro foram questões que levaram sua mãe de criação a iniciar um movimento de tentar devolvê-lo à mãe biológica. A mãe de criação, que já era uma senhora idosa e enfrentava alguns problemas de saúde, avaliava que a mãe biológica teria condições de assumir os cuidados de Joaquim nesse momento de sua vida.

As dinâmicas das relações familiares de Fernando, que também tinha 17 anos quando iniciou o cumprimento da liberdade assistida no mesmo NPPE, foram semelhantes às de Joaquim. Desde a separação de seus pais, quando tinha sete anos, Fernando morava com sua avó materna, um tio e um primo. Como no caso de Joaquim, houve uma situação de ruptura dos vínculos familiares mais imediatos e a reorganização do cuidado das crianças a partir de vínculos de solidariedade familiar mais extensos. No caso de Joaquim, foi uma situação de saúde; no de Fernando, a separação dos pais. Também foi observado, em comum aos dois casos, o fato de que o cometimento de um ato infracional e o recebimento de uma sentença judicial mobilizaram novamente a rede de solidariedade familiar, dessa vez, no sentido inverso, de retorno aos vínculos familiares com sua mãe. Ela já tentava há algum tempo convencê-lo a morar com ela no Jaçanã, mas ele não aceitava. Durante o cumprimento da medida de liberdade assistida, Fernando voltou a infracionar, foi apreendido e terminou por acumular ao cumprimento da liberdade assistida a medida de prestação de serviço à comunidade. Diante dessa situação, sua mãe levou-o para morar com ela e o pai, para trabalhar com ele, tirando-o da casa da avó e do circuito de amigos do bairro onde cresceu.

Além de Joaquim e Fernando, Cristiano também não morava com sua mãe ou seu pai, mas com a avó materna, quando iniciou, aos 16 anos, o cumprimento da medida de liberdade assistida no NPPE da região central da cidade. Juntamente com a avó, moravam também uma irmã de 21 anos e uma prima. A mãe morava próxima da avó, com outros dois filhos menores. Após a separação dos pais, Cristiano e a irmã foram deixados pela mãe com a avó.

Bruno, que tinha 15 anos quando iniciou o cumprimento da liberdade assistida no NPPE da região central, também passou aproximadamente um ano residindo com o avô materno após a separação dos pais. Bruno e seus pais são da Bahia, sendo que seu pai veio sozinho se estabelecer em São Paulo. Depois de algum tempo, vieram sua mãe e ele, mas o casamento dos pais não durou muito. Com a separação, a mãe de Bruno mandou-o de volta para a Bahia, para a casa do avô materno, até que tivesse condições materiais de cuidar dele novamente. Nesse período, Bruno ficou sem ir à escola, retomando os estudos quando retornou para São Paulo para morar com a mãe. No momento em que cumpria a medida de liberdade assistida, Bruno morava com mãe e o padrasto, tendo pouco contato com o pai, que morava no litoral de São Paulo, juntamente com sua nova mulher e filhos.

Nas dinâmicas familiares de Joaquim, Fernando, Cristiano e Bruno, pode-se observar que, em determinados momentos de sua infância, seus pais e mães não puderam responsabilizar-se diretamente por seu cuidado e educação, que foram assumidos por outros membros da rede de solidariedade familiar. A transferência dos cuidados parentais para a rede mais extensa de solidariedade familiar foi caracterizada, nos quatro casos, pela recorrência com que esses cuidados foram assumidos por membros da geração anterior aos pais vinculados à ascendência materna (avós maternos dos três últimos casos e tia-avó materna no de Joaquim). Outra característica comum foi o caráter transitório da transferência dos cuidados parentais, pois, a qualquer tempo, os vínculos biológicos de filiação poderiam ser reclamados pelas mães biológicas para reassumirem os cuidados ou alegados pelas mães de criação para devolverem os filhos. Também deve ser ressaltada a desvinculação parcial ou total em relação ao pai biológico e à rede paterna de solidariedade familiar, a última não tendo sido observada em nenhum dos nove casos acompanhados.

As dinâmicas familiares que estabelecem obrigações mútuas entre membros da família extensa, criando e reforçando redes de solidariedade familiar nas quais o cuidado e a educação das crianças podem ser transmitidos e reassumidos, têm sido observadas em diversos estudos dedicados às famílias pobres urbanas no Brasil. Nesse sentido, Claudia Fonseca (2006, 2002 e 1999), ao tratar do contexto encontrado em Porto Alegre, salienta que essas dinâmicas se aproximam da noção conhecida na etnografia de sociedades tradicionais como circulação de crianças, que envolve o cuidado, a criação e a educação das crianças por outros adultos, que não os pais biológicos, pertencentes a uma mesma rede de solidariedade familiar. Segundo Fonseca,

> A partir deste olhar comparativo, chega-se à conclusão de que, em toda as sociedades estudadas, os pais biológicos têm um papel indiscutível: o de fornecer à criança uma identidade social através da noção de filiação biológica. No entanto, outras responsabilidades paternas, tais como alimentar a criança, ensinar e encaminhá-la neste ou naquele ofício, podem ser muito bem realizadas por pessoas que não são os pais biológicos. No modelo conjugal moderno, a grande maioria de responsabilidades paternas se concentra no casal de genitores. Porém, em muitas sociedades as funções paternas são divididas entre diversos 'pais' e 'mães'. (Fonseca, 1999, p. 71).

Ainda segundo Fonseca (1999), é importante ressaltar as diferenças existentes entre as dinâmicas familiares estabelecidas pelos pobres residentes nas periferias urbanas e as que caracterizam as experiências englobadas na noção de família conjugal (ou nuclear) moderna. Enquanto esta pressupõe o estabelecimento de limites mais densos, inclusive físicos, entre mundo privado e mundo público, entre a casa e a rua, criando uma "estufa aquecida" de afetos e ambivalências centrados nas relações entre maridos e esposas e entre pais e filhos (cf. Lasch, 1991), as dinâmicas observadas por Fonseca em Porto Alegre relevam limites bem menos contidos, perpassados por outros grupos, familiares e comunitários, "que competem pela lealdade de seus membros" (Fonseca, 1999, p. 70). O caráter mais aberto e permeável dessas dinâmicas se objetiva no trânsito das crianças, que "se infiltram pelas fronteiras dessas 'casas' burlando os limites entre uma 'família' e outra" (Fonseca, 1999, p. 70).

Cynthia Andersen Sarti (1996), em sua tese de doutorado sobre as famílias de bairros periféricos de São Paulo, também salienta a ocorrência de situações caracterizadas como circulação de crianças. Segundo Sarti (1996), essa circulação ocorre principalmente quando há rupturas no momento de expansão da família e criação dos filhos, ocasionadas pela separação dos pais ou pelo falecimento de um deles. Com essas rupturas, a responsabilidade pelos filhos passa a ser toda a rede de solidariedade em que a família está inserida, principalmente (mas não somente) a rede materna, desvinculando as categorias de pai e mãe da filiação biológica e estabelecendo vínculos de criação.

A circulação das crianças explicita as obrigações mútuas entre os membros dessa rede, reforçando os vínculos de solidariedade entre eles. Esses vínculos garantem auxílio e apoio mútuos, permitindo às famílias pobres criarem dinâmicas que minimizem os efeitos das rupturas nas relações entre o casal para as relações entre pais e filhos e compensem a dificuldade em obter o auxílio e apoio de redes públicas de serviços. Nesse sentido, a circulação de crianças é uma solução familiar e, por isso, privada, em face da escassez de recursos e serviços públicos de cuidado e educação das crianças. Enquanto solução privada, a circulação das crianças como resposta às rupturas nas relações entre pais e filhos tende a gerar novas tensões, das quais destaco duas que foram observadas durante a pesquisa.

A primeira é a tensão entre ser filho de criação e filho de sangue, que pode gerar, como apontado por Claudia Fonseca (1999), uma competição entre os grupos familiares de sangue e de criação pela lealdade dos filhos. Nos casos de Fernando e Bruno, suas mães biológicas reclamaram para si o direito sobre os filhos. Enquanto Bruno parecia fortemente vinculado à mãe, Fernando se dividia entre sua mãe e sua avó materna, tendo feito a opção de permanecer com a última. O retorno à casa da mãe foi-lhe imposto por ter continuado a cometer infrações. Em situações de conflito, há também, como aponta Cynthia Sarti (1996), a manipulação da diferença entre as duas categorias, o que foi observado no caso de Joaquim. Embora tenha sido criado pela tia materna, tendo-a como sua mãe, ambos estavam tendo conflitos devido à diferença entre o que ela esperava dele e o que ele fazia. Joaquim não estava frequentando a escola nem trabalhando, não correspondendo às expectativas de sua mãe de que pudesse contribuir com o rendimento familiar. Além disso, costumava sair e voltava tarde da noite para casa, convivendo com outros meninos que, na visão dela, "não eram boa companhia", isto é, tinham alguma vivência de infrações ou estavam se distanciando do mundo da ordem. O envolvimento de Joaquim com um ato infracional acirrou os conflitos entre eles, levando a mãe a manipular o fato de que poderia devolvê-lo à mãe biológica para tentar fazê-lo atender às suas expectativas.

A segunda tensão decorre da eventual inexistência ou da pouca vinculação existente entre os membros família extensa, isto é, quando a rede de solidariedade é menos densa, as situações de crise ou ruptura tendem a ter, como consequência, a menor vinculação das crianças e adolescentes aos adultos da família, podendo gerar situações de abandono de fato. Isso porque os serviços públicos existentes oferecerem poucas salvaguardas para crianças e adolescentes que, não podendo ser cuidados por seus pais, não contam com redes de solidariedade familiar que assumam esses cuidados.

A pouca vinculação a redes de solidariedade familiar foi verificada nos casos de quatro adolescentes acompanhados pela pesquisa. Foram eles os casos de Reinaldo, que tinha 16 anos quando iniciou a liberdade assistida no NPPE da região central e morava com sua mãe, o padrasto e um casal de irmãos mais novos; Antônio, único adolescente que havia feito a opção de residir com o pai após a separação dele e sua mãe; Janaína e Rose, as únicas meninas participantes.

Antônio tinha 15 anos quando iniciou os atendimentos da liberdade assistida no NPPE da região central. Desde a primeira observação, fugia o olhar, sorria nervosamente e pouco se dispunha a interagir com Paula, sua orientadora, respondendo monossilabicamente às questões que ela fazia. Os pais de Antônio eram separados e ele morava com seu pai, um irmão mais novo e uma irmã. Evitava falar da mãe, tendo certa vez explicado que ela não tinha paciência e batia muito nele, do que decorreu sua decisão de ficar com o pai após a separação.

O envolvimento de Antônio com a vida infracional havia deflagrado um profundo conflito entre ele e o pai. Aquela era a primeira vez que Antônio cumpria uma medida socioeducativa, sendo que, até os 14 anos, dedicava-se aos estudos na escola municipal do bairro e praticava artes marciais como esporte em uma academia também do bairro, a qual frequentava como aluno bolsista. No primeiro mês da medida, seu pai aparecia semanalmente no NPPE, conversava com Paula, gesticulava, passava a mão no rosto e às vezes seus olhos se enchiam de lágrimas. Não conseguia entender como o filho se envolvera com a vida infracional. Repassava, nos atendimentos, a infância do filho, que levava às vezes consigo para acompanhar seu trabalho de carreteiro. Contou que Antônio era talentoso com artes marciais, razão pela qual tinha recebido bolsa da academia, além de vários prêmios em competições das quais participava. Acreditava que o filho seguiria uma carreira bem-sucedida como atleta. Em algum momento, porém, Antônio perdeu o interesse pelo esporte, pela escola e passou cometer furtos e roubos, consumindo todo o dinheiro em roupas de marca e drogas. O pai indignava-se, tendo relatado à Paula por mais de uma vez que Antônio continuava cometendo infrações mesmo depois de ter sido sentenciado a cumprir a liberdade assistida.

Tudo que seu pai relatava sobre seu presente, Antônio negava nos atendimentos que fazia individualmente com Paula. Estavam de acordo sobre a infância de Antônio, sendo que também ele chegou a emocionar-se ao lembrar de como admirava o pai quando criança. Porém, havia perdido essa admiração e manifestava não ter interesse em retomar a proximidade anterior que tinha com o pai. Os conflitos entre eles estavam constantes e Antônio alegava que seu pai não confiava mais nele, embora, para Antônio, não houvesse motivos para essa perda de confiança.

As dinâmicas familiares de Antônio estavam concentradas em sua relação com o pai e o irmão mais novo, que começou a cometer infrações com ele. Havia menção à mãe e à irmã, mas elas ocupavam posições secundárias nas dinâmicas trazidas por Antônio e seu pai para os atendimentos. Em nenhum momento, foram mencionados outros parentes com os quais a família de Antônio estivesse articulada em uma rede de solidariedade.

No início do segundo mês da medida, o pai de Antônio informou à Paula que iria ausentar-se por aproximadamente um mês devido a seu trabalho. Ele tinha fechado alguns serviços de carreto fora de São Paulo. Antônio veio a mais dois ou três atendimentos depois disso e não voltou mais. Depois de algum tempo sem conseguir encontrar Antônio ou seu pai, Paula descobriu que o adolescente havia sido apreendido novamente pela polícia, sendo, dessa vez, sentenciado a cumprir uma medida de semiliberdade.

Diferentemente de Antônio, Janaína e Rose, as duas meninas acompanhadas pela pesquisa, residiam em domicílios cujas pessoas de referência eram mulheres. Janaína, que tinha 16 anos quando iniciou o cumprimento da liberdade assistida no NPPE da zona norte, morava com sua irmã mais velha. Rose, 17 anos quando começou o atendimento no NPPE da região central, morava com sua mãe e duas irmãs. Rose comparecia com assiduidade aos atendimentos, mas sua mãe não participou de nenhum durante as observações de campo. Seus pais eram separados, sendo que, além de cinco filhas com a mãe de Rose, o pai tinha um filho pequeno de outra união. Em seus atendimentos, não foram mencionados outros parentes que pudessem compor, juntamente com ela, suas irmãs e sua mãe, uma rede de solidariedade familiar.

As dinâmicas familiares de Janaína, de 16 anos, foram pouco observadas. Havia pouco contato da orientadora, Mônica, com sua família e, na observação de seu caso, havia uma sensação de desprendimento das relações familiares. Seus pais eram separados e ela e sua irmã, de 22 anos, foram morar juntas ao invés de irem morar com o pai ou com a mãe. A mãe separou-se do pai para viver com outro homem e as filhas não aceitavam sua nova união. Tampouco quiseram morar com o pai, que passou a residir em outro bairro, tendo a irmã se tornado a representante legal de Janaína. Elas dividiam a casa, um barraco em uma favela da zona norte, com mais uma amiga da irmã e duas crianças, sendo um filho da amiga e uma filha da irmã de Janaína.

Mônica, sua orientadora social, buscava a participação da família, mas sua mãe e sua irmã pareciam não demonstrar interesse pelo que Janaína fazia. Como faltava muito aos atendimentos, trocava os dias e horários previamente marcados e chegava atrasada nas atividades em grupo, sua orientadora usou da prática de visitas domiciliares para tentar aproximar-se dela e de sua família. Na primeira visita, não encontrou Janaína em casa e sua irmã não quis levantar-se da cama para abrir a porta, embora tivesse sido alertada pelas crianças da casa que a orientadora de liberdade assistida tinha ido fazer uma visita. Para a segunda visita, Mônica optou por marcar previamente com Janaína, reiterando várias vezes durante o atendimento o dia e horário em que iria a sua casa e perguntando se ela realmente estaria lá. Janaína confirmou tudo, mas, no dia e hora marcados, não estava em casa. Sua irmã, que estava na casa da mãe, algumas casas adiante, avisou que ela tinha ido cortar o cabelo. Em sua casa, alguns vizinhos consumiam drogas.

As dinâmicas familiares de Janaína compuseram, dentre os casos acompanhados, aquele em que mais se destacou a tensão entre as rupturas das relações familiares mais imediatas e a incerteza e instabilidade do estabelecimento de vínculos compensatórios por meio da atuação de uma rede de solidariedade familiar. Os membros mais próximos dela, sua mãe e sua irmã, pareciam esquivar-se de assumir a reponsabilidade por seus cuidados e educação. A irmã chegou a deixá-la sozinha, ao optar por morar com o namorado. Os cuidados foram assumidos, então, por uma tia. Contudo, a tia adoeceu e foi hospitalizada, ficando Janaína novamente sozinha e com a responsabilidade por cuidar da casa e acompanhá-la no hospital. Enfim, o pai, ao saber da situação, resolveu voltar ao bairro, alugando um barraco próximo ao dela e reassumindo, em alguma medida, os cuidados por ela e sua educação. Janaína, quase no limiar da maioridade, era uma adolescente cuja trajetória era caracterizada pelo fato de que ela foi, em diversos momentos, deixada a viver com seus próprios recursos, explicitando as incertezas que também permeiam a dependência das redes de solidariedade familiar.

O tema do abandono ou negligência familiar está muito presente na forma como coordenadores, técnicos e orientadores sociais percebem as dinâmicas familiares dos adolescentes atendidos na liberdade assistida. Há, entre eles, uma leitura fortemente baseada no modelo de família nuclear moderna, isto é, no papel educativo e de criação focado nos pais, a existência de redes de sociabilidade familiar sendo muitas vezes não abordada pelos orientadores como forma de intervenção.

Por um lado, não foram observadas intervenções em que esses profissionais focalizassem as relações conjugais dos pais dos adolescentes, sendo poucas as vezes em que fizeram algum tipo de valoração de núcleos familiares constituídos por casais. Essa valoração apareceu, porém, nas falas das próprias famílias. Em um grupo de pais e responsáveis, em que se discutiam questões referentes à educação dos filhos, as mulheres presentes empregaram com naturalidade a expressão "mãe separada" para se definirem, associando maternidade, conjugalidade e o lugar que ocupam nas redes de solidariedade familiar. A partir de suas falas, foi possível observar que a categoria "mãe separada" é desvalorizada no grupo familiar, o que permite a naturalização da circulação de crianças, pois se espera que a mulher sozinha não consiga assumir o cuidado de seus filhos, ao mesmo tempo em que cria uma expectativa de fracasso materno quando a circulação não ocorre.

Por outro lado, eram rotineiras e constantes as interpretações e intervenções dos orientadores a partir de referências tipicamente modernas sobre as relações entre pais e filhos. Nesse sentido, as intervenções observadas durante o campo buscavam aproximar as relações concretas dos adolescentes e seus pais às noções de afetividade, cuidado e educação. Para tanto, articulavam-nas aos temas da intimidade e proximidade entre pais e filhos, da negligência parental e do estabelecimento de regras e limites. Esses temas apareceram desde a primeira conversa que tive com Laura, advogada e coordenadora do NPPE na região central, e que tinha um caráter exploratório.

Na minha primeira visita a esse núcleo, em maio de 2009, fiz-lhe uma apresentação da proposta da pesquisa. Laura trabalhava na execução da liberdade assistida desde o final da década de 1990, quando a então Febem-SP passou a realizar convênios com organizações locais da sociedade civil para execução da liberdade assistida, por intermédio dos postos de atendimento das medidas em meio aberto da cidade de São Paulo. Ela se manteve, todos esses anos, trabalhando na liberdade assistida vinculada a uma mesma organização da sociedade civil, que foi criada pelos moradores de um bairro periférico da zona leste, onde Laura mora. Com a conclusão do processo de municipalização e a criação dos NPPE em 2008, aceitou o desafio de coordenar, por meio dessa organização, um núcleo longe de seu bairro de origem.[12]

---

12 A organização da sociedade civil na qual Laura trabalhava havia assumido dois núcleos, um no bairro onde já atuava e outro na região central.

Em nossa conversa inicial, Laura fez uma apresentação do trabalho desenvolvido no NPPE, detendo-se na forma como percebia as relações familiares dos adolescentes atendidos e nos encaminhamentos dados por sua equipe. Comparando suas experiências de liberdade assistida no bairro da zona leste e na região central, Laura avaliou que as famílias dos adolescentes da região central eram menos participativas. Segundo ela, as famílias do bairro da zona leste estavam mais presentes na execução da medida, embora seus filhos tivessem cometido atos infracionais mais graves (sobretudo tráfico de drogas, latrocínio, estupro e roubo). Considerava as famílias da região central mais ausentes, apesar de seus filhos terem cometido atos infracionais mais leves (principalmente, furto, mas também roubo), e relatou que a equipe encontrava dificuldade em obter sua participação na medida socioeducativa.

Entrando especificamente no trabalho desenvolvido junto às famílias dos adolescentes, Laura pontuou que sua equipe se deparava com pais e mães que considerava terem "valores distorcidos entre ser e ter", tendo os orientadores que retomar, em algumas situações, a importância de "ser pobre, mas trabalhador". Também via como uma questão relevante o que considerava ser negligência, ausência ou abandono dos pais e mães na educação dos adolescentes autores de ato infracional. Para ela, o envolvimento com atos infracionais e a entrada no sistema socioeducativo levavam alguns pais e mães a deixarem de se importar com os filhos, perdendo o interesse em saber onde o filho estava e como estava. Segundo Laura, esses pais e mães "não dão mais conta. Aquele filho deixa de ser filho". Para ela, nem todos estavam preparados para a paternidade e a orientação às famílias procurava enfatizar a qualificação da "conversa" e da convivência familiar. A orientação deveria enfatizar que, apesar do pouco tempo de que pais e mães dispunham para estar com seus filhos adolescentes, era necessário criar momentos de convivência, tirando "o tempo da novela" para conversar sem se exaltar ou "dar bronca", como Laura me explicou.

Já na primeira visita ao NPPE da zona norte, em dezembro de 2009, a tônica de minha conversa inicial com as técnicas responsáveis pelo acompanhamento dos orientadores sociais não foram as relações familiares, mas o tráfico de drogas. Na ocasião, fui recebida por Susana, que é psicóloga, e Fátima, assistente social, as quais tiveram a mesma preocupação de Laura em apresentar o trabalho desenvolvido no núcleo. Segundo elas, o tráfico e consumo de entorpecentes eram as questões centrais para caracterizar o trabalho desenvolvido ali.[13]

As relações familiares foram tratadas mais especificamente quando direcionei nossa conversa para esse tema. Relataram-me, então, que a grande maioria dos adolescentes atendidos eram filhos de pais separados, sendo comum a ocorrência de adoções informais dentro da mesma família, isto é, com a separação dos pais, outros adultos da família assumiam a responsabilidade pela criação dos filhos, fenômeno que analisei acima a partir da noção de circulação de crianças (cf. também Fonseca 2006, 2002, 1999; Sarti, 1996). Dos casos que me propus a acompanhar ali, não havia nenhum adolescente que morasse com seu pai e sua mãe e, dos casos efetivamente acompanhados, somente Joaquim morava com sua mãe, que era, como dito anteriormente, tia materna da mãe biológica.

O tema da negligência parental, apontado por Laura em sua interpretação sobre as dinâmicas familiares dos adolescentes atendidos no NPPE da região central, aproximou-se do tema do abandono presente nas falas de Susana e Fátima quando trataram das adoções informais em sua descrição sobre as dinâmicas dos adolescentes atendidos no NPPE da zona norte. A negligência, a ausência e o abandono de pais e mães em relação aos cuidados e educação dos filhos foram temas também presentes nas conversas mantidas na sala reservada para os orientadores desse NPPE. Acompanhei várias dessas conversas ao longo da pesquisa, uma vez que ficava com eles ali, aguardando os adolescentes chegarem para os atendimentos.

Em termos formais, as práticas de intervenção sobre a vida familiar dos adolescentes eram as mesmas em ambos os núcleos, havendo três tipos principais: as visitas domiciliares, o atendimento individual ao adolescente e seus pais ou responsáveis e os grupos de pais e responsáveis.[14] As visitas domiciliares

---

13 O consumo de entorpecentes será retomado mais adiante neste capítulo. Já o tráfico de drogas será tratado no quinto capítulo, que aborda as relações dos adolescentes e dos NPPE com o território.

14 Pelo escopo da pesquisa feita, não é possível afirmar que os 52 NPPE sigam as mesmas práticas de intervenção, mas os indícios levantados nos dois NPPE pesquisados levam-me a supor que elas também ocorram com alguma regularidade em outros núcleos. Os documentos municipais que poderiam esclarecer se essas práticas são uma orientação formal, tais como um plano municipal de atendimento socioeducativo ou ainda os critérios para estabelecimento dos convênios, não foram encontrados disponíveis no sítio da SMADS durante a pesquisa. Não foi feita uma solicitação formal de acesso a esses documentos porque o retorno da referida Secretaria extrapolaria os prazos de conclusão do doutorado. Isto porque encaminhei, no início de 2009, uma primeira solicitação à SMADS para apresentar o projeto

não foram diretamente observadas, sendo os dados coletados a partir das falas e registros escritos dos orientadores. As visitas eram realizadas com alguma regularidade, havendo uma primeira visita domiciliar no começo da medida, aproximadamente no primeiro mês, e uma próxima de sua conclusão. Outras visitas poderiam ser agendadas ao longo do cumprimento da medida, principalmente conforme a presença ou ausência do adolescente e de seus pais ou responsáveis nos atendimentos e grupos. Quanto menos participantes nesses últimos, maior a frequência com que os orientadores realizavam as visitas. Sobre o atendimento individual, as práticas eram diversificadas, a vida familiar sendo tema abordado nas três situações: no atendimento feito somente com o adolescente, com o adolescente e seus responsáveis e somente com os responsáveis. Enfim, os grupos de pais e responsáveis tinham frequência mensal e os dois NPPE buscavam assegurar sua participação oferecendo sempre duas opções de dias e horários (manhã e tarde) em cada mês. No entanto, os horários oferecidos eram todos durante o expediente de trabalho, o que pode ter sido um limitador para alguns pais e responsáveis, caso trabalhassem e não quisessem expor a situação judicial dos filhos a seus empregadores.

As dinâmicas estabelecidas em dois dos grupos de pais e responsáveis, ambos ocorridos no NPPE da região central, explicitaram as formas como orientadores, técnicos e coordenadores procuravam articular os temas da intimidade e proximidade entre pais e filhos, da negligência parental e do estabelecimento de regras e limites às noções de afetividade, cuidado e educação. No primeiro grupo, a proposta inicial era discutir junto aos pais e responsáveis questões referentes à educação dos filhos após a promulgação do Estatuto da Criança e do Adolescente. Porém, essa proposta foi desviada pelos pais presentes, os quais trouxeram a questão da violência policial. Laura, que coordenava a atividade, aceitou o novo tema, o qual gerou comoção do grupo, como retomarei na seção seguinte.

No segundo grupo, a proposta inicial era discutir regras e limites na educação dos filhos. A atividade foi coordenada por uma das orientadoras, a qual

---

e solicitar o apoio institucional na realização do campo da pesquisa e, até o prazo final de entrega da tese, no início de 2011, não obtive nenhuma resposta. Tampouco foi possível coletar informações sobre a política municipal por meio de relatos orais dos servidores municipais, uma vez que a então Secretária de Assistência Social, Alda Marco Antonio, proibiu seus subordinados de concederem entrevistas sobre a municipalização das medidas em meio aberto, mesmo que as entrevistas fossem para fins de pesquisa. Essa proibição levou meu informante inicial na SMADS a declinar do convite de entrevista, bem como inviabilizou sua substituição por outro servidor.

procurou fazer com que mães que tiveram experiências diferentes sobre o tema as relatassem ao grupo. Excetuando um dos orientadores, que acompanhava a atividade, havia somente mulheres nesse grupo. A orientadora conduziu a ordem dos relatos, contrapondo um primeiro momento, com situações cotidianas em que as mães tinham dificuldade em impor limites aos filhos, a um segundo momento, em que falaram as mães que estavam sendo relativamente bem-sucedidas na tarefa de reestabelecer esses limites a partir da inserção dos adolescentes na liberdade assistida. No terceiro momento, falaram as mães que não estavam conseguindo fazê-lo durante a medida, sendo que a orientadora, enfim, concluiu reafirmando o compromisso da equipe do núcleo em auxiliá-las nessa tarefa.

Foi nesse contexto que surgiu a categoria "mãe separada", usada tanto para enfatizar os pequenos sucessos de umas quanto para justificar o fracasso educacional de outras. A primeira a empregar a expressão foi Renata, uma das mães. A orientadora, após ouvir três relatos relacionando as dificuldades cotidianas de impor limites aos conflitos sobre horários de voltar para casa, pediu a Renata que falasse de sua experiência:

> Regina [orientadora] pergunta a Renata sobre sua experiência. Ela começa dizendo que o filho não é 'saidor'. Ele gosta de ficar em casa e costuma obedecê-la. Tirando esse 'deslize' – forma como ela e outros pais e mães usam para se referir aos atos infracionais quando considerados eventuais – ele é um filho obediente, caseiro, que vai à escola e não é 'saidor'. Ela repete várias vezes que ele não é 'saidor', isto é, não costuma ficar pelas ruas com os amigos. Disse que têm uma boa relação de confiança, usando como exemplo o fato de que ela tem uma chave de casa e ele tem a outra, que é dele. Relata que o 'deslize' do filho foi uma surpresa para ela, que só tem esse filho e é 'mãe separada'. (Diário de campo, grupo de pais e responsáveis no NPPE da região central, 15/07/2009).

Relacionando sua vivência aos demais relatos, Renata preocupou-se em pontuar uma das questões essenciais às mulheres que participavam do grupo: a tensão que viviam na tentativa de delimitar as fronteiras entre a casa e a rua, entre o espaço da casa, que julgavam protegido por elas, e o espaço da rua, no qual os adolescentes estariam mais expostos às "más companhias", às drogas, à violência policial – em uma palavra, às experiências e experimentações que caracterizam a vida infracional. A tensão acentuava-se quando articulada à categoria "mãe separada", ou seja, da mulher que estava sozinha nos cuidados e educação dos filhos. Essa tensão foi amenizada, no caso de Renata, pelo fato de o filho não ser 'saidor', não tendo por hábito ficar muito tempo nas ruas, e pela compensação de criá-lo sozinha a partir de sua rede de solidariedade familiar, a qual se mobilizou em ajudá-la a "trazer o filho de volta" (Diário de campo, grupo de pais e responsáveis no NPPE da região central, 15/07/2009).

Após seu relato, a orientadora redirecionou o grupo, buscando outras experiências em que não houvesse o recurso à família, isto é, ao que está sendo tratado aqui como rede de solidariedade familiar:

> Regina reforça a questão dos limites no relato de Renata e pergunta que outra alternativa pode haver além do recurso à família. Dalva, mãe de Bruno [acompanhado pela pesquisa] fala do diálogo, que sempre conversa com seu filho. Conta que, outro dia, seu filho lhe confessou ter fumado maconha, mas não ter gostado e ter passado a não aceitar as drogas oferecidas pelos amigos. Bruno, segundo ela, chorou na ocasião e disse que não queria mais decepcioná-la. Dalva diz que ele é um menino muito carinhoso, afetuoso e apegado a ela. Sobre os horários, conta que a hora de voltar para casa é às 9 da noite. Bruno reclamava, segundo ela, mas ela diz que seu marido levanta às 3 para trabalhar e que, por isso, dormem cedo – todos no mesmo horário. Para ela poder dormir, seu filho precisa estar em casa. (Diário de campo, grupo de pais e responsáveis no NPPE da região central, 15/07/2009).

Dalva também vivenciava as tensões entre os espaços da casa e da rua, procurando manter alguma proximidade com as experiências de rua do filho. Embora tenha se identificado, no grupo, como "mãe separada", pois não morava com o pai de Bruno, ela havia constituído uma nova união. Como pode ser observado no relato acima, apesar de não recorrer à rede de solidariedade familiar para impor limites ao filho, havia estabelecido uma dinâmica familiar na qual a presença do marido permitia e justificava essa imposição.

Se as experiências de Renata e Dalva eram consideradas exemplares pela orientadora, porque equilibravam o estabelecimento de vínculos de proximidade e intimidade com os filhos ao mesmo tempo em que buscavam impor-lhes limites, as das outras mulheres presentes também exemplificavam que esse equilíbrio é, muitas vezes, tênue e instável.

> Maura foi uma das últimas a falar, tendo chorado muito durante o grupo. Conta que seu filho tinha saído na noite anterior e ainda não tinha voltado para casa quando ela saiu, no início da tarde, para vir ao grupo. Ela diz não saber onde ele está e enxuga suas lágrimas.

(Diário de campo, grupo de pais e responsáveis no NPPE da região central, 15/07/2009).

O estabelecimento de regras e limites, tema a partir do qual os orientadores buscavam intervir nas relações entre pais e filhos como forma de fazer, juntamente com a intimidade e a proximidade, um contraponto à negligência e ao abandono, foi apresentado de forma ambígua a boa parte dos pais, mães e responsáveis pelos adolescentes acompanhados. O ponto de equilíbrio entre limite e intimidade, formas que objetivam a disciplina e o afeto nas relações entre pais e filhos, não era estabelecido *a priori*, mas precisava ser construído a cada novo caso, a cada nova situação, a cada atendimento.

A ambivalência entre disciplina e afeto é, para os estudiosos da família nuclear moderna, uma das características das relações entre pais e filhos. Essa família, chamada por vezes de "estufa aquecida" ou "refúgio" diante das tensões e conflitos do mundo exterior, define-se também pelo estabelecimento de limites em relação ao mundo exterior e autocontenção em seus próprios conflitos advindos, em boa medida, dessa ambivalência (cf. Ariès, 1981; Lasch, 1991; Singly, 2007).

As experiências e dinâmicas das famílias pobres de grandes centros urbanos no Brasil distanciam-se desse modelo por serem menos autocontidas e terem limites mais permeáveis e abertos ao mundo externo (ver Fonseca, 1999; Sarti, 1994). No entanto, isso não implica dizer que não haja relações ambivalentes de disciplina e afeto nessas dinâmicas, mas que elas serão mais permeadas por outras tensões, advindas do mundo exterior à família.

As famílias dos adolescentes acompanhados apresentaram, como outras das camadas populares, a permeabilidade que lhes permitiu, em alguns casos, o estabelecimento das redes familiares de solidariedade, como forma de compensar rupturas das relações mais imediatas. Contudo, essa mesma permeabilidade também permitiu a entrada dos conflitos da rua no espaço da casa, como pode ser observado nas situações de violência policial, das quais tratarei na próxima seção.

Houve, enfim, situações em que as famílias, visando proteger seus filhos da vida infracional, intensificaram a disciplina sobre eles, estabelecendo mecanismos de vigilância direta. A vigilância familiar caracterizou, sobretudo, os casos de Fernando, tratado anteriormente, e também de Luís, quando sua mãe, em uma tentativa de romper com o ciclo de envolvimento com drogas e infrações, passou a trancá-lo em casa sob a vigilância do pai.

Luís, que já tinha dois irmãos no sistema prisional e o pai debilitado, buscava nas ruas alternativas de diversão e consumo. Fumava maconha e praticava pequenos furtos, sobretudo de celulares, para poder comprar a droga e outros itens de consumo aos quais não tinha acesso por meio de sua família, cujo rendimento era destinado a questões mais prementes de sobrevivência.

> Começou [a furtar] porque não tinha nada em casa. Comida não faltava, mas queria tênis e roupas, que não tinha. Ganhava, em média, R$ 120,00 por celular. Roubava três ou quatro por dia e dividia os ganhos com os outros meninos. Eram ele e mais dois. (Diário de campo, atendimento individual realizado em 07/07/2009).

Sua mãe identificou na rua a fonte dos problemas que tinha com o filho e demonstrou, desde o primeiro atendimento em que esteve presente, que não estava disposta a deixar Luís transitar sozinho. Explicou, na ocasião, que não poderia estar sempre presente nos atendimentos, pois tinha que acompanhar o marido em consultas médicas, mas que mandaria a cunhada porque não confiava em deixar Luís andar sozinho. Passado pouco tempo do início do cumprimento da liberdade assistida, ela impôs-lhe uma espécie de cárcere privado.

Rodrigo, orientador de Luís, buscou intervir no sentido de convencer a mãe a confiar nele e restabelecer sua liberdade de ir e vir. Contudo, antes que Rodrigo conseguisse convencê-la, Luís aproveitou uma oportunidade de saída supervisionada pela vizinha e fugiu, cometendo nova infração. Foi apreendido pela polícia, sendo, dessa vez, sentenciado a cumprir uma medida de semiliberdade.

Famílias e violência: o lugar não declarado das famílias no processo socioeducativo

A liberdade assistida, assim como outras medidas socioeducativas, tem como público-alvo adolescentes autores de atos infracionais. Contudo, poucas são as intervenções que abordam diretamente o envolvimento deles com atos infracionais e violência. Como visto no artigo 119 do Estatuto da Criança e do Adolescente, que define as atribuições do orientador social, e também nos documentos de referência de assistência social e atendimento socioeducativo, a maior parte das intervenções propostas para a liberdade assistida focaliza a chamada questão social, isto é, a pobreza e suas consequências em relação ao acesso a direitos sociais (principalmente, saúde, educação e previdência). As práticas de intervenção observadas durante a pesquisa de campo estavam alinhadas com o texto legal e os documentos de referência, no sentido de manterem o foco na questão social, não obstante os orientadores terem se deparado, rotineiramente, com situações de violência vividas pelos adolescentes atendidos.

O foco na pobreza, a organização e execução de intervenções cada vez mais voltadas para a assistência social fazem da liberdade assistida uma medida ao mesmo tempo punitiva e de assistência social, voltada principalmente para adolescentes pobres que tenham cometido atos infracionais. A liberdade assistida define-se, tanto nos discursos quanto nas práticas atuais, como uma medida que é mais assistencial que punitiva, o que pode ser observado tanto nas atribuições legais do orientador, quais sejam, promoção social do adolescente e da família, escolarização, profissionalização e inserção no mercado de trabalho; quanto no alinhamento entre a política de atendimento socioeducativo e a de assistência social, levando a liberdade assistida a integrar um dos serviços prestados pela última; e nas práticas efetivamente executadas pelos orientadores.

Um dos efeitos do foco na pobreza é a naturalização da liberdade assistida enquanto medida a ser aplicada a adolescentes pobres, não havendo, nos discursos que versam sobre ela, propostas de intervenção sobre outro público senão esse, como foi abordado no terceiro capítulo. A eventual inserção de outros adolescentes, provenientes dos segmentos médios e altos da população, tende a causar estranhamento nos orientadores, os quais não consideram suas práticas de intervenção adequadas aos adolescentes desses segmentos.

O estranhamento e o não-lugar, no sistema socioeducativo, de adolescentes advindos de outros estratos sociais apareceram em diferentes momentos e falas dos operadores do sistema, entre os quais destaco, brevemente, o seguinte relato de campo. Enquanto observava uma atividade mensal do NPPE da região central junto um grupo de adolescentes e fazia anotações em meu diário, uma orientadora aproximou-se e disse que um deles não deveria estar ali. O adolescente em questão, segundo ela, era filho de médico, estudava regularmente em colégio particular e morava em um bairro nobre da cidade. Havia sido sentenciado a cumprir a liberdade assistida por dirigir sem habilitação. Segundo sua visão, ele não deveria estar ali, pois o núcleo tinha pouco a oferecer no seu caso, já que não tinha dificuldades financeiras, tinha família e estudava. Se a orientadora percebia aquele como um não-lugar para o adolescente, sua relação com os demais adolescentes do grupo reforçava essa percepção. Enquanto esses interagiam entre si na execução das atividades propostas – muitos, inclusive, se conheciam das ruas dos bairros onde circulavam –, o menino ficou em um canto encostado na parede, excluído da interação com o grupo e acompanhando a dinâmica como se fosse um espectador. Ali não era seu lugar.

Um segundo efeito do foco na pobreza é o fato de a violência ocupar um lugar secundário nos discursos que planejam e nas práticas que executam a liberdade assistida. A violência foi constantemente colocada em foco pelos adolescentes e suas famílias ao longo da pesquisa de campo. A vivência de variadas formas de violência, tanto no espaço público quanto no privado, foi trazida por eles para os atendimentos individuais e, principalmente, para os grupos de adolescentes e de pais e responsáveis. Permeando as dinâmicas urbanas em que se estabelecem as relações entre centro e periferia, riqueza e pobreza, incluídos e excluídos, a violência é um instrumento que organiza a ordem urbana e social, ao repor as hierarquias e desigualdades.[15]

Nos bairros pobres de São Paulo, o uso da violência é, em certa medida, socialmente tolerado no espaço privado e legitimado no espaço público, porquanto mantenha, pela experiência do medo, as hierarquias entre homens e mulheres, adultos e crianças, ricos e pobres. Nesse sentido, as experiências de violência e medo dos adolescentes e de seus familiares, ao reporem hierarquias que os definem como inferiores, negam-lhes o reconhecimento de sua cidadania e o acesso a direitos, enfraquecendo a possibilidade de se reconhecerem enquanto cidadãos e sujeitos de direitos.

Uma vez que os discursos e práticas da liberdade assistida negligenciam a problematização da violência, ela se mantém enquanto instrumento capaz de explicitar as tensões e mediar os conflitos sociais. Assim, tende a ficar a cargo das famílias e dos adolescentes enquanto indivíduos absorverem os impactos da violência vivida e lidarem com essa experiência a partir de seus próprios recursos, o que indica a ocorrência do fenômeno da reprivatização dos conflitos (Debert, 2006). Sejam esses conflitos manifestados pela violência no espaço privado da casa; sejam eles manifestados pela violência no espaço público das ruas, não encontram, na liberdade assistida (tampouco nas outras medidas), um lugar onde possam ser reconhecidos e mediados, o que confere ao mundo privado a responsabilidade por essa mediação.[16]

---

15 A definição da violência por seu caráter instrumental baseia-se na proposição de Hannah Arendt (1994), segundo a qual a "violência é por natureza instrumental; como todos os meios, ela sempre depende da orientação e da justificação pelo fim que almeja." (Arendt, 1994, p. 40-1). Maria Stela Grossi Porto (2010), numa abordagem em muito influenciada por Weber, vai destacar que violência não é um conceito sociológico, mas uma manifestação social; uma categoria empírica e, por essa razão, a violência é caracterizada como algo ambíguo, relativo. Em outras palavras, seu significado vai depender em muito do contexto no qual ela é compreendida enquanto tal.

16 No projeto-piloto desenvolvido em 2004 sobre a municipalização da liberdade assistida em São Paulo (tratado no terceiro capítulo), havia uma proposta de intervenção chamada "ciclo de violência", que envolvia o atendimento aos amigos e familiares do adolescente autor de ato infracional, bem como de outros adolescentes do bairro (ver Feltran, 2008). No entanto,

Em diferentes situações ao longo de suas vidas, os adolescentes acompanhados pela pesquisa estiveram expostos a situações de violência dentro da família e em seu bairro, transitando por experiências de vitimização, testemunho e perpetração de atos violentos. Segundo Nancy Cardia (2003), diversos países, destacando-se os Estados Unidos, têm desenvolvido pesquisas que buscam estabelecer, desde a década de 1980, as principais consequências da exposição de crianças e adolescentes a situações de violência. Conforme aponta Cardia,

> A literatura mostra que a violência que tem mais impacto é aquela que ocorre mais próximo das pessoas, com elas mesmas ou com parentes e amigos. A exposição à violência é definida como a experiência direta com a violência – ser vítima de algum ato violento – e a experiência indireta – testemunhar atos de violência, ou ainda casos que envolvem parentes ou amigos próximos e sobre os quais ouvem falar. (...)
>
> Quais os principais efeitos que têm sido atribuídos à exposição a violência? Os efeitos variam de acordo com a faixa etária, e com o local onde se dá a exposição. Os efeitos mais intensos são observados entre as crianças e jovens expostos a violência mais grave na família e no bairro. A presença de violência dentro da família irá agravar em muito os efeitos da violência no bairro. (Cardia, 2003, p. 300-1)

A violência doméstica potencializa os efeitos da violência do bairro pelo fato de a família, normalmente considerada uma fonte de proteção contra os efeitos da exposição à primeira, converter-se em uma fonte de agravamento desses efeitos (cf. Cardia, 2003).

Dentre os casos acompanhados pela pesquisa, a experiência mais intensa de exposição à violência no espaço privado foi a de Reinaldo, a qual ele relatou a seu orientador e a mim em um dos primeiros atendimentos individuais:

> Reinaldo mora em uma pensão com a mãe, o padrasto e dois irmãos mais novos. Os pais se separaram quando ele tinha 13 anos. Ele tem 16 anos agora. Conta que o pai batia na mãe. 'Ele é um vacilão' – disse, relatando que o pai pegava a mãe pelos cabelos e batia seu rosto no chão. Quando era pequeno, o pai o trancava em casa, não o deixava viver. Depois da separação, o pai continuou batendo na mãe. Quando a encontrava na rua, brigava com ela e, às vezes, ia

---

a demanda por mais vagas para a liberdade assistida e a prestação de serviços à comunidade levou à suspensão, pela prefeitura, da prestação desse serviço.

> até sua casa para bater nela. Teve uma vez que bateu nela com um pedaço de pau. Dessa vez, Reinaldo reagiu. Pegou um cabo de rodo e bateu no pai. (...). Desde então, o pai, quando o encontra na rua, xinga, fala que Reinaldo é ladrão e que vai chamar a polícia. (...) O pai não vai visitá-lo, só visita seus irmãos. (Diário de campo, atendimento individual realizado em 02/06/2009).

Reinaldo presenciou situações de violência em sua família desde a infância. O pai violentava física e sexualmente sua mãe na sua frente e de seus irmãos, até que, já adolescente, ele resolveu reagir e bateu em seu pai. Este, ao ver-se vitimado pelo próprio filho, rompeu os vínculos com o jovem. Vivendo em um mundo social cuja ordem se impõe pela violência, Reinaldo dispôs-se a participar do atendimento da liberdade assistida. Não faltava aos atendimentos individuais, embora evitasse participar dos grupos, por não gostar desse tipo de atividade. Seu orientador, Rodrigo, desconfiava que continuasse a praticar furtos, pois, certa vez, ao fazer a visita domiciliar a outro adolescente, encontrou-o na rua, com outros dois rapazes, usando luvas, apesar do calor. Reinaldo interagia com Rodrigo, ouvia suas orientações, concordando com algumas e discordando de outras. Negou-se, por exemplo, a aceitar o tratamento de usuários de drogas porque, apesar de fumar maconha rotineiramente, explicou para Rodrigo que não era um "nóia" (um dependente químico) e que poderia largar a maconha quando quisesse.

Durante o cumprimento da liberdade assistida, Reinaldo envolveu-se em uma briga na porta da escola por causa de uma menina e foi novamente apreendido pela polícia. Dessa vez, o juiz sentenciou-o à medida de internação, o que teve um efeito decisivo para Reinaldo, que desistiu de dar-se novas chances e de tentar construir outra trajetória fora da vida infracional. Seu orientador, Rodrigo, disse que ele saiu da internação diferente, já não demonstrando interesse em interagir com ele.

A solução de Reinaldo face à violência paterna foi estritamente individual. Com os recursos que tinha à mão, interrompeu o ciclo de violência doméstica do qual fazia parte. Contudo, não conseguiu interromper outros ciclos de violência que perpassavam por sua trajetória, notadamente aqueles aos quais estavam submetidos os adolescentes de sua geração, em seu bairro. Por fim, parece ter se resignado com o destino de infrator, fechando-se às intervenções propostas na liberdade assistida. Quando concluí a tese, Reinaldo estava novamente internado na Fundação CASA-SP.

A violência nas relações entre homens e mulheres também foi explicitada em uma atividade em grupo de adolescentes conduzido no NPPE da zona norte. Em comemoração ao Dia Internacional da Mulher, os orientadores propuseram fazer uma apresentação de dados referentes à violência contra a mulher. O grupo estava lotado. Três orientadores se responsabilizaram pelo grupo, sendo que Joana conduziu a apresentação, apoiada por Mateus e Ana.

> Um dos adolescentes, bem magro, com os braços tatuados, boné, pulseiras de prata nos pulsos e cheio de gestos nas mãos, como se estivesse sempre apontando uma arma ao falar, interrompeu Joana para dizer que tinha que saber o motivo pelo qual os homens haviam matado suas mulheres. Joana prosseguiu a apresentação, sendo sempre interrompida pelos comentários desse adolescente, chamado Ivan. Um dos pontos de tensão, que deixou Ana bastante nervosa, foi a discussão sobre traição e a possibilidade de homens e mulheres traírem seus companheiros. Ivan foi taxativo: 'mulher traíra tem que morrer'. Mateus retomou com ele a questão do motivo. Ivan explicou que sempre se mata alguém por algum motivo e trair é um motivo. Não dava para se deixar ser taxado de 'corno'. Outros adolescentes que estavam sentados perto de Ivan riram muito de sua colocação. Ele prosseguiu dizendo que não dava para deixar a mulher ficar 'zoando' com a cara dele: 'quem zoa merece morrer, quem é zoado tem motivo para matar'. Mateus pergunta-lhe se as mulheres também teriam esse direito. Ivan explica que homens são diferentes e os adolescentes perto dele concordam. Mateus pergunta-lhe, então, se menina gosta de ser 'corna'. Ivan concorda que não. Mateus arremata seu argumento dizendo que não se deve fazer para os outros que não se quer para si. Ivan concorda. (...). Depois que o grupo acabou, já na sala dos orientadores, Joana me contou que a mãe de Ivan foi morta pelo pai porque ele queria ficar com o barraco. (Diário de campo, grupo de adolescentes no NPPE da zona norte, 18/03/2010).

Havia três meninas acompanhando o grupo, mas nenhuma delas se manifestou. Acompanharam os debates entre Ivan e os orientadores, por vezes rindo, mas sempre silenciosas, como se a violência contra a mulher fosse um tema que não lhes dissesse respeito. Uma das meninas estava em cumprimento de liberdade assistida, as outras duas participavam da atividade junto a seus namorados, que cumpriam a medida. Seu silêncio, bem como as falas de Ivan, as risadas e manifestações de apoio dos outros adolescentes, indicavam a existência de um acordo tácito sobre a violência contra a mulher, algo que não as choca, mas que se justifica conforme são acionados os códigos de conduta e os valores próprios do mundo social ao qual pertencem.

A identificação do grupo, predominantemente masculino, era com o agressor, aquele que restabelece sua honra e que tem o direito de fazê-lo, inclusive, matando alguém. A violência contra a mulher, conforme expressa nas falas de Ivan, inseria-se no registro de uma supervalorização do que ele e outros presentes externavam como símbolos de sua masculinidade. Para eles, os homens são diferentes das mulheres, eles têm atitude e todas são legítimas, enquanto as mulheres não podem tê-las. Os homens podem trair, mas não podem ser traídos, tampouco podem ser ridicularizados, "zoados". Reafirmavam a passividade feminina e supervalorizavam os atributos masculinos, um fenômeno também observado entre jovens e adultos envolvidos com a vida infracional no Rio de Janeiro e definido por Alba Zaluar (1994b) como *ethos* da masculinidade.

Ainda naquela atividade em grupo, Joana tentou distribuir aos adolescentes uma lista com os telefones das delegacias de defesa da mulher, sendo amplamente criticada por isso. Ivan tomou a frente dos protestos, dizendo que jamais iria entrar em uma delegacia para fazer uma denúncia. Vários dos adolescentes concordaram. Joana buscou, então, que estabelecessem algum tipo de solidariedade com as vítimas, perguntando o que a mãe ou irmã de algum deles deveria fazer se fosse vítima de violência por parte do companheiro. Ivan respondeu que deveria procurar por ele, porque ele iria lá resolver.

Nesse ponto, reapareceu o tema da reprivatização dos conflitos, porém de forma invertida. Os adolescentes não admitiam a possibilidade de recorrerem a uma delegacia para efetuarem uma denúncia, fosse de uma situação de violência contra a mulher, fosse de qualquer outra situação. Para eles, os conflitos manifestos em situações de violência não deveriam ser resolvidos em outro registro senão o da vendeta, isto é, pertenciam ao espaço privado e assim continuariam a ser. A alegada legitimidade do privado e suas relações pessoalizadas expressam a visão de uma ordem social em cujas capilaridades não há o reconhecimento do monopólio do uso da força pelos agentes do Estado, mas a diluição da força em atos de violência que recolocam "cada um no seu lugar".

Se a violência como forma de resolver os conflitos advindos das relações privadas é aceita ou tolerada conforme códigos e valores próprios, que não reconhecem a legitimidade do espaço público; a violência nas relações públicas, manifesta na atuação da polícia junto aos pobres, fecha o ciclo, ao esvaziar a legitimidade desse espaço. A violência policial foi um tema que mobilizou adolescentes e familiares sobretudo no NPPE da região central, aparecendo nas atividades em grupo sem que fosse proposto pela equipe. Nesse sentido, a discussão em um dos grupos de pais e responsáveis, cujo tema inicial era a educação de crianças e adolescentes, permite estabelecer algumas das dinâmicas entre essa violência e as relações familiares.

> Laura abriu o grupo de discussão com o tema do dia, lembrando que, há dois meses, tinha surgido a questão de que o ECA tinha vindo para atrapalhar a educação dos pais para com os filhos e que ela gostaria de retomar a questão da violência contra crianças e adolescentes. Ela pergunta quem apanhou dos pais na infância. Todos levantam a mão. Ela pergunta o que aprenderam com isso. Uma mulher fala que aprendeu a vida como ela é. Outra diz que aprendeu a ter medo. Logo, uma terceira mulher se emociona com as declarações e afirma que ama os pais, que eles a ensinaram, apesar de baterem nela; que assim era a educação e que eles [os presentes] respeitavam os pais. Alguns concordam. Laura intercede dizendo que a realidade hoje é outra e que existem outras formas de educar sem violência. Ela afirma que bater, que só dar bronca não é bom, que é preciso conversar com os filhos, olho no olho, ser sincero com eles. Ela fala que, quando se está cansado, ao invés de brigar com o filho, deve-se dizer que hoje não vai dar, que está cansado, que quer descansar. Laura prossegue dizendo [como havia me dito em minha primeira visita ao NPPE] que é preciso tirar o tempo da novela para estar com os filhos, conversar olho no olho, dar afeto e atenção, e não somente bronca. Laura pega então o ECA e lê um artigo em voz alta. Explica, após a leitura, que o ECA não fala como os pais devem educar seus filhos, mas protege crianças e adolescentes de abusos. Uma mulher conta que, certa vez, bateu no filho mais novo, deixando-o com as pernas roxas. Ela disse que se arrependeu muito e jurou nunca mais bater em seus filhos. Um homem se manifesta. Diz para Laura que, no grupo de pais e responsáveis anterior, não tinha falado do ECA no sentido de que atrapalha ou proíbe os pais de educarem, mas no sentido de que o ECA diz que não pode bater e os pais não batem, mas a polícia bate. 'Se eu não bato, por que a polícia pode bater no meu filho?' – questionou ele, que era o único pai presente no grupo. Ele afirma que a polícia bate, espanca, machuca e ele, trabalhador, não pode fazer nada para defender seu filho, senão também apanha, ou pode ser preso por desacato, ou ainda, se denunciar, morre. O assunto incendeia o grupo. Logo a mãe que tinha contado que bateu no filho recomeça a falar. Conta que bateram no seu filho no dia que o prenderam e que ela só não apanhou junto porque era seu

último dia de férias e não estava em casa. Fala que, se estivesse em casa, apanharia junto, porque não ia deixar baterem no seu filho na sua frente. Diz que o deixaram machucado, quebraram sua costela e o levaram para o Brás [na Unidade de Atendimento Inicial – UAI da Fundação CASA-SP]. Não falaram para ela que ele estava machucado, ela descobriu quando foi visitá-lo. Conta que foi até a Corregedoria [da polícia] denunciar, mas que, chegando lá, os funcionários perguntaram se ela tinha certeza que queria fazer aquilo e ela lhes respondeu perguntando se a estavam ameaçando. Laura explica que ela pode entrar com uma ação pedindo indenização do Estado. Ela responde dizendo que não quer dinheiro, quer que não batam no seu filho. Laura explica que essas ações demoram, mas que o objetivo é criar constrangimentos dentro do próprio Estado a fim de evitar nova violência policial. O homem disse que quem denunciar pode morrer, que não dá para denunciar, que é perigoso. Alguns dos presentes concordam. Diz que chegou a interpelar o policial dizendo que era trabalhador, que seu filho é doente, porque é viciado em drogas. (...). O tema da violência policial mobilizou o grupo. Quem não falou, concordava meneando a cabeça. Alguns ficaram com os olhos cheios d'água." (Diário de campo, grupo de pais e responsáveis no NPPE da região central, 17/06/2009)

No trecho acima, há duas dinâmicas distintas que relacionam a violência às famílias. A primeira é a violência nas relações familiares como manifestação objetiva da disciplina, impondo regras e castigos aos desvios de conduta dos filhos. A violência aparece, nessa dinâmica, como o instrumento de aprendizado do ser no mundo, que é passado entre as gerações das famílias pobres. Como disse uma das participantes, seus pais, ao baterem nela, ensinaram-lhe "a vida como ela é". É também a experiência do medo, de uma ordem social que se impõe nas relações familiares a partir da repressão e do recurso à violência física. Essa violência como forma de educar as crianças e os adolescentes encontra, contudo, restrições postas pela legislação atual. Assim, os participantes do grupo deparavam-se com o dilema entre a forma de educar que tinham aprendido com seus pais e as novas exigências educacionais, cada vez mais restritivas quanto ao uso de castigos físicos.

Há uma segunda dinâmica entre as famílias e a violência. Dessa vez, é a violência fora do espaço familiar. A violência da rua, do mundo público, materializada na violência policial, penetra no espaço privado, explicitando a permeabilidade dos limites que separam a casa da rua. Naquele mesmo grupo de pais e responsáveis, houve diversos relatos de invasão das casas pela polícia, fosse à procura de infratores em fuga, fosse com o objetivo de constranger e amedrontar aquela família em específico. Em termos físicos, os limites das casas pouco a delimitavam, pois as habitações das famílias pobres atendidas pelo NPPE da região central eram, principalmente, cômodos e quartos alugados em pensões e cortiços. Porém, os participantes do grupo expressavam a invasão da polícia aos limites simbólicos que definiam suas casas enquanto seus lares.

O abuso da força em relação aos pobres é prática disseminada entre os agentes das forças policiais, sendo muito raro encontrar, entre os adolescentes autores de ato infracional e seus familiares, relatos que não manifestem essa vivência.[17] Antiga fórmula de dominação dos pobres, o recurso à violência e ao medo mantém-se como forma de cercear os comportamentos desviantes e silenciar a revolta. Nesse sentido, os policiais cumprem, na liberdade assistida, o papel que cabe aos agentes de segurança das unidades internação, qual seja, o de impor a ordem pelo abuso da força.[18] Assim, o respeito à ordem social é produzido não somente como efeito das intervenções informais, das famílias e redes de sociabilidades, e formais, dos orientadores sociais; é também resultado da violência, do medo, do sofrimento físico e do suplício do corpo.

Tudo somado, as variadas situações de exposição à violência a que os adolescentes em liberdade assistida estão submetidos têm como efeito a sua banalização, tornando-a tolerável e, até mesmo, legítima em algumas circunstâncias. Ela não eclode necessariamente nos seus atos infracionais, pois nem todos são violentos, mas certamente se manifesta na repressão a eles, lembrando-lhes o seu lugar de desiguais, fora do direito e da cidadania.

Não há vagas: as trajetórias escolares dos adolescentes em cumprimento de liberdade assistida

Além da promoção social da família, o Estatuto da Criança e do Adolescente prevê a intervenção da liberdade assistida sobre a trajetória escolar

---

17 Desde 1999, quando comecei a fazer pesquisas junto a adolescentes em cumprimento de medidas socioeducativas, conheci somente um adolescente que relatou não ter sofrido violência policial ao ser preso.

18 Enquanto nas unidades de internação o abuso da força física é promovido pelos agentes de segurança, que usam a disciplina como justificativa, a violência e o abuso da força física aparecem também na liberdade assistida por meio das ações dos policiais.

do adolescente. Nesse sentido, o artigo 119, que trata dos encargos do orientador social, determina como uma de suas atribuições:

> Art. 119 – (...)
>
> II – supervisionar a frequência e o aproveitamento escolar do adolescente, promovendo, inclusive, sua matrícula;
>
> (...).ˮ (Estatuto da Criança e do Adolescente, Lei Federal 8.069/1990).

Conforme exposto acima, o orientador social deve buscar a inserção e a permanência do adolescente na escola, bem como acompanhar seu desempenho (ou aproveitamento) escolar. O acesso e a permanência na escola são também enumerados nos parâmetros do atendimento socioeducativo do Sinase (SEDH, 2006) como ações necessárias no desenvolvimento de todas as medidas socioeducativas e reiteram a importância dada a essa instituição no chamado desenvolvimento pessoal e social do adolescente.

Nos guias sobre socioeducação, elaborados sob a coordenação de Antonio Carlos Gomes da Costa para a então Secretaria Especial de Direitos Humanos, a educação escolar é ressaltada em conjunto com a possibilidade de inserção no mundo do trabalho:

> A educação e a capacitação para o trabalho – todos sabemos disso, quase por intuição – são os pilares básicos de qualquer iniciativa, tanto no sentido de evitar que os adolescentes cheguem a essa situação, como para, uma vez atingido esse patamar de degradação, retomar o caminho do normal desenvolvimento pessoal e social. Sem educação e sem uma perspectiva no mundo do trabalho, como poderá o jovem olhar sem medo para o futuro? (Costa, 2006a, p. 25).

A educação escolar e a educação para o trabalho são entendidas como bases do desenvolvimento pessoal e social dos adolescentes, por permitirem a construção de "projetos de vida" (SEDH, 2006, p. 52), dando-lhes perspectivas de futuro para além da vida infracional. Nesse sentido, há uma aposta na educação escolar e no trabalho, enquanto potenciais transformadores das trajetórias dos adolescentes, ainda que isso não implique mudanças nos contextos sociais dos quais fazem parte. Assim, não obstante o Sinase e os guias sobre socioeducação reforçarem constantemente a ideia de mudança a partir das medidas socioeducativas, as intervenções que propõem estão centradas na transformação dos indivíduos e não dos contextos sociais.

Além da associação entre educação escolar e inserção no mundo do trabalho, os guias sobre socioeducação trazem também sua definição enquanto possibilidade de desenvolvimento pessoal e de exercício da cidadania, conforme os termos da Lei de Diretrizes e Bases da Educação Nacional – LDBEN (Lei 9.394/1996), de 1996:

> 'A educação é direito de todos e dever da família e do Estado e terá como base os princípios de liberdade e os ideais de solidariedade humana, e, como fim, a formação plena do educando, a sua preparação para o exercício da cidadania e a sua qualificação para o trabalho.'
>
> Como podemos perceber, a LDB, em seu Art. 20, busca promover o educando em três níveis:
>
> a) como pessoa: 'o pleno desenvolvimento do educando';
>
> b) como cidadão: 'seu preparo para o exercício da cidadania';
>
> c) como profissional: 'e sua qualificação para o trabalho. (Costa, 2006b, p. 66)

Há, enfim, um quarto sentido possível para a educação escolar no desenvolvimento das medidas socioeducativas, qual seja, o do enfrentamento da pobreza e da prevenção do envolvimento com a violência e a criminalidade.

> Cada adolescente *despreparado pessoal e socialmente*, na verdade, estará condenado a ser um cliente dos programas de renda mínima, de cesta básica, do trabalho precoce, ou, pior que isso, a ingressar no Sistema de Administração da Justiça Juvenil. Em outras palavras, será sempre um dependente do Estado ou da sociedade. Por outro lado, por maior que sejam a ignorância e a pobreza dos seus familiares, se o adolescente consegue ir adiante nos estudos, ali, naquela vida, rompe-se o ciclo da reprodução inter geracional da pobreza, da ignorância e da brutalidade. (Costa, 2006b, p. 77, grifos originais).

Em termos operacionais, o acesso à educação escolar dá-se por meio de práticas de inserção e supervisão da permanência na escola. As tensões e os conflitos próprios da escola e da educação escolar de crianças e adolescentes das camadas populares, que possivelmente levaram os adolescentes atendidos a abandonarem a escola, são desconsiderados em nome do investimento na inserção de indivíduos que, acredita-se, estão de fora desses espaços "normais" do desenvolvimento.

Esses conflitos são explicitados pela resistência generalizada das escolas em receberem adolescentes que estejam cumprindo a medida de liberdade assistida. Durante as observações de campo, essas resistências manifestaram-se na alegada inexistência de vagas como forma de manter esses adolescentes fora das escolas. Dos nove adolescentes acompanhados, cinco – Reinaldo, Cristiano, Rose, Janaína e Joaquim – não estavam matriculados quando iniciaram o cumprimento da medida e tentaram por meses até conseguirem vaga para cursarem tanto o ensino regular quanto a educação de jovens e adultos. Os orientadores faziam várias visitas às escolas públicas e diretorias de ensino para coletarem informações e solicitarem vagas adequadas ao perfil dos adolescentes atendidos (relação entre série e idade), informando-os sobre as disponibilidades. Quando os adolescentes e seus familiares iam fazer a matrícula, porém, já não havia mais vagas. Essa era uma forma que as direções das escolas públicas encontravam para limitar o acesso de adolescentes em cumprimento de liberdade assistida, como pode ser observado no trecho extraído do diário de campo a seguir:

> Mônica folheia a pasta e pergunta da escola. Janaína se põe novamente a explicar. Conta que foi até a escola e que estava com quase todos os documentos. Já tinha começado a fazer a matrícula quando disse que estava na organização que gere o NPPE. Então, foi-lhe pedido pela escola que trouxesse um encaminhamento dessa organização para concluir a matrícula. Ela veio aqui [no NPPE], pegou o documento e, quando voltou, disseram para ela que não tinha mais vagas. Ela diz que achou estranho porque um amigo dela foi lá na mesma semana e conseguiu uma vaga. Mônica perguntou com quem ela tinha falado. Janaína conta que falou, primeiro, com uma moça morena de óculos e, depois, com a diretora, Soraia. Segundo ela, foi a diretora que disse que não tinha mais vagas. Mônica explica que as vagas abrem e acabam muito rápido. 'Quando os orientadores falam que tem que ir entre hoje e amanhã, tem que ir entre hoje e amanhã porque as vagas acabam muito rápido' – salienta. Mônica diz que encaminhou o nome de Janaína, junto a de outros adolescentes, para a Diretoria de Ensino para ver se consegue a vaga. Janaína insiste que quer estudar no CIEJA, esse que ela não conseguiu finalizar a matrícula. Mônica fala que o importante é conseguir uma vaga e que na Gabriela Mistral vai abrir vaga para a série dela na segunda-feira. Janaína pergunta da [Escola] Veridiana. Mônica fala que já foi lá e que eles não vão abrir vaga para a série e idade dela. Mônica então explica a Janaína que ela pode pedir transferência no meio do semestre, que o mais difícil é conseguir a matrícula e que, para a transferência, é obrigatória a oferta de

vaga. Janaína aceita. (...). Mônica folheia a pasta e fala também do documento da escola, dizendo que não tinha mais vagas. Fala para Janaína que uma cópia desse documento irá no relatório, para mostrar ao juiz que ela está tentando vaga em escola e não está conseguindo. Findo o atendimento, pergunto à Mônica se a diretora estaria negando a vaga por ter descoberto que Janaína estava em LA. Mônica responde que essa diretora faz isso mesmo. (Diário de campo, atendimento individual, em 05/03/2010).

Para os adolescentes, a dificuldade para conseguir vaga era vivida com angústia, pois sabiam que a não frequência escolar seria vista negativamente pelo juiz. Como visto acima, a inserção e permanência do adolescente na escola fazem parte das atribuições do orientador da liberdade assistida previstas no Estatuto da Criança e do Adolescente. Mas também são usadas como parâmetros pelos juízes para medir o grau de eficácia da medida aplicada, isto é, o quanto os adolescentes se amoldam ao cumprimento da liberdade assistida é mensurado pelo quanto eles permitem ao orientador realizar suas atribuições, sendo comum a extinção da medida quando o adolescente atende a, principalmente, duas dessas atribuições: a inserção na escola e no mundo do trabalho.

Assegurado como um direito de crianças e adolescentes, o acesso à educação escolar converte-se, enquanto intervenção prevista na liberdade assistida, em dever do adolescente para com sua sentença. Essa conversão refletiu-se na forma como os adolescentes acompanhados vivenciaram a inserção na escola, pois tiveram que ajustar as demandas dos juízes e orientadores à realidade objetiva na qual estavam inseridos e às suas próprias percepções dessa realidade. Por um lado, essa inserção foi buscada como o cumprimento de um dever; por outro, esse dever não chegou a converter-se em um direito, uma vez que os adolescentes não percebiam a educação escolar desse modo.

No momento em que iniciaram o cumprimento da medida de liberdade assistida, sete dos adolescentes acompanhados pela pesquisa apresentavam um quadro de defasagem escolar entre série e idade igual ou superior a dois anos, o que indica sua exclusão na escola, conforme o conceito definido por Alceu Ferraro (1999). Segundo ele, o processo de exclusão escolar manifesta-se em dupla dimensão, sendo uma a exclusão na escola, objetivada pela retenção, repetência e defasagem escolar, e outra a exclusão da escola, manifesta no não-acesso e na evasão escolar (cf. Ferraro, 1999). Como dito anteriormente, cinco dos adolescentes não estavam inseridos na escola naquele momento, apontando sua vivência também de exclusão da escola, face à evasão escolar e ao não-acesso, sendo esse último explicitado pela dificuldade que tiveram em obter vaga.

Janaína, 16 anos, buscava matricular-se no CIEJA para conseguir terminar o ensino fundamental, no qual estavam todos os adolescentes acompanhados, exceto Fernando, que estava no ensino médio. Cristiano, aos 16 anos, havia estudado até a quinta série do ensino fundamental, uma defasagem de cinco anos, e dizia saber que sua baixa escolarização era uma limitação para conseguir um emprego.

Luís, aos 14 anos, havia estudado até a quarta série do ensino fundamental, uma defasagem de quatro anos. Sua trajetória escolar era caracterizada por idas e vindas, pois a escola concorria com o trabalho desde os seus nove anos, quando começou a trabalhar vendendo balas nos semáforos da cidade. No início da medida, em junho de 2009, Luís informou que estudava no Centro Integrado de Educação de Jovens e Adultos – CIEJA do bairro onde morava.[19] Em julho, sua situação já se havia alterado, sendo que ele admitiu para o orientador que iria voltar a estudar.

Reinaldo, 16 anos, parou de estudar na sexta série, depois de tê-la repetido. Sua defasagem era de quatro anos. Dizia saber que estava atrasado nos estudos, achando que deveria estar no primeiro ano do ensino médio. No início da medida, em junho de 2009, seu orientador pediu-lhe para fazer matrícula no CIEJA do seu bairro. Sua mãe foi até lá, mas não conseguiu matriculá-lo, pois lhe disseram que não havia mais vagas. Em setembro, quando a pesquisa foi encerrada no NPPE que o atendia, Reinaldo continuava sem estudar porque não conseguia vaga em nenhuma escola da rede pública de sua região de moradia.

Rose, 17 anos, parou de estudar na quinta série, depois de repeti-la por três vezes. Segundo relatou em um dos atendimentos, na terceira vez que refazia as provas dessa série, ficou nervosa, rasgou a prova e foi embora, não retornando mais. Seu caso é exemplar no processo de exclusão na escola levando à evasão escolar, chegando sua defasagem a seis anos. Apesar de ter dito que queria voltar a estudar no início da medida, logo mudou de ideia e passou a resistir fortemente à possibilidade de ter de voltar à escola. Somente depois de quatro de meses cumprindo a medida, prevista para durar entre seis meses e um ano,

---

19   Segundo informações do sítio da Secretaria Municipal de Educação, o CIEJA "articula em seu projeto pedagógico o Ensino Fundamental, com duração de 4 anos, nos períodos manhã, tarde e noite, e a Educação Profissional – Qualificação Inicial em Informática. Os alunos são atendidos em estruturas que funcionam cinco turnos diurnos e 1 turno noturno, de segunda a sexta-feira, com aulas de 2h15 de duração." Disponível em http://portalsme.prefeitura.sp.gov.br/anonimo/eja/apresentacao.aspx?MenuID=154&MenuIDAberto=6.

foi que Rose se matriculou em uma escola de seu bairro para cursar a educação de jovens e adultos.

Bruno, 15 anos, estava matriculado e cursando a sétima série do ensino fundamental quando iniciou o cumprimento da liberdade assistida. Sua defasagem, de dois anos, foi explicada por ele pelo fato de ter parado de estudar no período em que residiu com seu avô materno na Bahia.

Joaquim, 17 anos, queria matricular-se no ensino regular para concluir o fundamental, o qual havia interrompido no início da oitava série para poder trabalhar em um supermercado do bairro onde morava.[20] Apesar do interesse que demonstrou em obter uma vaga, tendo se inscrito na lista de espera de quatro escolas públicas do bairro, aguardou por mais de três meses antes de conseguir ser matriculado.

Antônio e Fernando foram os únicos adolescentes acompanhados em que não foi observada defasagem escolar. Antônio, 14 anos, estava cursando a oitava série do ensino fundamental na mesma escola onde tinha feito todas as séries anteriores. No entanto, devido ao aprofundamento de seu envolvimento com a vida infracional, parou de frequentar a escola ainda no início da medida. Fernando, 17 anos, estava cursando o segundo ano do ensino médio em uma escola pública estadual do bairro.

Após um dos atendimentos, surgiu a oportunidade de conversarmos sobre sua experiência escolar, a qual me interessava muito pelo fato de ser ele um dos únicos que não apresentava defasagem entre idade e série. Além disso, ao contrário de Antônio, que logo abandonou a escola, Fernando continuava estudando. No final daquele atendimento, cujos temas tinham sido sua frequência e desempenho escolar, a orientadora perguntou-me se gostaria de saber mais alguma coisa. Perguntei a ele sobre as aulas, do que gostava, pelo que se interessava na escola. Respondeu-me que gostava de educação física, de jogar futebol. Depois, comecei a perguntar de outras disciplinas:

> Pergunto se gosta de matemática. Ele ri e fala que essa é a pior. Rio também. Pergunto se gosta de história. Ele fala que essa é legal. Pergunto da literatura, se ele tem aula de literatura. Ele fala que sim. Pergunto se a professora deu algum livro. Ele diz que não, que ela só escreve no quadro. Pergunto se ela nunca deu nenhum livro. Ele fala que não. Pergunto se ele gosta de ler – ele responde que não, não gosta de ler. (Diário de campo, 10/03/2010).

---

20 Nenhum dos adolescentes estudados chegou a ser inserido no ensino fundamental de nove anos, o qual foi regulamentado em 2006.

Um dos poucos adolescentes que não apresentava defasagem escolar e o único que estava no ensino médio, Fernando tinha aulas de literatura sem livros em uma escola pública estadual da zona norte de São Paulo. Sua experiência escolar chama a atenção porque, mesmo não vivenciando processos de exclusão escolar, não parecia ver sentido na escola. Em seus atendimentos, expressava não ter interesse por nenhuma profissão e o tema da escola apareceu desvencilhado da perspectiva de formação profissional, de modo que a escola não tinha esse sentido para ele. Tampouco tinha o sentido de desenvolvimento pessoal ou promoção da cidadania, o que se manifestava na aula de literatura sem livros e na pouca curiosidade expressada por Fernando em relação a conteúdos e conhecimentos adquiridos na escola.

Nas trajetórias escolares dos adolescentes acompanhados pela pesquisa, a escola não atendia a nenhuma das finalidades da educação escolar enumeradas na LDBEN e retomadas no Sinase e nos guias sobre a socioeducação, não promovendo seu desenvolvimento pessoal e humano nem sua cidadania e também não lhes fornecendo a qualificação necessária para o ingresso no mercado formal de trabalho. Para eles, ela não era uma porta de entrada para o mercado de trabalho; antes, competia com ele. Sua (re) inserção, forçada como um dever judicialmente imposto, não resolvia, mas expunha e aprofundava os conflitos que os haviam levado a saírem da escola. Assim, não vivenciavam a educação escolar como um direito, mas enquanto um dever, distanciando-se da possibilidade de contribuir para sua formação enquanto cidadãos.

Educação profissional e mundo do trabalho: inserções possíveis

O tema da inserção no mundo do trabalho é antigo no campo de discursos e práticas sobre a infância e a adolescência pobres, sendo uma das permanências mais significativas, desde sua emergência no início do século XX. Como visto no primeiro capítulo, a manutenção da inserção precoce de adolescentes pobres no mundo do trabalho respondia às demandas objetivas de ampliação do mercado de mão-de-obra assalariada, produzidas pelo contexto de industrialização que marcou a emergência desse campo. Assim, embora o primeiro Código de Menores tenha sido um dos poucos investimentos do poder público na regulamentação das relações de trabalho na Primeira República (ver Carvalho, 2004), permitia o ingresso nesse mundo a partir dos 12 anos (ver art. 101 do Código de Menores, Decreto 17.943-A, de 12 de outubro de 1927). Além disso, como tratado no segundo capítulo, a economia das intervenções punitivas sobre os autores de ato infracional baseava-se, nesse Código, na centralidade do trabalho enquanto instrumento de recuperação e moralização das condutas, o que pode ser verificado nas práticas do patronato e da internação em estabelecimentos industriais e agrícolas.

No segundo Código, as práticas de intervenção sobre os adolescentes autores de ato infracional se diversificaram, passando a contemplar também a escolarização e o investimento nos saberes sobre a vida privada e familiar dos adolescentes. Não obstante essa maior diversidade, a inserção no mundo do trabalho permaneceu como um objetivo a ser alcançado pela intervenção, prevendo-se práticas de profissionalização dos adolescentes considerados "em situação irregular".

No Estatuto da Criança e do Adolescente, a inserção no mundo trabalho aparece explicitamente como uma das intervenções específicas da liberdade assistida. Nesse sentido, é uma das atribuições do orientador social:

> Art. 119 – (...)
>
> III – diligenciar no sentido da profissionalização do adolescente e de sua *inserção no mercado de trabalho*;
>
> (...)
>
> (Estatuto da Criança e do Adolescente – ECA, Lei Federal 8.069/1990, grifo meu).

Nas demais medidas socioeducativas, a inserção no mundo trabalho não figura como uma das intervenções previstas. Somente na internação e na semiliberdade, prevê-se, como na liberdade assistida, a profissionalização enquanto direito do adolescente e obrigação das entidades e profissionais que executam essas medidas. Porém, não é mencionada a inserção no mundo do trabalho em nenhuma outra medida, exceto na liberdade assistida (ver artigos 94 e 112 a 125 do Estatuto da Criança e do Adolescente, Lei Federal 8.069/1990).

Quanto aos critérios formais dessa inserção, a idade mínima para o trabalho de qualquer adolescente está fixada no Estatuto em 14 anos, sendo vedado o trabalho noturno; perigoso, insalubre ou penoso; realizado em locais que prejudiquem a formação e o desenvolvimento pessoal; e realizado em horários e locais que impossibilitem a frequência à escola (ver artigos 60 e 67 do Estatuto da Criança e do Adolescente, Lei Federal 8.069/1990). Nesse sentido, a regulamentação das relações de trabalho dos adolescentes procura assegurar que ele não concorra com a educação escolar, obrigatória até o término do ensino fundamental (fixado em nove anos, conforme regulamentação da Lei Federal 11.274/2006).

Dados da Pesquisa Nacional por Amostra de Domicílios – PNAD, de 2007, apontam que essa concorrência tende a ocorrer nos grupos de idade mais próximos dos 18 anos. 54,8% dos adolescentes entre os 16 e 17 anos, entrevistados na pesquisa, somente estudavam, enquanto 23,4% estudavam e trabalhavam e 10,2% somente trabalhavam. Já o grupo de idade de 18 e 19 anos indica uma transição entre trabalho e estudo, sendo reduzida para 25,8% a proporção de jovens que somente estudavam, enquanto o número de jovens que somente trabalhavam aumentava para 32,3%. Essa transição, com a prevalência do trabalho sobre os estudos, consolidou-se no grupo de idade dos 20 aos 24 anos, do qual 50,4% somente trabalhavam, enquanto 14,9% trabalhavam e estudavam e 10,1% somente estudavam (ver gráfico 4.2).

4.2. Percentual de adolescentes e jovens de 16 a 24 anos de idade por condição de atividade na semana de referência, segundo grupo de idade. Brasil. 2007

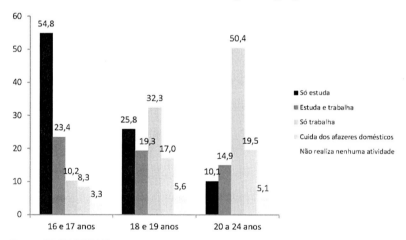

Fonte: IBGE/PNAD 2007.

Ainda de acordo com esses dados, os jovens brasileiros tendem, a partir dos 18 e, de forma mais acentuada, dos 20 anos, a deixar a educação formal e a busca pela aquisição de credenciais educativas, para se dedicar ao trabalho. Estudos qualitativos realizados com jovens e adultos das camadas populares permitem compreender essa tendência não somente como uma necessidade material de sustento, mas também como uma valorização do mundo do trabalho enquanto instância socializadora e mediadora com o mundo social da ordem (cf. Oliveira, 2001; Souza, 2003). Como salienta Regina Magalhães de

Souza (2003), em seu estudo junto a jovens estudantes de escolas públicas da zona norte de São Paulo, essa valorização do trabalho articula-se a uma desvalorização da escola:

> Na visão dos pesquisados, o trabalho é importante, pois, além de significar autonomia, é oportunidade de aprendizagem e amadurecimento. Nenhum deles fez qualquer tipo de referência aos aspectos alienantes do trabalho; pelo contrário, valorizavam o conhecimento advindo da execução das funções e das atividades profissionais. (...). Mesmo exercendo funções menos qualificadas, os entrevistados enfatizaram os aspectos educativos do trabalho, que, para eles, é uma fonte maior de aprendizado do que a escola. A esse respeito, houve unanimidade entre eles, que afirmaram sem hesitação: ali se aprende mais que na escola. (Souza, 2003, p. 136).

Ao estudar as representações dos jovens trabalhadores de São Paulo, Régia Cristina de Oliveira (2001) apontou que essa valorização também se constrói em oposição às noções de marginalidade e vagabundagem. Nesse sentido, o mundo do trabalho, juntamente com a família e mais do que escola, representa a entrada e o pertencimento ao mundo da ordem, em antagonismo à desordem associada à ociosidade e ao crime. Cabe ressaltar a proximidade entre essas representações e os discursos dos industriais e autoridades públicas do início do século XX (apresentados no primeiro capítulo), indicando a circulação desses discursos entre diferentes segmentos sociais e sua apropriação pelas camadas populares como forma de construir um sentido para seu lugar no mundo social.

Segundo Cynthia Sarti (1996), o trabalho é extremamente valorizado enquanto atributo moral dos pobres, sendo muitas vezes esse o limite simbólico que reivindicam para si, em nome da separação entre pobreza, indigência, incivilidade e criminalidade (ver também Telles, 2001). Não obstante as condições objetivas desse trabalho serem associadas à baixa qualificação, pouco rendimento financeiro, grande demanda de esforço físico e à precariedade dos vínculos, o trabalho tem, para os pobres, o duplo sentido de fonte de sustento e sobrevivência familiar, mais do que individual, e de valor moral e barreira simbólica que delimita e separa o trabalhador pobre das figuras do indigente e do criminoso ou o "bandido" (cf. Sarti, 1996; Telles, 2001; Zaluar, 1994a).

A permanência da inserção no mundo do trabalho dentre as intervenções previstas na liberdade assistida pode ser compreendida a partir desse duplo sentido do trabalho para os pobres. Como tratado nos capítulos anteriores, sobretudo no terceiro capítulo, as intervenções das medidas socioeducativas, propostas no Estatuto da Criança e do Adolescente, no Sinase (SEDH, 2006) e demais documentos oficiais federais e estaduais analisados, explicitam, nos discursos oficiais, a proposta de investimento sobre um público específico, isto é, os adolescentes pobres, principalmente, residentes nas cidades. A proposta de profissionalização dos adolescentes e de sua inserção no mundo do trabalho reitera e corrobora a percepção de que é esse o público a ser atendido pela liberdade assistida.

No nível das práticas, a profissionalização e a inserção no mundo do trabalho apoiam-se principalmente no segundo sentido que lhe é atribuído pelos pobres, isto é, na sua definição valorativa enquanto ingresso no mundo da ordem. Durante as observações de campo, esse apoio permitiu a articulação entre as intervenções formais dos orientadores sociais e as informais das famílias dos adolescentes, havendo entre eles uma divisão tácita de tarefas. Enquanto os primeiros focaram a profissionalização, buscando constantemente, em suas andanças pelo bairro e nas suas redes de contatos profissionais, cursos de educação profissional que se adequassem ao perfil do público atendido, as famílias atuaram mais fortemente na inserção dos adolescentes no mundo do trabalho, acionando, quando possível, as redes de solidariedade familiar para conseguirem empregar seus filhos. Ainda que as inserções conseguidas fossem precárias, pela sua informalidade e baixa qualificação, eram vistas pelas famílias como alternativas concretas no esforço de desvincular seus filhos da vida infracional.

Os adolescentes acompanhados, por sua vez, transitaram entre o mercado informal e o ilegal de trabalho, sendo essas as inserções possíveis, considerando sua idade, a pouca escolaridade e o contexto social em que se encontravam. A vida infracional colocava-se para os adolescentes como alternativa às experiências de inserção precária no mercado informal de trabalho, compartilhadas pelos membros de suas famílias. Houve também, durante o campo, situações em que a vida infracional aproximava o adolescente das experiências familiares em suas inserções no mercado ilegal. Esse era o caso de Luís, cujos irmãos mais velhos se encontram no sistema prisional e cuja mãe garantia a renda familiar vendendo cigarros contrabandeados, o que é ilegal.

Cabe ressaltar, também, que as fronteiras entre legal e ilegal, lícito e ilícito não atenderam, necessariamente, os quesitos formais das leis. Nesse sentido, as inserções de Bruno no mercado de trabalho ilustram a permeabilidade entre o mercado informal e o ilegal. Bruno foi o único dos adolescentes acompanhados pela pesquisa que fez mais de uma inserção no mercado de trabalho durante o cumprimento da liberdade assistida. A primeira inserção foi em um frigorífico em seu bairro, conforme o relato a seguir:

> Rafael inicia o atendimento perguntando a Bruno como está o emprego. Bruno sorri e fala que está bem. Rafael pergunta da declaração de emprego. Bruno conta que sua mãe o aconselhou a dizer a Seu José [o empregador] que a escola estava pedindo a declaração para matriculá-lo no curso noturno. Segundo Bruno, Seu José pediu que a escola fizesse a declaração e Bruno a trouxesse para ele assinar. Rafael explica que é obrigação do empregador fazer a declaração. Bruno fica pensativo. Rafael continua e diz a Bruno como deve ser a declaração. Fala que, se seu José, não conseguir fazer, eles [do NPPE] podem fazer, 'mas é uma obrigação do empregador', frisa Rafael. Depois, pergunta a Bruno se ele está registrado. Bruno responde que seu José prometeu registrá-lo após o período de... 'Experiência' – completa Rafael, pois Bruno não lembrava a palavra. Rafael pergunta se o local é regular. Bruno conta que, quando a fiscalização aparece na rua, seu José baixa as portas, bem com os outros empresários da região. Seu José tem um frigorífico e um açougue. Bruno está trabalhando no frigorífico (Diário de campo, atendimento individual realizado em 20/07/2009).

A declaração de emprego, requisitada por Rafael, orientador de Bruno, era um documento comprobatório de seu vínculo empregatício a ser enviado ao juiz. A princípio, era uma solicitação simples e tinha por objetivo comprovar ao juiz que Bruno estava cumprindo a medida socioeducativa que lhe havia sido imposta. Ele comparecia aos atendimentos assídua e pontualmente, sua mãe o acompanhava e participava dos grupos de pais e responsáveis, ele frequentava a escola e, naquele momento, tinha começado a trabalhar. Formalmente, as intervenções de Rafael atendiam ao exposto no Estatuto e na sentença judicial, e Bruno aceitava essas intervenções, sendo poucas as vezes em que opôs alguma resistência.

Porém, a declaração de emprego implicava uma primeira contradição entre o atendimento às expectativas da medida de liberdade assistida e a realidade da inserção de Bruno no mercado de trabalho. Por um lado, a inserção em si era prevista como parte do cumprimento da medida e o fato de ele ter conseguido um emprego atendia às expectativas desse cumprimento. Por outro lado, o adolescente sabia que, se falasse para seu empregador que a declaração seria levada para o seu orientador de liberdade assistida, havia a possibilidade real de perder o emprego. Sua mãe, então, sugeriu que dissesse ao empregador que a declaração era para a escola, de onde surgiu uma segunda contradição.

As condições de trabalho e emprego da primeira inserção de Bruno eram precárias em diversos aspectos. Estava trabalhando sem registro em carteira, ficando sua relação com o empregador fora das regulamentações previstas em lei. Sua inserção, portanto, era no mercado de trabalho informal. Além disso, o local de trabalho era irregular, uma vez que o empregador evitava a fiscalização. A segunda contradição com a qual Bruno se deparou referia-se à possibilidade de obter um documento que formalizasse uma relação de trabalho que era, *a priori*, informal e irregular.

Menos de um mês após o atendimento descrito acima, Bruno foi demitido, situação que o levou a uma segunda inserção no mercado de trabalho. Essa também foi no mercado informal, só que com caráter explicitamente temporário e esporádico. Seu padrasto o havia levado para ajudar no trabalho com carretos.[21]

> Bruno não apareceu para o atendimento. Depois de várias tentativas de entrar em contato com sua mãe, Rafael finalmente consegue falar com ela. Ela conta que Bruno foi demitido. Diz que ele está bem e que tinha ido fazer uma mudança com o padrasto. Rafael remarca o atendimento para o dia seguinte. (Diário de campo, em 17/08/2009).

No atendimento marcado para o dia seguinte, Bruno contou a Rafael que conseguiu um novo emprego, sendo essa sua terceira inserção:

> Bruno conseguiu um novo emprego. Conta para Rafael que está vendendo CDs e DVDs na 25 de março [rua de comércio popular que mescla pontos de venda legais e ilegais no centro de São Paulo]. Alertado por Rafael de que a venda de CDs e DVDs piratas é ilegal e que ele pode ser preso novamente, Bruno responde: 'mas estou trabalhando, não é?'. (Diário de campo, atendimento individual realizado em 18/08/2009).

Novamente, a inserção deu-se no mercado informal e em uma atividade irregular. Porém, dessa vez, havia maior risco de Bruno voltar a ser apreendido pela polícia, conforme Rafael o alertou. Entre o envolvimento em novos atos infracionais e a inserção no mercado informal de trabalho, Bruno empenhava-se na última, embora o limite entre infração e informalidade não atendesse as orientações

---

21 Bruno e Antônio eram amigos e vizinhos. Estudavam na mesma escola, até Antônio se tornar usuário de drogas e interromper os estudos. O pai de Antônio e o padrasto de Bruno trabalhavam no mesmo ramo de atividades, os carretos.

de Rafael. Para Bruno, o comércio de produtos falsificados não era uma infração, mas um trabalho, aproximando-o do mercado informal.

Também no mercado informal de trabalho estavam ou tinham estado inseridos Cristiano, Joaquim, Janaína, Reinaldo e Luís. No momento em que iniciou o cumprimento da liberdade assistida, Cristiano já fazia entrega de galões de água mineral para o tio, trabalhando inclusive aos sábados. Dizia a seu orientador que queria voltar a estudar porque, com seu nível de escolaridade, tinha dificuldade em conseguir outro emprego. Joaquim conseguiu seu primeiro emprego aos 16 anos como empacotador do supermercado do bairro. Embora não tivesse registro em carteira, manteve-se no emprego por quase um ano, abandonando a escola quando os horários de trabalho e estudo entraram em conflito. Sua segunda inserção foi no mercado ilegal de trabalho, como vendedor de drogas, razão pela qual foi apreendido pela polícia e sentenciado a cumprir a medida de liberdade assistida. Sua mãe pressionava-o a conseguir novo emprego, fora do mercado ilegal, mas ele estava tendo dificuldade para atender à demanda materna, pois não estava encontrando emprego. Janaína, também apreendida pela polícia no comércio ilegal de drogas, mencionou ter feito um trabalho temporário junto a uma empresa do bairro.

Reinaldo e Luís tiveram experiências de trabalho informal mais próximas dos profissionais autônomos. Reinaldo e sua mãe fizeram porquinhos de gesso, para vender na rua, por um curto período de tempo. Contudo, o dono do lugar onde moravam proibiu a confecção dos porquinhos porque fazia muita sujeira. Luís, por sua vez, trabalhou no farol, com seus irmãos, vendendo balas até os nove anos; depois começou a vender balas e doces no ônibus até os 12 anos, quando passou a roubar celulares e usar drogas.

Enfim, Fernando e Antônio não tinham experiências de inserção no mercado de trabalho. O pai de Antônio fazia carretos e chegou a levá-lo algumas vezes durante sua infância para acompanhar o que fazia, mas, ao ingressar na adolescência, Antônio deixou de interessar-se por isso. Fernando também não tinha experiências anteriores de trabalho e dizia a sua orientadora que não tinha interesse por cursos ou profissões, porque não se preocupava com o ingresso no mundo do trabalho. Contudo, no momento em que voltou a cometer infrações, durante o cumprimento da liberdade assistida, seus pais inseriram-no em um emprego informal junto ao pai. Este fazia transporte irregular de passageiros na zona norte da cidade, e Fernando passou a ser seu assistente no período da tarde, quando saía da escola.

Novamente, o limite que separa informalidade e infração não é o mesmo que se estabelece na lei. Como no caso de Bruno, o de Fernando revela a permeabilidade dessa fronteira, sendo o trabalho em vans irregulares ou na venda de produtos falsificados considerados parte do mundo do trabalho e não do crime. O caso de Fernando recoloca, também, o ingresso no mundo do trabalho enquanto um contraponto ao mundo da rua e do crime. Estudando pela manhã e trabalhando à tarde, Fernando ficaria distante desse mundo.

Se as intervenções das famílias dos adolescentes acompanhados tenderam a buscar sua inserção no mundo do trabalho a partir de suas próprias experiências, marcadas pela informalidade e pela ilegalidade, as intervenções dos orientadores sociais no sentido de promover sua qualificação poderiam ser, a princípio, uma forma de criar possibilidades de inserção no mercado formal de trabalho. Contudo, ao longo da pesquisa, nenhum dos adolescentes se inseriu em cursos de educação profissional. A organização do sistema de educação profissional também restringe o acesso desses adolescentes, pois em muitos cursos há critérios de idade e escolaridade mínima que não atendem. Além disso, quando a possibilidade de fazer um curso era oferecida pelos orientadores, a tendência dos adolescentes foi rechaçá-la, alegando não terem interesse por nenhuma profissão em particular. A única exceção foi Joaquim, que se inscreveu em dois dos cursos sugeridos por sua orientadora sem, contudo, obter vaga em nenhum.

"Não gosto de falar da minha vida": as práticas de intervenção ante o uso de drogas

O tema das drogas, tanto no que se refere ao uso quanto ao tráfico, não consta do esquema formal de intervenções previstas no Estatuto da Criança e do Adolescente para a liberdade assistida. Apesar disso, tem sido abordado nos documentos oficiais mais recentes que tratam da execução de medidas socioeducativas, principalmente no Sinase (SEDH, 2006). O tema aparece ali vinculado ao uso e à dependência de drogas, situando-se, portanto, no âmbito das intervenções de saúde, planejadas, coordenadas e implementadas pelo Sistema Único de Saúde – SUS. Não há referência, contudo, ao tráfico, embora este seja uma das principais razões de apreensão policial de adolescentes em estados como São Paulo, Rio de Janeiro, Minas Gerais e Espírito Santo.[22]

---

22 Em dezembro de 2010, o Núcleo de Estudos de Políticas Públicas em Direitos Humanos – NEPP-DH, o Núcleo de Estudos da Cidadania, Conflito e Violência Urbana – NECVU e

Dos nove casos acompanhados pela pesquisa, o único em que o tema das drogas não apareceu foi o de Cristiano. Em todos os demais, os adolescentes ora estavam envolvidos como usuários, ora ocupavam posições de menor prestígio na estrutura do tráfico de drogas de seu bairro.

Como pontuado anteriormente, o envolvimento com esse comércio era uma das características do público atendido pelo NPPE da zona norte, diferenciando-o do público atendido no outro núcleo. A maioria dos adolescentes dali havia sido apreendida e sentenciada por tráfico de drogas, apesar de nele desempenharem atividades de menor prestígio e poder. Assim como no mercado de trabalho formal, no mercado informal e ilícito do tráfico de drogas, os adolescentes são vistos como mão-de-obra barata e abundante, sendo direcionados para postos de maior risco e exposição (ver Zaluar, 1994b). Eles são comumente recrutados para o trabalho de vendedores e gerentes das "bocas", pontos de venda de drogas no varejo distribuídos pelo bairro. As "bocas" são a parte mais visível e vulnerável do tráfico, estando mais expostas às ações policiais do que as operações logísticas que viabilizam a compra das drogas no atacado, seu transporte e distribuição para as vendas no varejo.

Dos três adolescentes acompanhados pela pesquisa que cumpriam a medida de liberdade assistida no NPPE da zona norte, Joaquim e Janaína haviam sido apreendidos pela polícia quando estavam nas "bocas" locais. Joaquim foi apreendido logo no segundo dia de trabalho e Janaína foi apreendida junto com outro adolescente quando estavam em uma das "bocas" da favela onde mora. Ela não tinha drogas consigo, mas dinheiro, sendo essa a evidência material usada na sua condenação por tráfico, não obstante ela negar que estivesse ali traficando. Fernando, por sua vez, era usuário frequente de maconha, tendo sido apreendido por furto e, posteriormente, roubo.

---

o Grupo de Estudos da Sociedade Contemporânea (GESOC), vinculados à Universidade Federal do Rio Janeiro (UFRJ), organizaram o seminário *Contando infrações: a produção de dados sobre jovens em conflito com a lei na cidade do Rio de Janeiro*, do qual participei como representante da Fundação CASA-SP. Durante o seminário, foram apresentadas estatísticas dos três estados que apontam o crescimento do número de adolescentes inseridos nos respectivos sistemas estaduais de atendimento socioeducativo em razão do tráfico de drogas. Não há, contudo, uma política de publicação desses dados, sendo necessário requisitá-los a cada um dos órgãos estaduais responsáveis. Quanto aos dados de São Paulo, segundo a Fundação CASA, em dezembro de 2010, 37,43% dos adolescentes inseridos nas medidas socioeducativas de internação e semiliberdade haviam sido sentenciados por tráfico de drogas, percentual superado apenas pelo roubo qualificado (38,10%). Em terceiro e quarto lugares, vinham o roubo simples (4,91%) e o furto (3,46%). Um dos menores percentuais era de homicídio (0,98%).

Já entre os adolescentes atendidos pelo NPPE da região central da cidade, o tema tendeu a aparecer associado ao consumo. Dos seis adolescentes acompanhados pela pesquisa, cinco declararam consumir ou terem consumido drogas. Bruno era usuário esporádico de lança-perfume e maconha. Reinaldo, Antônio e Luís faziam uso frequente de drogas, principalmente maconha. Já Rose alegava ter parado de consumir drogas a partir de sua internação em uma unidade feminina da Fundação CASA.

Em todos os casos em que foi declarado o uso de drogas pelos adolescentes, seus orientadores, em ambos os núcleos, buscaram intervir no sentido de encaminhá-los ao serviço de saúde voltado para drogadição.[23] Foi observada, durante a pesquisa, a regularidade com que os orientadores propuseram aos adolescentes que fizessem o acompanhamento psicoterapêutico para usuários de drogas oferecido pelos Centros de Atenção Psicossocial (CAPS), os quais compõem a rede municipal de saúde mental do Sistema Único de Saúde (SUS).

Enquanto a prática de intervenção dos orientadores se direcionou para a proposição de acompanhamento psicoterapêutico, inserindo a intervenção sobre os usuários de drogas no campo da saúde, a resposta obtida foi uma forte resistência. As propostas de acompanhamento, feitas reiteradas vezes pelos orientadores em vários atendimentos, foram constantemente rechaçadas pelos adolescentes. A fala de Reinaldo durante um atendimento cujo tema foi a drogadição oferece pistas para compreender essa resistência:

> Começa o assunto das drogas. Reinaldo conta que já usou farinha [cocaína], mas que parou antes de ser internado [na Fundação CASA]. Hoje, só usa maconha. Diz que parou [de usar cocaína] no ano passado. Na Fundação, onde ficou internado um mês, teve aulas sobre drogadição, mas não gostou muito. Disse que tinham uns caras lá contando que cheiravam, que vendiam tudo dentro de casa para comprar o bagulho [droga]. Ele ri, meio incrédulo. Diz que são os 'nóias'; que ele não tem nada contra os 'nóias', mas que vender os bagulhos [objetos da casa] é demais. (Diário de campo, atendimento individual em 07/07/2009).

Reinaldo preocupou-se em delimitar claramente a diferença entre ele e os "nóias", cuja imagem está vinculada à perda do controle sobre a droga. Para ele, aceitar o acompanhamento psicoterapêutico para usuários significava admitir

---

23 A única exceção foi o caso de Bruno, o que provavelmente está relacionado ao fato de que fazia uso esporádico de drogas.

que o consumo de drogas estava fora de seu controle, o que não condizia com a imagem que tinha de si mesmo a respeito. Reinaldo acreditava deter o controle sobre o consumo de drogas, afirmando naquele atendimento que parou de usar cocaína e manteve o uso da maconha por opção individual.

Assim como Reinaldo, Rose procurou explicitar o motivo pelo qual se negava a fazer o acompanhamento para usuários de drogas. Suas negativas levaram-na a uma situação de enfretamento aberto com seu orientador, conforme a transcrição abaixo:

> O atendimento começa com Fábio repassando para Rose uma lista de pendências. Pergunta se ela foi ao CIEJA [Centro Integrado de Educação de Jovens e Adultos] e ela responde que não, que não quer estudar. Fábio fala que ela precisa estudar e pergunta se ela foi ao CAPS. Ela diz que não. Fábio explica que, embora ela esteja sem usar drogas há algum tempo, o encaminhamento dela ao CAPS faz parte da determinação judicial. Ele diz que ela precisa ir e lá vão avaliar se precisa de acompanhamento ou não. Fábio fala sobre o relatório que tem de escrever ao juiz, pergunta a Rose como será esse relatório se ela não procurou se matricular, não está estudando e não buscou o CAPS, conforme o encaminhamento. Rose arregala os olhos, se arruma na cadeira e diz que vai passar no CAPS assim que sair do atendimento. Fábio explica que, ela indo, eles devem marcar outro dia para o atendimento. Ela conta que já foi em um CAPS uma vez e não gostou. Fábio fala que o NPPE está fazendo um acompanhamento dos encaminhamentos dados e que vai convidar Vanda [técnica]. Fábio sai da sala para chamar Vanda. (...). Fábio retorna com Vanda e ela pergunta à Rose porque não quer ir ao CAPS. Rose responde que vai, que vai hoje e mostra o papel [do encaminhamento dado em atendimento anterior pelo Fábio] dobrado e um pouco amassado e sujo que estava em sua bolsa. Vanda pergunta se ela prefere ir no 'Fala Mulher'. Rose fica em dúvida. Vanda e Fábio explicam onde é o 'Fala Mulher'. Rose diz que prefere ir ao CAPS. Rose explica: 'não gosto de falar da minha vida para ninguém'. Quando estava na internação, dispensava o atendimento dizendo à técnica que não queria atendimento, que não ia falar nada. Vanda fala que todo mundo tem questões, todo mundo precisa de atendimento psicológico. O atendimento se encerra com Rose prometendo ir ao CAPS e Fábio agendando o próximo atendimento e pedindo a Rose não esquecer de trazer sua mãe (Diário de campo, atendimento individual em 23/07/2009).

O controle sobre si, presente na fala de Reinaldo, reaparece na fala de Rose, na tentativa de resguardar sua intimidade. Rose teve oito passagens anteriores por unidades de internação provisória, provavelmente precisando falar de sua vida senão em todas elas, pelo menos em algumas, pois a entrevista individual com os técnicos (psicólogos e assistentes sociais) e a elaboração de relatórios psicológicos e sociais fazem parte dos procedimentos adotados tanto pelo Poder Judiciário quanto pela Fundação CASA. Sua resistência em aceitar fazer o acompanhamento psicoterapêutico do CAPS relacionava-se a sua reafirmação do controle sobre si e sua vida, ao direito de decidir com quem iria compartilhar suas experiências. A reivindicação do direito de não falar, assim como a decisão de parar de consumir drogas e a de não fazer o acompanhamento psicoterapêutico para usuários eram para ela formas de afirmar o controle sobre si e sua vida.

Rose viu-se forçada a recuar, contudo, quando seu orientador a lembrou de seus deveres em relação à justiça. Nesse sentido, o acesso à saúde, a princípio um direito, transformou-se em uma das obrigações a serem cumpridas, juntamente com a escolarização. Embora os encaminhamentos de saúde não estejam previstos nos artigos 118 e 119 do Estatuto da Criança e do Adolescente, que tratam especificamente da liberdade assistida, o juiz pode incluí-los na sentença, uma vez que esses encaminhamentos constam das medidas protetivas do Estatuto, as quais podem ser aplicadas em conjunto com as medidas socioeducativas (ver artigos 101 e 112 do Estatuto da Criança e do Adolescente, Lei Federal 8.069/1990). Estando o acompanhamento psicoterapêutico previsto em sua sentença, Rose teria de dirigir-se ao CAPS. Ela havia perdido o embate com seu orientador.

No atendimento seguinte, de forma surpreendente, Rose contou que não fora ao CAPS nem, tampouco, havia efetuado a matrícula na escola. Segundo ela, decidira não ir ao CAPS por causa da gripe suína e a escola estava fechada pelo mesmo motivo. O orientador, pego pelo inusitado da situação trazida por ela, teve de aceitar ficar no aguardo de novos acontecimentos. Suas intervenções, embora persistentes, estavam produzindo poucos efeitos em relação ao que se espera da liberdade assistida.

Trajetórias socioeducativas: os limites da intervenção e a circulação dos adolescentes no sistema socioeducativo

Ao estudar o programa de liberdade assistida comunitária do Centro de Defesa dos Direitos da Criança e do Adolescente – Cedeca Sapopemba, Gabriel de Santis Feltran definiu o atendimento "como a tentativa de *vinculação* destes adolescentes a diversas outras instâncias do mundo social e político" (Feltran, 2008, p. 231). Efeito de intervenções eficazes do orientador, a vinculação ao mundo social oferece ao adolescente autor de ato infracional possibilidades de reconstruir sua trajetória fora da vida infracional.

Porém, as intervenções deparam-se com limites que diminuem as possibilidades de ocorrência dessa vinculação. Conforme tratado no início deste capítulo, o esquema formal da liberdade assistida, estabelecido no Estatuto da Criança e do Adolescente, opera menos como um conjunto de diretrizes básicas e mais como uma delimitação das intervenções possíveis. Nesse sentido, circunscreve-as à promoção social da família, à inserção na escola e no mundo do trabalho, negligenciando problematizar outras questões referentes ao contexto social no qual os adolescentes estão inseridos e que se caracteriza, nos dias atuais, também pela violência e pela circulação das drogas ilícitas.

A intervenção sobre as famílias em nome de sua promoção social – traduzido na inserção em programas sociais e orientações sobre as funções parentais – implica um investimento sobre as famílias pobres, fenômeno relativamente novo e ainda incerto no Brasil. Como salienta Claudia Fonseca (1999), não se observa por aqui o investimento regular e sistemático do Estado sobre a vida familiar dos pobres, tal como ocorreu em países da Europa e nos Estados Unidos. O investimento que foi observado na liberdade assistida, norteado pela atual política de assistência social, busca fortalecer as relações familiares, usando-as como apoio para efetivar outras intervenções junto ao adolescente.

Os limites dessa intervenção estão postos pelos próprios limites da vida familiar: se os vínculos familiares não podem servir de apoio para outras intervenções, se a solidariedade familiar não é coesa o suficiente para que possa promover as salvaguardas à existência e sobrevivência de seus membros, há menor probabilidade de que as intervenções da liberdade assistida cumpram seus objetivos, pois não há um aparato público que as viabilize.

São vários os limites da intervenção que insere o adolescente em liberdade assistida na escola, relacionando-se tanto aos processos de exclusão, pela operação dos mecanismos escolares, de modo a excluí-lo e mantê-lo fora da escola, quanto a uma desvalorização dessa instituição pelo segmento social do qual ele provém. Essa desvalorização é reiterada pela pouca capacidade da escola de oferecer a qualificação que assegure seu ingresso no mercado formal de trabalho e em promover seu desenvolvimento humano e cidadania. Uma vez que a intervenção da liberdade assistida não se propõe a mediar os conflitos advindos dos processos de exclusão escolar e desvalorização da escola, resta ao adolescente fazer essa mediação com os recursos que dispuser.

Os limites da intervenção que visa sua inserção no mundo do trabalho relacionam-se aos que atuam na inserção na escola, uma vez que a baixa escolarização restringe sobremaneira as possibilidades reais de ingresso no mercado formal de trabalho. As famílias dos adolescentes procuram compensar esses limites buscando outras vias de ingresso, por meio de suas redes de solidariedade. O mercado aberto é, contudo, o informal. A inserção no mercado informal de trabalho, ainda que precária e instável, é aceita pelas famílias e também pelos orientadores e juízes, pois simboliza alguma vinculação que se busca promover ao mundo social.

Há, enfim, os limites impostos pelo próprio funcionamento do sistema socioeducativo e pelas vinculações que os adolescentes estabelecem com ele. As medidas socioeducativas por vezes se sobrepõem, pois o Poder Judiciário opera a cada novo ato infracional flagrado, de modo que o adolescente pode estar cumprindo uma medida socioeducativa ao mesmo tempo em que é julgado por outros atos. Nesse sentido, foi muito comum ver, durante o campo, adolescentes que acumulavam as medidas de liberdade assistida e prestação de serviços à comunidade. O sentenciamento a uma nova medida pode, também, levar à interrupção da liberdade assistida, rompendo o processo de vinculação que o orientador procurava estabelecer.

Para os adolescentes, principalmente os que mantêm e intensificam o envolvimento com a vida infracional, a experiência que fica é de vinculação ao sistema socioeducativo, no qual eles circulam e aprendem a circular pelas diferentes medidas. Enquanto os profissionais do sistema estão sempre recomeçando o trabalho de vinculação, os adolescentes aprofundam seu vínculo com o sistema a cada nova medida, passando a não acreditar em sua capacidade de oferecer alternativas reais de mediação com os conflitos que enfrentam no seu cotidiano. No limite, resta-lhes optar entre serem trabalhadores de baixa qualificação, atuando nas capilaridades da sociedade competitiva urbana, como seus pais, mães, avôs, avós e outros familiares; ou infratores, trajetória também seguida por alguns familiares, principalmente da mesma geração.

No fechamento da tese, em janeiro de 2011, entrei em contato com as equipes dos dois núcleos para saber o destino dos adolescentes que tinha acompanhado. Cinco deles haviam saído do sistema socioeducativo e não retornado. Rose concluiu a medida inserida na escola; Bruno, Joaquim, Janaína e Cristiano também tinham se inserido no mercado de trabalho informal, sendo que Janaína e Cristiano o fizeram com o apoio de seus tios.

Os demais, porém, estavam inseridos nos circuitos do sistema socioeducativo. Luís, depois de ingressar no sistema pela liberdade assistida, passou pela semiliberdade, pela internação e, em janeiro de 2011, estava novamente na liberdade assistida. Reinaldo, também ingressando pela liberdade assistida, passou por uma internação, depois nova liberdade assistida e, naquele momento, estava novamente internado. Antônio, da liberdade assistida foi para a semiliberdade e estava em cumprimento de medida de internação. Fernando começou na liberdade assistida, acumulou a prestação de serviço à comunidade e, quando já havia concluído a primeira e estava próximo de concluir a segunda, foi sentenciado a uma internação, onde permanecia.

5
Liberdade assistida e território: acomodando as intervenções

As práticas de intervenção da liberdade assistida, abordadas no quarto capítulo, estão organizadas a partir do esquema formal proposto no Estatuto da Criança e do Adolescente, reiterado nos documentos oficiais da política nacional de atendimento socioeducativo (cf., principalmente, Costa, 2006c; SEDH, 2006), e investem, essencialmente, na promoção social da família, inserção na escola, educação profissional e inserção no mundo trabalho dos adolescentes pobres atendidos. Contudo, a aproximação entre a política de atendimento socioeducativo e de assistência social, levando à municipalização do atendimento dessa medida, implica que essas práticas se organizam também a partir do princípio de territorialização que rege essas políticas (cf. MDS, 2005a; SEDH, 2006).

Assim, este capítulo final aborda as relações entre as práticas de intervenção da liberdade assistida e os territórios onde elas ocorrem, fazendo uma comparação entre as dinâmicas que cada um dos NPPE pesquisados estabelece com os bairros onde se situam. Nesse sentido, a escolha do espaço urbano enquanto critério de seleção dos núcleos onde a pesquisa seria feita e que considerou as dinâmicas centro-periferia na cidade de São Paulo, as quais tratarei neste capítulo, foi fundamental para problematizar o princípio da territorialização que organiza a prestação da liberdade assistida enquanto política social, como se verá a seguir.

A liberdade assistida enquanto política social territorializada: entrando do "lado errado" da favela

O processo de municipalização da medida de liberdade assistida, tratado no terceiro capítulo, implicou a transferência da responsabilidade pela execução dessa medida da Fundação CASA-SP, órgão estadual, para a Secretaria Municipal de Assistência Social (SMADS). Alinhando-se com a tendência gerencial da administração pública, a SMADS adotou o modelo de gestão que a Fundação já vinha utilizando desde o final da década de 1990, no qual a execução da medida é feita por meio de convênios com organizações da sociedade civil, cadastradas no Conselho Municipal de Assistência Social (COMAS) como "entidades sociais". As entidades conveniadas administram os 51 Núcleos de Proteção Psicossocial Especial (NPPE)[1], sendo supervisionadas pelas equipes do Centro de Referência Especializado de Assistência Social (CREAS) e pelas Coordenadorias de Assistência Social (CAS), ambos ligados à SMADS.[2]

Incorporada à política de assistência social no nível municipal, a prestação do serviço de liberdade assistida organiza-se pelo princípio de territorialização, segundo o qual deve ficar geograficamente próxima dos usuários finais. Assim, não obstante o formato de prestação via convênio, os NPPE são considerados equipamentos públicos municipais que atendem às populações pobres residentes nos bairros menos valorizados da cidade. Dos 51 núcleos existentes durante a pesquisa, apenas três atendiam a moradores de bairros mais valorizados e situados no chamado vetor sudoeste (cf. Rolnik, 1999), onde estão consolidados os recursos de infraestrutura (iluminação, pavimentação, saneamento, entre outros) e há maior número de equipamentos urbanos de educação, saúde, cultura, lazer e esporte.

---

1 A partir de setembro de 2010, os NPPE passaram a chamar-se Serviços de Medidas Socioeducativas em Meio Aberto – SMSE/MA. No entanto, fiz a opção por manter, na tese e neste livro, a nomenclatura utilizada no momento da pesquisa de campo, que ocorreu entre maio de 2009 e maio de 2010.

2 No momento da pesquisa, eram cinco coordenadorias: CAS Sudoeste, CAS Leste, CAS Centro/Oeste, CAS Norte e CAS Sul. Disponível em http://www.prefeitura.sp.gov.br/cidade/secretarias/assistencia_social/.

O NPPE da região central é um dos poucos instalados em bairros valorizados da cidade, próximo a grandes avenidas e uma estação de metrô. Há grande circulação de pedestres na área e o comércio de rua é movimentado, com muitas lojas de franquias. A via que dá acesso à rua do NPPE é formada por prédios comerciais e residenciais, estacionamentos e um restaurante, ficando o núcleo em uma pequena rua sem saída, entre dois prédios. A rua é composta por vários sobrados, o do NPPE localizando-se no final dela. Na fachada, não há nenhuma placa ou indicação sobre o serviço que é prestado ali. O portão de entrada é somente para pedestres e estava constantemente fechado com o trinco.

Na entrada da casa, havia uma pequena recepção, com algumas cadeiras para espera. No andar térreo, além da recepção, estavam a sala da coordenação, a cozinha, uma sala maior, utilizada para atendimentos individuais (que ocorrem quase diariamente) e realização dos grupos de adolescentes e de pais e responsáveis (que ocorrem mensalmente), um pequeno quintal e uma edícula. No piso superior, estavam a sala dos orientadores, um banheiro feminino, outro masculino e duas salas de atendimento individual.

Quando a pesquisa foi feita, entre maio e setembro de 2009, o NPPE atendia adolescentes residentes em vários bairros da região central, sendo alguns deles considerados áreas nobres e outros caracterizados pela desvalorização e degradação patrimonial. Essa degradação era marcada pelo acúmulo de lixo nas ruas – problema comum aos bairros desvalorizados do centro da cidade; pelas pichações e má conservação das fachadas de casas e prédios; e também pela concentração de cortiços e pensões. Parte desses bairros estava contemplada em um projeto de revitalização, coordenado pela Secretaria Municipal de Desenvolvimento Urbano, que incluía a demolição de um viaduto e dois prédios, conhecidos como símbolos dos cortiços da região central, a ampliação de um parque público e outras intervenções urbanas, visando tornar a região atrativa para investimentos imobiliários, comerciais, turísticos e culturais.[3] A revitalização envolvia também a retirada e deslocamento das famílias pobres residentes nos cortiços e pensões, empurrando-as para moradias fora do centro da cidade.

As condições de moradia e habitação dos adolescentes atendidos no NPPE da região central destacaram-se desde o início da pesquisa, na primeira conversa com Laura, a coordenadora, e eram recolocadas a cada semana, quando os

---

3   O projeto, cujo título é "Operação Urbana Centro", está disponível no sítio da Secretaria. Ver http://www.prefeitura.sp.gov.br/cidade/secretarias/desenvolvimento_urbano/sp_urbanismo/operacoes_urbanas/centro/index.php?p=19592.

orientadores relatavam suas experiências nas visitas domiciliares. No núcleo, as visitas eram feitas em um único dia da semana, sendo os demais dedicados aos atendimentos individuais, discussões de casos e reuniões de equipe. As visitas domiciliares eram sempre feitas em duplas, procedimento que tinha um caráter técnico, pois os orientadores podiam trocar impressões quanto aos locais de moradia dos adolescentes e suas dinâmicas familiares, e um caráter de segurança, pois não entravam sozinhos nas pensões e cortiços. Sobre esse segundo caráter, Laura era enfática ao dizer que não se fazia visita domiciliar sozinho.

No início do campo, quando comentei com os orientadores que chamava minha atenção o empenho dos adolescentes em comparecerem arrumados e alinhados para os atendimentos, com cabelo penteado, barba feita e perfumados, usando tênis e roupas novas, muitos de marcas conhecidas de linhas esportivas, os orientadores me responderam que essa era uma fachada, sendo preciso fazer a visita domiciliar para ver como vivem "de verdade", "sem encenação" (anotações do diário de campo, feitas em 02/06/2009). Naquele momento, já se desenhava para mim a desvalorização pelos orientadores dos lugares onde os adolescentes viviam, desvalorização essa reiterada a cada visita domiciliar, que os adolescentes buscam compensar ou inverter investindo na imagem de si e de seu corpo.

Dos seis adolescentes acompanhados pela pesquisa atendidos naquele núcleo, cinco, Bruno, Rose, Reinaldo, Cristiano e Luís residiam em pensões e cortiços. Suas condições de moradia e habitação aproximam-se:

> Fábio [orientador] conta-me da primeira visita domiciliar feita a Rose. Segundo ele, ela mora em um cortiço, em um cômodo alugado no qual não há janelas. Os corredores de acesso também são escuros. No cômodo, há somente uma cama, onde dormem Rose, sua mãe e sua irmã. (...) Rodrigo [orientador] relata que Reinaldo mora em um quarto de pensão, que divide com a mãe, o padrasto e seus dois irmãos pequenos. (Diário de campo, 09/06/2009).

Não obstante suas condições de moradia, os adolescentes atendidos residiam na região central da cidade, de ocupação urbana bastante antiga e, supostamente, maior possibilidade de acesso a equipamentos de educação, saúde, lazer, cultura e esporte. Contudo, a existência desses equipamentos e sua proximidade geográfica não se convertiam em acesso. As limitações de acesso, pontuadas no início da pesquisa por Laura, eram reiteradas nas observações dos atendimentos individuais, exceto quando os equipamentos e serviços buscados eram de saúde. Havia restrições para o acesso às escolas, como pontuado no quarto capítulo, e os únicos equipamentos de esporte e lazer disponíveis e usados pelos adolescentes eram as praças públicas e um campo de futebol. Sobre os equipamentos de cultura, havia disponibilidade de acesso aos recursos públicos, tais como a biblioteca municipal Mário de Andrade e o museu da Pinacoteca do Estado. No entanto, não havia maior planejamento da equipe de orientadores na orientação dos adolescentes para o uso desses equipamentos, embora fosse pontuada por eles a exclusão de acesso aos numerosos teatros e salas de cinema da região atendida.

Ainda sobre as escolas, elas são, juntamente com os equipamentos de saúde, os recursos públicos cuja presença é de maior regularidade nos bairros, tanto da região central quanto periféricos, como aquele em que foi feita a pesquisa na zona norte. As escolas públicas municipais são uma constante presença nos bairros e as dificuldades das equipes dos NPPE relacionavam-se mais às restrições de vagas, enquanto manifestação das resistências dos diretores em receber os "LA", do que à eventual inexistência de escolas nos bairros atendidos.[4] As resistências dos diretores davam a impressão de que as escolas se haviam tornado espaços sitiados, nos quais buscavam isolar-se das eventuais situações de violência e circulação de drogas existentes nos bairros. Não obstante seus esforços, essas situações insistiam em invadir suas fronteiras, o que atribuíam, segundo relatos dos orientadores, à presença dos "LA".

Duas situações observadas na pesquisa na região central exemplificam essa invasão e sua associação aos adolescentes que estavam em cumprimento de medida. A primeira foi trazida pelo relato do pai de Antônio em um dos atendimentos, no qual informou ter sido chamado à escola porque a faxineira tinha encontrado uma bolsa feminina, com documentos e maquiagem, jogada na lixeira. A direção da escola convocou o pai, atribuindo o achado às ações infracionais de Antônio, ainda que não houvesse evidências que o ligassem ao fato. O pai não questionou, mas aceitou a responsabilização do filho, entendendo a situação como uma das evidências de que Antônio continuava a cometer infrações. A segunda foi trazida pela mãe de Bruno e, posteriormente, por ele mesmo, em atendimentos individuais. Bruno contou que lhe foi solicitado por um conhecido do bairro entregar um vidro de lança-perfume a um colega de

---

4 Segundo os orientadores que acompanhei durante a pesquisa e outros informantes que haviam atuado nas medidas em meio aberto quando essas eram de responsabilidade da Fundação CASA, nas escolas públicas, tanto diretores quanto professores costumam enfatizar o cumprimento da medida socioeducativa como característica que define os adolescentes e os diferencia dos demais. É comum, entre eles, o emprego das expressões "o menino da LA" e "o menino da Febem" para designar essa diferenciação.

escola. Assim que entrou no espaço escolar e antes de poder fazer a entrega, foi pego pelo assistente da direção, que chamou sua mãe. Enquanto na primeira situação a responsabilização pautava-se exclusivamente no fato de Antônio cometer furtos na região, na segunda, havia um flagrante. Em ambas, explicitava-se a ação de vigilância constante da escola sobre esses adolescentes.

O bairro atendido pelo NPPE da zona norte originou-se em um loteamento feito na década de 1910, a partir da execução da hipoteca de uma fazenda particular e sua aquisição por uma companhia imobiliária. A venda dos lotes atraiu moradores para a região, embora não houvesse ali recursos de infraestrutura urbana. Somente na década de 1940 é que obras de infraestrutura começaram a ser feitas, criando-se as redes de saneamento básico e iluminação. Na década de 1950, os moradores fundaram uma Sociedade de Amigos do Bairro – SAB com a finalidade de fazer a mediação entre suas reivindicações e o poder público local.[5]

As obras viárias e a pavimentação das ruas ocorreram na década 1970, e o bairro conta atualmente com cinco praças, uma Escola Municipal de Ensino Fundamental – EMEF, quatro unidades públicas de educação infantil, sendo dois centros de educação infantil e duas creches conveniadas; uma unidade de Assistência Médica Ambulatorial – AMA e um Núcleo de Proteção Psicossocial Especial – NPPE. Esses são os equipamentos públicos municipais disponíveis para o atendimento de uma população de 80 mil habitantes, ressaltando que o bairro não dispõe de equipamentos de esporte (quadras poliesportivas) e cultura (bibliotecas). Para acessar esses últimos, bem como outros das áreas de educação, saúde e assistência social, a população deve deslocar-se para os bairros vizinhos.[6]

No trajeto que fiz semanalmente durante os quase seis meses de campo, iniciados em dezembro de 2009 e concluídos em maio de 2010, observava as mudanças na paisagem urbana desde a estação de metrô, onde pegava o ônibus, até a chegada à porta do NPPE. Os prédios iam sumindo da paisagem, que era tomada pelas casas, principalmente sobrados. As praças eram menores, com muito mato e lixo acumulado, parecendo, às vezes, meras rotatórias para a passagem dos automóveis. As avenidas iam se estreitando, tornando-se ruas

---

5 Segundo Aldaísa Sposati (1988), as Sociedades de Amigos do Bairro, surgidas nos anos 1950, foram uma das primeiras formas de mobilização dos moradores das periferias de São Paulo na reivindicação do acesso à cidade.

6 Todas as informações sobre os equipamentos públicos municipais estão disponíveis no sítio oficial da Prefeitura de São Paulo; o levantamento aqui apresentado foi feito por meio do acesso aos equipamentos das subprefeituras. Ver http://www.prefeitura.sp.gov.br/portal/governo/.

de mão dupla e pista simples, apesar de manterem a nomenclatura pomposa de avenidas. Nos fios de eletricidade, acumulavam-se rabiolas de pipas e pares de tênis amarrados pelos cadarços.[7]

O NPPE fica em um sobrado alugado, em uma esquina próxima a uma das principais ruas do bairro, a poucos quarteirões de uma praça, onde há um mercado, uma igreja evangélica, uma casa lotérica, uma farmácia e um posto fixo da Polícia Militar. Também na praça funciona uma banca de jornais e o ponto final de algumas das linhas de ônibus que por ali circulam.

O acesso ao núcleo era feito por um portão de pedestre, gradeado, com pontas de lança no topo e com uma chapa de aço que impossibilitava a visão do interior. O portão ficava sempre trancado, sendo necessário chamar a equipe pelo interfone para ter autorização de entrar. Do portão, subia-se uma escada que dava acesso ao primeiro pavimento, onde ficavam a recepção e a área de espera, com dois sofás. Atrás da recepção, estava a sala da coordenação e, ao lado desta, a sala do administrativo e das técnicas. Na frente dos sofás, estavam a sala dos orientadores e a sala de atendimento. Diferentemente do outro núcleo, nesse havia somente uma sala para os atendimentos, de modo que os orientadores tinham que se organizar em turnos para agendá-los. Passando a sala de atendimento, havia um corredor com um banheiro e, no final, a cozinha, a copa e uma escada que dava acesso à parte inferior da casa. No nível intermediário da escada, havia uma pequena área de lazer, com uma churrasqueira e um forno à lenha. Descendo outro lance de escadas, estavam duas garagens. Nelas, eram oferecidas oficinas culturais aos adolescentes, sendo que, durante a pesquisa, houve as de grafite, artes plásticas e *street-dance*.

Exatamente na esquina onde o NPPE foi instalado, funciona também uma das várias "biqueiras" do bairro. Logo que o núcleo passou a funcionar, em 2009, os traficantes locais fizeram um tiroteio nessa esquina, intimidando a equipe profissional do núcleo. Porém, o núcleo permaneceu e houve nova acomodação do uso do espaço. Durante o dia, enquanto o núcleo está em funcionamento, a "biqueira" está fechada. Após as 17 horas, quando o primeiro encerra suas atividades, começam as atividades comerciais da segunda, cujos funcionários são, muitas vezes, os próprios adolescentes atendidos.

---

7 As rabiolas de pipas amontoadas nos fios de eletricidade são para mim, que cresci em Brasília e vinha a São Paulo todos os anos visitar meus avós na zona leste, uma das características da periferia dessa cidade.

Uma vez que a liberdade assistida é uma política territorializada, sua operacionalização ocorre a partir da prestação do atendimento próximo do local de moradia dos adolescentes. Isso implica, para os orientadores, que devem estabelecer relações não somente com os adolescentes e seus familiares, mas também com o bairro onde trabalham. Nesse sentido, têm de mediar as demandas do adolescente e a execução da medida com os recursos e serviços disponíveis aos moradores do bairro, bem como com as pressões exercidas pelas dinâmicas e conflitos inerentes às relações que os adolescentes estabelecem com suas comunidades.[8]

Como dito anteriormente, na região central, esses conflitos foram observados na relação com a escola, a qual, apesar de fisicamente situada na comunidade, procura distanciar-se dela; e nas dinâmicas entre as condições de moradia e a permeabilidade das barreiras entre a casa e a rua, materializada na exposição à violência policial (conforme apresentado no quarto capítulo). Já os conflitos característicos do NPPE da zona norte advinham, principalmente, da sua relação com o tráfico de drogas, o qual controlava os espaços do bairro, mantidos como seus territórios por meio do uso da violência, da ameaça e do medo.

Em entrevista exploratória com a antiga coordenadora do Posto Norte da Fundação CASA-SP, realizada previamente às observações de campo, ela já havia pontuado a forte presença e estruturação do crime organizado como características dessa região, tanto no que se refere ao tráfico de drogas e armas quanto ao roubo de cargas, dado o fato de que é cortada pelas Rodovias Federais Fernão Dias e Dutra e pela Rodovia Estadual Ayrton Senna. Na ocasião, ela chamou atenção para o fato de que, quando as intervenções da liberdade assistida eram eficazes em afastar o adolescente do crime organizado, ele, sua família e também o orientador social passavam a ser ameaçados pelos chefes do crime local, havendo casos em que a desvinculação do adolescente à vida infracional foi somente possível mediante a ruptura com a comunidade, indo o adolescente e sua família residirem em outros bairros (Cf. Diário de campo, em 19/05/2009).

Como tratado no terceiro capítulo, o tráfico de drogas apareceu na conversa inicial com as técnicas do NPPE da zona norte como questão central que caracterizava seu trabalho. Fátima, uma das técnicas, pontuou que o envolvimento dos adolescentes atendidos com o tráfico era agravado pelos poucos

---

8 Estou tratando aqui da comunidade enquanto grupo social cujas relações se estabelecem a partir de critérios de proximidade e vizinhança. Para o conceito de comunidade de vizinhança, ver Weber, 1994.

recursos e serviços públicos de educação e educação profissional disponíveis naquele bairro, limitando a possibilidade de que a intervenção dos orientadores pudesse vinculá-los a trajetórias não infracionais.

Também entre os orientadores, o tráfico de drogas era um elemento mobilizador das conversas, tanto nos seus relatos sobre as visitas domiciliares quanto nas ocasiões em que discutiam as intervenções possíveis para os casos atendidos. Nas visitas domiciliares, também se organizavam em duplas, além de usarem um jaleco branco com o emblema da entidade social, identificando-os como trabalhadores sociais no bairro. O jaleco era usado constantemente durante o horário de trabalho.

Após a primeira visita domiciliar feita a Janaína, uma das adolescentes acompanhadas pela pesquisa e que morava em uma favela do bairro, Mônica relatou para mim e Rosa, outra orientadora do núcleo, sua experiência de incursão na favela:

> Mônica e Carla [sua dupla naquela visita] ficaram tensas porque entraram 'do lado errado' da favela. O lado errado é o lado da 'boca'. Embora Janaína more daquele lado, o certo é entrar pelo outro e atravessar a favela – explica Rosa, que é assistente social e trabalha há muitos anos na região norte. (Diário de campo, em 10/02/2010).

Conforme o trecho acima, observa-se que, embora os orientadores sejam trabalhadores sociais prestando um serviço público, sua circulação no território é limitada às regras impostas pelo tráfico, fazendo com que a prática territorializada da liberdade assistida demande do orientador o conhecimento e o respeito a elas. Demanda-lhe também a percepção dos riscos inerentes à circulação nos territórios do tráfico, mesmo quando, individualmente, não infringe as regras. Assim, na segunda visita à Janaína, Mônica viu-se novamente em risco:

> Janaína não veio. Mônica foi fazer a visita domiciliar ontem, mas ela não estava em casa. Segundo a irmã, tinha ido cortar o cabelo. Mônica conta que a visita foi ruim. Janaína mora na favela do (...). Sua irmã estava no 'barraco' da mãe, três 'barracos' à frente, enquanto vizinhos utilizavam o seu para fumar maconha. Havia policiais à paisana na favela e teve correria, sendo que Mônica teve que sair rapidamente de lá. (Diário de campo, em 10/03/2010).

Enfim, se, em seu sentido operacional, a política é territorializada, o crime também é. Contudo, a liberdade assistida é uma política individualizada, que investe prioritariamente nos indivíduos e busca intervir de modo a criar vínculos entre eles e as trajetórias não infracionais vividas por outros que estão inseridos na mesma comunidade (cf. também Feltran, 2008). O vínculo do indivíduo com essa comunidade, e também com a família, traduz-se, como visto no quarto capítulo, em sua inserção formal na escola e informal no mercado de trabalho, trajetória vivida pela maior parte dos adolescentes pobres de suas comunidades.

O crime organizado, por sua vez, apoia-se nas condições de vida e nas características espaciais que circunscrevem os territórios em que vivem essas comunidades, formando novos grupos sociais que concorrem com os anteriormente consolidados pela associação entre pobreza e trabalho e oferecendo aos mais jovens trajetórias alternativas. O crime articula-os a redes e cadeias de comando, nas quais os adolescentes ocupam, como dito anteriormente, as posições mais capilares (ver Zaluar, 1994b).

Das observações de campo junto ao NPPE da zona norte, nota-se que a relação entre liberdade assistida e crime organizado não se tenciona porquanto a primeira não seja uma ameaça ao segundo, posto que suas ofertas de vinculação ao mundo da ordem são restritas e não chegam a competir com as inúmeras possibilidades que o segundo oferece. Uma e outro funcionam vinculando os adolescentes ao território, atualizando formas de segregação dos pobres à vida urbana e inviabilizando seu acesso à cidadania.

Segregação urbana e relações centro-periferia na cidade de São Paulo: definindo os territórios

Segundo Teresa Caldeira (2000), uma das características que se destacam no estudo da organização do espaço urbano é a segregação, que ocorre tanto social quanto espacialmente. A organização do espaço urbano dá-se por meio de regras que, variando cultural e historicamente, estabelecem "padrões de diferenciação social e separação", "revelam os princípios que estruturam a vida urbana e indicam como os grupos sociais se inter-relacionam no espaço da cidade" (Caldeira, 2000, p. 211).

Ainda segundo Caldeira (2000), a cidade de São Paulo apresentou três diferentes formas de segregação espacial ao longo do século XX. A primeira, caracterizada pela concentração e heterogeneidade, predominou entre o final do século XIX e os anos de 1940. Naquele período, a cidade estava concentrada em uma pequena área urbana, havendo maior contato entre grupos sociais heterogêneos. A segregação dava-se pelas áreas ocupadas por cada grupo, sendo que os trabalhadores viviam na parte baixa da cidade, ocupando as várzeas dos rios Tamanduateí e Tietê e áreas próximas ao sistema ferroviário, enquanto a elite ocupava a parte alta, expandindo-se em direção ao espaço onde hoje se localiza a Avenida Paulista. Esse movimento de expansão no sentido sudoeste, que se mantém como um dos padrões de ocupação do espaço urbano pela elite paulistana, é tratado por Caldeira e também por Raquel Rolnik (1999) como vetor sudoeste.

Outra distinção entre os grupos eram o tipo e o *status* de propriedade das moradias. A elite e as classes médias distinguiam-se por possuírem casas próprias e separadas entre núcleos familiares, enquanto os trabalhadores se comprimiam em residências coletivas das quais não eram proprietários (cf. Caldeira, 2000; Rolnik, 1999). Com a rápida expansão das indústrias e a intensa construção de novas fábricas, novas moradias coletivas eram edificadas para comportar os trabalhadores que chegavam.

Nas décadas de 1920 e 1930, iniciou-se a transição para o segundo padrão de segregação. As famílias de elite começaram a deslocar-se para regiões mais afastadas do antigo centro, atraídas pelos empreendimentos imobiliários exclusivos que investiam no vetor sudoeste. Foram criados os bairros de Campos Elíseos e Higienópolis, cujo nome sintetizava a emergência da preocupação com o saneamento urbano e o controle social dos pobres (ver Caldeira, 2000; Toledo, 2004). Ao mesmo tempo, o poder público local, aliado à elite industrial, focalizava o investimento no planejamento urbano, editando as primeiras leis de construção e zoneamento na década de 1910 e intervindo diretamente nos espaços da cidade a partir da década de 1920. Desse período, datam a construção de praças e parques da região central, entre eles a Praça do Patriarca, a revitalização do Largo da Memória, e os Parques do Anhangabaú e Dom Pedro II, este situado na então Várzea do Carmo, ocupada por famílias trabalhadoras pobres (cf. Toledo, 2004). Essas intervenções, voltadas para a organização, limpeza e abertura de praças, parques e avenidas, sobretudo no centro da cidade, seguiam os modelos de reforma urbana implantados por Georges-Eugène Haussmann em Paris em meados do século XIX (ver Caldeira, 2000) e focavam as habitações e apropriações do espaço urbano pelos trabalhadores. Como aponta Caldeira, representantes do poder público e industriais,

> Imaginaram a concentração de trabalhadores e as condições anti-higiênicas a eles associadas como um mal a ser eliminado da vida da cidade. Imaginaram a dispersão, o isolamento, a abertura e a

limpeza com soluções para o meio urbano caótico e suas tensões sociais. (Caldeira, 2000, p. 215).

A abertura de novas avenidas e a difusão do uso do ônibus no final da década de 1930 viabilizaram a expansão da cidade em direção à periferia, estabelecendo o segundo padrão de segregação, definido pela relação centro-periferia, que tem permanecido como característico do espaço urbano de São Paulo desde a década de 1940. Diferentemente do padrão anterior, este se define pela dispersão e pela distância entre os grupos sociais, ficando a elite e a classe média nos bairros centrais, mais bem equipados e urbanizados; e os pobres nos bairros periféricos, marcados pela precariedade de recursos e equipamentos e, quase sempre, pela irregularidade das habitações. Os bairros centrais, mantendo sua expansão em direção ao sudoeste, foram alvos privilegiados dos investimentos públicos em planejamento e intervenção urbana até a década de 1970, passando pelo processo de verticalização, estimulado pelas políticas municipais e federais de habitação para as classes média e alta (cf. Caldeira, 2000).

A aquisição da casa própria também se tornava possível aos pobres por meio de seu deslocamento dos bairros centrais, cada vez mais valorizados, para os periféricos, nos quais cresciam as ofertas de loteamentos privados – muitos deles irregulares. Nesse sentido, a ocupação dos espaços urbanos periféricos foi caracterizada, até a década de 1970, pelos loteamentos precários oferecidos pela iniciativa privada, pelo pouco investimento público em infraestrutura e equipamentos urbanos e pela autoconstrução das moradias (cf. Brant, 1989; Caldeira, 2000).

> Em resumo, nos anos 70 os pobres viviam na periferia, em bairros precários e em casas autoconstruídas; as classes média e alta vivam em bairros bem-equipados e centrais, uma porção significativa delas em prédios de apartamentos (...). O sonho da elite da República Velha fora realizado: a maioria era proprietária de casa própria e os pobres estavam fora do seu caminho. Esse padrão de segregação social dependia do sistema viário, automóveis e ônibus, e sua consolidação ocorreu ao mesmo tempo que São Paulo e sua região metropolitana se tornaram o principal centro industrial do país e seu mais importante polo econômico. As novas indústrias (muitas delas metalúrgicas) localizam-se na periferia da cidade e nos municípios circundantes. O comércio e os serviços, no entanto, permaneceram nas regiões centrais, não apenas no velho centro, mas também próximos às novas áreas de residência das classes média e alta em direção à zona sul da cidade. (Caldeira, 2000, p. 228).

Entre as décadas de 1960 e 1970, contudo, o acentuado crescimento das periferias, com a intensificação do fluxo migratório para a cidade, levou o poder municipal local a organizar intervenções voltadas para essas áreas (cf. Brant, 1989). Nos anos 1970, foram editados dois planos diretores, além de várias leis de zoneamento, parcelamento do solo e proteção de mananciais. Na mesma década, foi intensificada a construção de moradias populares pela Companhia Metropolitana de Habitação – COHAB/SP (ver Brant, 1989).

Além disso, o poder público municipal passou a deparar-se com reivindicações e demandas que, até então, pouco se colocavam. Com o início da abertura política nos anos 1970, os moradores pobres das periferias de São Paulo organizaram-se e se mobilizaram politicamente em movimentos sociais, para exigir serviços e equipamentos urbanos, melhorando as condições de vida em seus bairros. Muitas de suas demandas trazidas à arena política levaram ao investimento público em infraestrutura, principalmente, pavimentação, iluminação e saneamento; construção de equipamentos de saúde e educação; e regularização da propriedade das habitações.

Paradoxalmente, a melhoria dos bairros e sua legalização encareceram o valor dos imóveis, tornando-os inacessíveis a parte da população pobre. Com a limitação das possibilidades reais de aquisição da casa própria por meio da autoconstrução, muitos se viram forçados a viver em favelas e cortiços, sendo que as primeiras cresceram aceleradamente na cidade a partir de meados dos anos 1970 e, de forma ainda mais acentuada, nos anos 1980 (ver Brant, 1989; Caldeira, 2000). Enquanto a maior parte dos cortiços se constituíram no antigo centro e nas regiões industriais e bairros de classe média baixa decadente, tais como Mooca, Brás e Liberdade, na década de 1980, a maioria das favelas passou a concentrar-se nas regiões sul e norte. Essas favelas foram caracterizadas por Vinícius Caldeira Brant *et alii* (1989) como segue:

> A localização nas periferias e nas zonas mais próximas das regiões concentradoras do emprego são características recentes do fenômeno da favela em São Paulo. Ao contrário do que ocorria quando os poucos aglomerados favelados existentes situavam-se nas zonas mais centrais, a tendência é de enorme crescimento das favelas nas zonas periféricas, onde às precárias condições de habitabilidade dos barracos somam-se os inconvenientes gerados pela ausência de serviços públicos e as longas distâncias a percorrer. (...). Na periferia, a tendência é das favelas localizarem-se, às vezes até por estímulo dos órgãos públicos, nas áreas de uso comum, vale dizer, áreas destinadas ao lazer, espaços verdes e equipamentos sociais

dos loteamentos populares, além das zonas impróprias para ocupação, como beiras de córregos e terrenos de alta declividade. (Brant, 1989, p. 92).

Juntamente com a expansão das favelas e cortiços, Teresa Caldeira aponta o surgimento de um terceiro padrão de segregação, que se vem configurando após os anos 1980. Trata-se dos "enclaves fortificados", isto é, "espaços privatizados, fechados e monitorados para residência, consumo, lazer e trabalho" (Caldeira, 2000, p. 211). Nos enclaves, os grupos sociais estão espacialmente próximos, sendo sua separação mantida por barreiras físicas (muros, cercas elétricas, entre outras); sistemas de controle de entrada e circulação; e tecnologias de segurança. Essa nova segregação implica um esvaziamento do espaço público, sendo as ruas da cidade deixadas para os pobres, os "marginalizados" e os sem-teto. Para Caldeira,

> (...) a segregação e o processo de ostensiva separação social cristalizado nas últimas décadas pode ser visto como uma reação à ampliação desse processo de democratização, uma vez que funciona para estigmatizar, controlar e excluir aqueles que acabaram de forçar seu reconhecimento como cidadãos, com plenos direitos de se envolver na construção do futuro e na paisagem da cidade. (Caldeira, 2000, p. 255).

Como exposto na primeira seção, as moradias e habitações dos adolescentes atendidos pelo NPPE da região central da cidade são cortiços e pensões, indicando, em certa medida, a permanência da primeira forma de segregação espacial dos trabalhadores pobres apontada por Caldeira (2000). São habitações coletivas, muitas das quais constituídas de forma irregular por meio de invasões de imóveis fechados ou abandonados. Dentre os adolescentes acompanhados pela pesquisa, alguns moravam em cômodos sublocados, isto é, suas famílias pagavam aluguel a outros que, originalmente, haviam invadido o imóvel, dividindo-o em pequenas frações e vivendo da renda do seu aluguel. Como são irregulares, muitas dessas habitações não contam com energia elétrica ou fornecimento de água, embora estejam no centro da cidade. Há também restrições à circulação de ar e reduzido número de janela, além do fato de que muitas se podem situar em edificações com comprometimentos estruturais, representando risco de desabamento.

Embora essas condições causassem estranhamento aos orientadores sociais, os quais traziam e compartilhavam entre si relatos variados das condições precárias de moradia que encontravam, revelando a diversidade de situações englobadas nas categorias cortiços e pensões, não havia a proposição de intervenções que problematizassem essa questão. Para os adolescentes e seus familiares, essas condições tornavam ainda mais tensas as experiências de envolvimento com a vida infracional e cumprimento da liberdade assistida, fosse porque a demanda de limites era interpretada pelos pais e mães como o cerceamento da circulação nas ruas e a ampliação do tempo passado nessas habitações, fosse porque as barreiras físicas e simbólicas entre elas e o espaço da rua eram mais permeáveis do que as observadas em outros tipos de habitações, sobretudo das classes médias e da elite. Essa permeabilidade, explicitada nas observações dos atendimentos individuais e das atividades dos grupos de adolescentes e de pais e responsáveis, torna suas casas mais expostas à invasão da violência das ruas, principalmente a violência policial.

A proximidade das habitações dos adolescentes atendidos no NPPE da região central dos "enclaves fortificados", uma vez que se situam em bairros próximos ou na fronteira do vetor sudoeste, explicita também a vivência da terceira forma de segregação social urbana descrita por Teresa Caldeira (2000). Segregados dos enclaves, com suas barreiras físicas e controles de entrada e circulação, esses adolescentes tomam o espaço esvaziado e desvalorizado das ruas, o qual dividem com os "nóias", os moradores de rua, a polícia e outros adolescentes pobres que buscam, na constituição de grupos de pares, criar formas de pertencimento e significação coletiva para o seu lugar na cidade que os segrega.

Já as moradias e habitações dos adolescentes atendidos pelo NPPE da região norte são caracterizadas pelas dinâmicas espaciais relativas ao segundo padrão de segregação, qual seja, a relação centro-periferia. Seu bairro é caracterizado também pela sobreposição de formas de habitação e apropriação do espaço urbano periférico. Como na região central, em que os cortiços e pensões convivem e coexistem com os "enclaves fortificados", no bairro periférico onde foi feita a pesquisa convivem e coexistem as moradias autoconstruídas com outras construídas pelo poder público ou pela iniciativa privada e também com as favelas. A diversidade de habitações tem como efeito a maior heterogeneidade de formas de segregação social e urbana dentro da própria periferia, o que se traduz em diferenciações e hierarquizações entre os moradores do bairro.

Aproximando-se dos cortiços e pensões, as favelas, espaços de maior segregação dos bairros periféricos, também são mais permeáveis ao espaço da rua, como foi observado no caso de Janaína. Nesse caso, ao mesmo tempo que a permeabilidade permitia o estabelecimento de redes de solidariedade familiar, indo sua tia morar com ela, quando a irmã a deixou, e posteriormente, seu pai morar em um barraco próximo, para que não ficasse sozinha; permitia também que a violência da rua adentrasse com relativa facilidade, como parece ter ocorrido quando os vizinhos utilizaram seu barraco para consumirem drogas em sua ausência.

O estranhamento diante das condições de moradia encontradas pelos orientadores do segundo NPPE fez-se acompanhar do medo de que a entrada nas favelas pudesse ser interpretada como uma invasão do território dos traficantes. O problema da invasão de território também apareceu na região central, pois, para entrarem em algumas habitações, os orientadores tinham de solicitar autorização a porteiros e vigilantes improvisados. Houve situações em que a entrada foi autorizada e outras em que a família a ser visitada foi chamada para conversar com o orientador na porta. No NPPE da zona norte, contudo, o risco era vivenciado de forma mais intensa pelos orientadores, havendo outros relatos, como o descrito na seção anterior, de situações de insegurança e maior exposição.

Enfim, a vida nas ruas, a circulação pelas ruas como alternativa para criação de vínculos de pertencimento com outros grupos sociais que não a própria família também caracterizaram as experiências trazidas pelos adolescentes acompanhados na zona norte, aproximando-as daquelas vividas pelos adolescentes do centro. Em comum, são experiências de sociabilidade e criação de vínculos entre pares, estabelecidos desde a infância, e também de violência e envolvimento com a vida infracional.

Ressignificação de espaços segregados: grupos sociais, pertencimento e os conflitos da comunidade

O convívio entre vizinhos nas ruas do bairro faz dele espaço central para a socialização de crianças e adolescentes pobres da cidade de São Paulo. Enquanto as crianças e os adolescentes das camadas mais altas da população tendem a ter seus espaços de lazer e sociabilidade cada vez mais cercados e circunscritos ao que Teresa Caldeira (2000) define como "enclaves fortificados", tais como os condomínios fechados e os *shopping centers*, as crianças e adolescentes pobres têm nas ruas onde moram o espaço das brincadeiras, dos encontros, dos conflitos e das amizades. Nas ruas do bairro, organizam-se em grupos, estabelecem vínculos entre si e constroem significações a partir do lugar onde moram.

Os sentimentos de grupo e de pertencimento mais presentes na vida dos adolescentes que participaram da pesquisa foram aqueles referentes ao grupo de pares de seu bairro. Os grupos formados a partir da vivência escolar foram comparativamente menos importantes, o que decorre, ao menos em parte, do papel secundário que a escola ocupa enquanto instituição socializadora desses adolescentes e do menor tempo dedicado à escolarização em suas trajetórias, conforme tratado no quarto capítulo. Nesse sentido, quando é o caso, o grupo de pares da escola é relevante em extensão ao grupo do bairro, porque são as mesmas crianças e os mesmos adolescentes que transitam entre esses espaços, como pode ser observado no trecho abaixo:

> Joaquim e seu primo eram muito unidos na infância. Gostavam de ficar na rua, chegando a se esconderem dos adultos da família para não terem que ir para casa e a apanharem por chegar em casa depois do horário. Gostavam de jogar bola, brincar com os outros meninos da rua, e também brigavam muito com eles. Conhecia todo mundo da escola por ter mudado do turno da manhã para o da tarde e porque a escola era na sua rua. Como ficava brincando na rua até tarde da noite, apesar de sua mãe colocar horário para voltar para casa, conhecia também o pessoal do noturno da escola. Joaquim morou sempre na mesma casa e cresceu junto com outros meninos da rua. No início da adolescência, por volta dos onze, doze anos, Joaquim e seu primo foram afastados. O primo foi morar com a mãe na Cidade Tiradentes por uns tempos e, quando voltou, já não tinham mais afinidades. Joaquim continua com os outros meninos do bairro e suas conversas com o primo se reduzem ao necessário, apesar de morarem na mesma casa. (Diário de Campo, entrevista com Joaquim, 16/04/2010).

Joaquim, de 17 anos, era um dos adolescentes atendidos pelo NPPE da zona norte de São Paulo e foi o único com quem pude fazer o fechamento dos acompanhamentos com uma entrevista. Como explicou, Joaquim passou praticamente toda sua trajetória naquele bairro, naquela rua e naquela casa.[9] Interessante notar que a ruptura com o primo, membro da mesma geração, deu-se a partir do momento em que ele foi residir em outro local no início da adolescência, gerando uma diferenciação em sua trajetória e também em seu processo de formação identitária. O primo, após a temporada em Cidade

---

9   Como dito no quarto capítulo, Joaquim nasceu em Mato Grosso e veio para São Paulo com um ano de idade. Tinha um problema grave de saúde que sua mãe não conseguia tratar com os recursos disponíveis em seu município de origem. Para cuidar de seu tratamento em São Paulo, a tia materna da mãe acabou por assumir sua criação, numa adoção não formalizada. A mãe biológica continuava morando no Mato Grosso.

Tiradentes, bairro da zona leste, retornou convertido a uma religião evangélica, não querendo mais participar da vida na rua de Joaquim e seus demais amigos de infância. Havia rompido seu vínculo de pertencimento àquele grupo.

Foi por um amigo do bairro que Joaquim soube da vaga na "boca", onde se apresentou para trabalhar e foi apreendido pela polícia. Depois dessa experiência, disse que não pretendia voltar a cometer infrações, embora parte dos amigos de infância com quem convivia estivesse envolvida com a vida infracional. Janaína foi apreendida na "boca" também com um amigo e Fernando estava inserido em um grupo de adolescentes e jovens que roubava equipamentos de caminhões para comprar drogas.

Entre os adolescentes do NPPE da região central, havia também a organização dos adolescentes em grupos e a criação de vínculos, baseada na vivência das ruas nos bairros onde moravam e circulavam. A questão dos grupos de pares apareceu tanto nos atendimentos individuais quanto nas atividades de grupos de adolescentes e de pais e responsáveis. Era tema também dos comentários dos orientadores feitos em sua sala reservada, principalmente quando trocavam informações sobre a qual grupo pertencia o adolescente que atendiam, forma pela qual conseguiam aprofundar o conhecimento sobre ele e saber o que fazia quando não estava em atendimento. Os adolescentes, segundo os orientadores, também trocavam informações sobre o núcleo e sua equipe, sendo que Luís, logo no início do cumprimento da medida, perguntou a Rodrigo se atendia Reinaldo e, diante da resposta afirmativa, disse que tinha dado boas referências dele como orientador.

Já nos atendimentos de Bruno, o pertencimento a um grupo de adolescentes foi discutido por seu orientador como forma de explicitar a vinculação à vida infracional. Bruno alegava poder continuar a conviver com seus amigos do bairro que continuavam cometendo atos infracionais, enquanto Rafael, seu orientador, questionava se conseguiria suportar as pressões do grupo para que também cometesse infrações. Em algum momento, Bruno teria de decidir se continuaria com o grupo, optando por estar sempre no limiar da vida infracional, ou se rompia seu vínculo com ele.

Rose pertencia a um grupo de adolescentes que tinha passado, quase que integralmente, pelo cumprimento de medidas, no NPPE da região central. Quando iniciou o cumprimento da liberdade assistida, havia somente ela e mais um do grupo, pois os demais já haviam encerrado. Certa vez, enquanto discutia com seu orientador sobre qual escola iria para matricular-se, Rose afirmou preferir a escola perto de casa, onde "cola". Conforme ia explicando ao orientador os lugares onde "cola", fui percebendo que esses são os espaços do bairro onde se reúne e convive com o grupo, sendo que em os outros espaços, onde estão outros grupos, ela não "cola". Suas falas indicavam que suas relações com o grupo e com os espaços do bairro estavam fortemente relacionadas, apontando a vinculação existente entre grupo e território.[10]

O pertencimento ao grupo relacionado ao bairro onde seus membros moram e transitam foi explicitado em uma atividade em grupo de adolescentes que tinha um tema bastante diverso. Na ocasião, havia 15 adolescentes, os quais foram divididos em dois grupos, um com quatro adolescentes mais velhos, aparentando entre 16 e 18 anos, e outro com todos os demais, os quais aparentavam ser mais novos, com idade estimada entre 14 e 16 anos. Vanda, técnica do núcleo que conduzia a atividade, propôs que desenhassem partes do corpo humano – mão, pernas, pé e coração.

> O grupo dos adolescentes maiores, que ficou na parte externa do NPPE, rapidamente se entrosou, dividindo o trabalho. Cada um fez uma parte do que foi pedido e, por iniciativa própria, juntaram as partes já feitas e complementaram o restante do corpo, fazendo o desenho de um garoto com os traços muito parecidos com os deles. Na montagem do garoto na parede, houve grande preocupação com símbolos de roupas de marca. Os adolescentes se detiveram bastante nessa questão, que os mobilizou sobremaneira. O desenho do garoto tinha tênis de marca, calça de marca, blusa de marca e boné de marca. Tudo Adidas e Nike – houve até uma pequena discussão para ver quem sabia fazer o símbolo da Adidas. O da Nike foi do lado esquerdo do peito, junto com bolso, no lugar do coração, que não foi desenhado. Pronto o desenho do garoto, fizeram um cenário para ele, um *skyline* com prédios e antenas de TV. Um deles arrematou com a palavra 'Baixada', ficando o grupo satisfeito com sua obra. (Diário de campo, grupo de adolescentes, 16/07/2009).

A atividade tinha algum outro objetivo que não foi atingido, uma vez que Vanda teve dificuldade em manter o interesse dos adolescentes pelo fechamento. Não obstante, trouxe elementos importantes que caracterizaram a

---

10 Essa vinculação é um fenômeno comum entre grupos de adolescentes e jovens, sendo uma compilação de estudos de diferentes grupos e seus "pedaços" na cidade de São Paulo encontrada na publicação organizada por José Guilherme Cantor Magnani e Bruna Mantese de Souza (2007).

vinculação entre o pertencimento ao grupo e ao bairro. No início, os adolescentes estavam preocupados apenas em cumprir a tarefa, mas, conforme o desenho foi tomando forma, foram ficando cada vez mais entretidos com a realização do que se transformava, a cada novo retoque, em um autorretrato. Os traços do rosto e o porte físico assemelhavam-se aos de muitos que ali estavam. A preocupação com as roupas, o uso das marcas esportivas, também era comum a eles, sobretudo pelo detalhe do boné e pela exigência de explicar as marcas, símbolos de consumo, para um grupo que está, *a priori*, excluído dessa sociedade. O desenho das silhuetas de prédios e antenas de TV, situava o retratado na cidade, contextualizando seu lugar.

Materializado no autorretrato, o pertencimento ao bairro é valorizado entre os adolescentes como um vínculo que os une e os define enquanto indivíduos e enquanto grupo, não obstante ser o referido bairro uma região degradada e desvalorizada da cidade.[11] Importante destacar também que a relação com o bairro, a qual pode ser interpretada como uma relação comunitária entre adolescentes moradores de uma mesma região, é também entrecortada pela vinculação a um grupo local específico, o que se define pelas roupas de marcas esportivas, tênis e boné, símbolos do consumo do qual estão, a princípio, excluídos por serem pobres, mas dos quais se apropriam e se incluem por meio da vida infracional.

Enfim, o pertencimento ao bairro e à comunidade local é, em certo sentido, reforçado pela territorialização da liberdade assistida, a qual procura estabelecer a vinculação desses adolescentes aos equipamentos e serviços que o bairro oferece. No entanto, as intervenções que visam a promoção social da família, inserção na escola e no mundo do trabalho, ao acontecerem nesses territórios urbanos, encontram os limites que os definem como desvalorizados e periféricos.

Esses limites são aprofundados pelas mudanças ocorridas nesses territórios a partir dos 1970, não somente com o crescimento acelerado da população pobre e das favelas, sem que fosse acompanhado de investimentos públicos capazes de assegurar e ampliar o acesso dos pobres à cidade, mas também pela ascensão do crime, o qual se apropria do uso da violência como forma de organizar as dinâmicas sociais e espaciais dos bairros periféricos, desarticulando

---

11 Em seus estudos sobre os indivíduos com comportamentos desviantes, denominados *outsiders*, Howard Becker (1996) aponta como atributos que são desvalorizados por outros grupos sociais tornam-se valorizados entre os *outsiders*, servindo como vínculo de pertencimento entre eles.

redes de solidariedades comunitárias e familiares tradicionalmente estabelecidas entre os pobres (cf. Caldeira, 2000; Feltran, 2008; Sarti, 1994).[12]

No final dos anos 2000, o que se encontra são os conflitos deflagrados pelas limitações que as redes de solidariedade comunitárias e familiares e as intervenções do poder público têm em oferecer aos adolescentes pobres, escamoteando seu acesso ao mundo social e público da cidade. Esse mundo, objetivado também pelo ingresso no mercado de trabalho formal e nos direitos e garantias a ele associados, engloba o exercício pleno da cidadania, entendida como o direito à cidade, em todos os seus espaços, inclusive o público. Conflitos que são acirrados pela presença do crime nos bairros periféricos, os quais criam alternativas de vida nas cidades ao mesmo tempo em que esvaziam o espaço público, transformando-o em seu território. Enfim, longe de superar esses conflitos, a liberdade assistida enquanto política social territorializada transita entre intervenções que se apropriam e se apoiam neles, inserindo os adolescentes na informalidade e no acesso precário à cidade que as redes de solidariedade familiar podem oferecer; e acomodações diante da força de atração e da ameaça que o crime oferece. A liberdade assistida, em outras palavras, reforça o hiato no qual os adolescentes pobres são mantidos no limiar da ordem, mas fora da cidadania; servindo-lhes somente como punição aos desvios.

---

12 Há, sem dúvida, de se destacar o clássico estudo de Alba Zaluar (1994a), sobre a Cidade de Deus, no Rio de Janeiro, no qual se coloca os efeitos de desarticulação que o crime e a violência produzem nas relações de solidariedade comunitária entre os pobres.

Considerações Finais

Michel Foucault disse, certa vez, "punir é a coisa mais difícil que existe". Punir em uma sociedade desigual, como a brasileira e a paulistana, implica, muitas vezes, reafirmar a injustiça e a desigualdade. Nesse sentido, a proposta da liberdade assistida de punir para promover cidadania, embora inovadora e inusitada, coloca, de início, dois efeitos importantes. O primeiro, que não foi abordado nesta tese, é a naturalização da desigualdade da distribuição das punições penais. O poder judiciário, em suas ações punitivas, concretiza a noção de que existe uma pobreza incivil que ameaça os cidadãos. Essas ações são aceitas como pressuposto da intervenção socioeducativa, implícita no Estatuto da Criança e do Adolescente e manifesta no documento de referência do Sistema Nacional de Atendimento Socioeducativo – Sinase (SEDH, 2006) e nos Guias sobre a Socioeducação (Costa, 2006a, 2006b, 2006c, 2006d, 2006e). O segundo efeito, indireto, é que a associação entre punição e pobreza reitera a que se faz entre pobreza e infração, legitimando a ação da polícia sobre os adolescentes pobres, a qual lhes impõe a ordem pela violência e pelo medo e nega seu reconhecimento enquanto cidadãos.

A materialização dessa proposta em práticas de intervenção, tratada aqui, parte da apropriação da liberdade assistida pela política de assistência social, o que reafirma a naturalização da desigualdade das punições, e se organiza conforme o princípio de territorialidade dos serviços públicos, o qual, por um lado, aproxima-os de seus usuários e, por outro, restringe os usuários aos serviços disponíveis nas imediações de seu local de moradia. A liberdade assistida, situando-se principalmente nos bairros periféricos, depara-se, em sua execução cotidiana, com a limitação dos recursos que poderiam apoiar suas práticas de intervenção. As práticas se concentram, então, nas solidariedades e vínculos da vida familiar, os quais se mobilizam para promover o ingresso do adolescente no mercado de trabalho, muitas vezes informal; e na inserção do adolescente na escola, um dos poucos equipamentos públicos disponíveis em praticamente todos os bairros. A cidadania que as práticas de inserção na escola efetivam para os adolescentes é a experiência do direito à educação enquanto um dever de ir à escola. Quanto às demais práticas de intervenção, por se apoiarem nas famílias, não chegam a promover o acesso a direitos.

Enfim, a dissociação entre discursos e práticas, que ocorria no campo de discursos e práticas sobre a infância e adolescência pobre ao longo do século XX por meio da dissonância entre os projetos recuperadores de condutas das unidades de internação e a realidade dessas unidades, com as práticas cotidianas de violência perpetradas pelos funcionários, recoloca-se na emergência da liberdade assistida enquanto nova forma privilegiada de tratamento das condutas infracionais dos adolescentes pobres. Isso porque, enquanto os discursos da liberdade assistida afirmam-na enquanto possibilidade de acesso a direitos e, portanto, exercício da cidadania, suas práticas de intervenção sobre os processos de socialização de adolescentes pobres que se envolvem com a vida infracional mantêm-nos nas capilaridades do mundo social e político, não realizando as promessas de promoção da cidadania. Essas intervenções, apoiadas nas redes de solidariedade familiar e nas restritas oportunidades de inserção na escola e no mundo trabalho, não abordam os conflitos inerentes ao mundo social, corroborando processos de privatização dos conflitos tornados mais acirrados pelos contextos de violência que têm caracterizado alguns dos bairros periféricos da cidade. Os adolescentes, por sua vez, oscilam entre a revolta, canalizada pela vida infracional, e a acomodação de aceitarem reviver e eternizar o destino de suas famílias, tornando-se mais uma geração de trabalhadores pobres que transitam entre a formalidade e a informalidade. De todo modo, na vida infracional ou na vida conformada, permanecem nas capilaridades da vida social e no limiar da cidadania.

Referências bibliográficas

Adorno, Sérgio; Lima, Renato Sérgio de; Bordini, Eliana B. T. (1999). *O adolescente na criminalidade urbana de São Paulo*. Brasília: Ministério da Justiça, Secretaria de Estado dos Direitos Humanos.

Adorno, Sérgio (1991). A experiência precoce da punição. In: Martins, José de Souza (coord.). *O massacre dos inocentes*. São Paulo: Hucitec. p. 181-208.

Adorno, Sérgio (coord.); Schindler, Anamaria Cristina (supervisão) (1991). *A cruzada filantrópica: a assistência social institucionalizada em São Paulo, 1880-1920*. São Paulo: Série Dossiê NEV nº 1, Universidade de São Paulo.

Almeida, Sílvia Maria de (2004). *Histórico do atendimento à criança e ao adolescente*. São Paulo: Centro de Documentação – Febem/SP. Mimeo.

Alvarez, Marcos César (2003). *Bacharéis, criminologistas e juristas*. São Paulo: IBCCrim.

_____. (1989). *A emergência do Código de Menores de 1927*. Dissertação (Mestrado). São Paulo: Departamento de Sociologia – FFLCH/USP.

Alvin, M. Rosilene Barbosa; Valladares, Licia do Prado (1988). Infância e sociedade no Brasil: uma análise da literatura. *Boletim Informativo e Bibliográfico de Ciências Sociais (BIB)*. Rio de Janeiro: n. 26. p. 03-37.

Anderson, Benedict (1989). *Nação e consciência nacional*. São Paulo: Ática.

Arendt, Hannah (2003). A crise na educação. In: _____. *Entre o passado e o futuro*. São Paulo: Perspectiva. p. 221-47.

_____. (1994). *Sobre a violência*. Rio de Janeiro: Relume-Dumará.

Ariès, Philippe (1981). *História social da criança e da família*. Rio de Janeiro: Livros Técnicos e Científicos Editora S.A.

Beck, Ulrich (1992). *Risk society*. London: Sage Publications.

Beck, Ulrich; Beck-Gernsheim, Elisabeth (2002). *Individualization*. London: Sage Publications.

Becker, Howard S. (1996). *Outsiders*. New York: The Free Press.

Berger, Peter; Luckmann, Thomas (1999). *A construção social da realidade*. Petrópolis: Vozes.

Berger, Peter; Berger, Brigitte (1977). Socialização: como ser um membro da sociedade. In. Foracchi, Marialice Mencarini; Martins, José de Souza. *Sociologia e sociedade*. Rio de Janeiro: Livros Técnicos e Científicos Editora.

Brasil criança urgente: a lei (1994). São Paulo: Columbus.

Bresser Pereira, Luiz Carlos; Spink, Peter Kevin (orgs.) (2006). *Reforma do Estado e administração pública gerencial*. Rio de Janeiro: Editora FGV.

Bresser Pereira, Luiz Carlos (2006a). Gestão do setor público: estratégia e estrutura para um novo Estado. In: Bresser Pereira, Luiz Carlos; Spink, Peter Kevin (orgs.). *Reforma do Estado e administração pública gerencial*. Rio de Janeiro: Editora FGV, pp. 21-38.

_____. (2006b). Da administração pública burocrática à gerencial. *In*. Bresser Pereira, Luiz Carlos; Spink, Peter Kevin (orgs.). *Reforma do Estado e administração pública gerencial*. Rio de Janeiro: Editora FGV, pp. 237-70.

Bierrenbach, Maria Ignês (1987). Instituição fechada e violência: uma visão de dentro. In. Bierrenbach, Maria Ignês; Sader, Emir e Figueiredo, Cyntia Petrocinio. *Fogo no pavilhão*. São Paulo: Brasiliense, pp. 37-128.

Brant, Vinícius Caldeira (1989). (coord.). *São Paulo: trabalhar e viver*. São Paulo: Comissão Justiça e Paz: Brasiliense.

Caldeira, Teresa Pires do Rio (2000). *Cidade de muros*. São Paulo: Editora 34; Edusp.

Cappelletti, Mauro (1993). *Juízes legisladores?* Porto Alegre: Sérgio Antonio Fabris Editor.

Cardia, Nanci. Exposição à violência: seus efeitos sobre valores e crenças em relação a violência, polícia e direitos humanos. *Lusotopie*, 2003, p.299-328. Disponível em http://www.lusotopie.sciencespobordeaux.fr/cardia2003.pdf.

Cardoso, Ana Claudia Moreira (2006). *Tempos de trabalho, tempos de não trabalho*. São Paulo: Annablume.

Carvalho, José Murilo de (2004). *Cidadania no Brasil*. Rio de Janeiro: Civilização Brasileira.

Castells, Manuel (1999). *A sociedade em rede*. São Paulo: Paz e Terra.

Cellard, André (1997). L'analyse documentaire. In: Poupart, Jean *et alii. La recherche qualitative*. Montreal: Gaëtan Morin Éditeur. pp. 251-71.

Costa, Jurandir Freire (1999). *Ordem médica e norma familiar*. Rio de Janeiro: Graal.

Debert, Guita Grin (2006). Dos direitos da mulher à defesa da família. In. Lima, Renato Sérgio de; Paula, Liana de (org.). *Segurança pública e violência*. São Paulo: Contexto. pp. 113-23.

Donzelot, Jacques (1986). *A polícia das famílias*. Rio de Janeiro: Graal.

Douglas, Mary (1986). *How institutions think*. Syracure (NY): Syracure University Press.

Dubar, Claude (2005). *A socialização*. São Paulo: Martins Fontes.

_____ (2001). *La crise des identités*. Paris: Presses Universitaires de France (PUF).

Durkheim, Émile (1997). *Leçons de sociologie*. Paris: Quadrige/Presses Universitaires de France.

_____. (1995). *Da divisão do trabalho social*. São Paulo: Martins Fontes.

_____. (1978). *Educação e sociologia*. São Paulo: Melhoramentos.

_____. (1975) . La famille conjugale. In: _____. *Textes 3. Fonctions sociales et institutions*. Paris: Éditions de Minuit. pp. 35-49.

_____. (1947). *La educación moral*. Buenos Aires: Editorial Losada S. A.

Fausto, Boris (2001). *Crime e cotidiano*. São Paulo: Editora da Universidade de São Paulo. pp. 91-100.

Feltran, Gabriel de Santis (2010). Margens da política, fronteiras da violência: uma ação coletiva das periferias de São Paulo. *Lua Nova*, São Paulo, n. 79, p. 201-33.

_____. (2008). *Fronteiras de tensão:* um estudo sobre política e violência nas periferias de São Paulo. Tese (Doutorado). Campinas: Programa de Pós-Graduação em Ciências Sociais – IFCH/UNICAMP.

Fernandes, Florestan (2006). *A revolução burguesa no Brasil*. São Paulo: Globo.

Fernandes, Heloísa Rodrigues (1994). *Sintoma social dominante e moralização infantil*. São Paulo: Edusp Escuta.

Ferraro, Alceu Ravanello (1999). Diagnóstico da escolarização no Brasil. *Revista Brasileira de Educação*. Set/Out/Nov/Dez 1999, n° 12. pp. 22-47. Disponível em http://www.anped.org.br/rbe/rbedigital/rbde12/rbde12_04_alceu_ravanello_ferraro.pdf.

Fonseca, Antonio Castro (ed.) (2004). *Comportamento anti-social e crime*. Coimbra: Almedina.

Fonseca, Claudia (2006). Da circulação de crianças à adoção internacional. Dossiê Repensando a Infância. *Cadernos Pagu* (26). Janeiro - junho de 2006. pp. 11-43. Disponível em http://www.scielo.br/pdf/cpa/n26/30384.pdf.

_____. (2002). *Nos caminhos da adoção*. São Paulo: Cortez.

_____. (1999). Quando cada caso não é um caso. *Revista Brasileira de Educação*. Jan/Fev/Mar/Abr 1999, nº 10. pp. 58-78. Disponível em http://www.anped.org.br/rbe/rbedigital/RBDE10/RBDE10_06_CLAUDIA_FONSECA.pdf.

Foucault, Michel (2002). *A arqueologia do saber*. Rio de Janeiro: Forense Universitária.

_____. (2000). *Em defesa da sociedade*. São Paulo: Martins Fontes.

_____. (1999a). *Vigiar e punir*. Petrópolis: Vozes.

_____. (1999b). *História da sexualidade*. Vol. I. Rio de Janeiro: Graal.

Garapon, Antoine (1999). *O juiz e a democracia*. Rio de Janeiro: Revan.

Garland, David. (1991). *Punishment and modern society*. [Oxford]: Clarendon Press: Oxford University Press.

Gellner, Ernest (1981). As raízes sociais do nacionalismo e a diversidade de suas formas. In. _____. *Nacionalismo e democracia*. Brasília: Editora da UnB. p. 73-98.

Glade, William (2006). A complementaridade entre a reestruturação econômica e a reconstrução do Estado na América Latina. In: Bresser Pereira, Luiz Carlos; Spink, Peter Kevin (orgs.). *Reforma do Estado e administração pública gerencial*. Rio de Janeiro: Editora FGV, p. 123-40.

Gregori, Maria Filomena (2000). *Viração*. São Paulo: Companhia das Letras.

Gregori, Maria Filomena; Silva, Cátia Aida (2000). *Meninos de rua e instituições*. São Paulo: Contexto.

Gurza-Lavalle, Adrián; Castello, Graziela; Bichir, Renata Mirandola (2008). Atores periféricos na sociedade civil: redes e centralidades de organizações em São Paulo. *Revista Brasileira de Ciências Sociais*. Vol. 23, nº 68, pp. 73-193.

_____. (2007). Protagonistas na sociedade civil: redes e centralidades de organizações civisem São Paulo. *Dados*, nº 50 (3), p. 465-498.

_____. (2004). Quando novos atores saem de cena: continuidades e mudanças na centralidade dos movimentos sociais. [Florianópolis]. *Política e sociedade*. Vol. 03, nº 05, p. 37-55.

IBGE. (2010). *Pesquisa Nacional por Amostra de Domicílios: síntese de indicadores 2009*. Rio de Janeiro: IBGE. Disponível em

http://www.ibge.com.br/home/estatistica/populacao/trabalhoerendimento/pnad2009/default.shtm.

_____. (2008). *Síntese de indicadores sociais: uma análise das condições de vida da população brasileira 2008*. Rio de Janeiro: IBGE. Disponível em http://www.ibge.com.br/home/estatistica/populacao/condicaodevida/indicadoresminimos/sinteseindicsociais2008/default.shtm.

_____. (2002). *Síntese de indicadores sociais 2002*. Rio de Janeiro: IBGE. Disponível em http://www.ibge.com.br/home/estatistica/populacao/condicaodevida/indicadoresminimos/sinteseindicsociais2002/default.shtm.

Ianni, Octavio (2004). *Pensamento social no Brasil*. Bauru (SP): EDUSC.

Koerner, Andrei (2002). Posições doutrinárias sobre o direito de família no pós-1988. Uma análise política. In. Fukui, Lia. (org.) *Segredos de família*. São Paulo: Annablume: Nemge/USP: Fapesp. p. 71-105.

Landim, Leilah (2002). "Experiência militante": histórias das assim chamadas ONGs. Paris. *Lusotopie*. Nº 1, p. 215-39.

_____. (1993). *A invenção das ONGs*: do serviço invisível à profissão sem nome. Tese (Doutorado). Rio de Janeiro: Museu Nacional/UFRJ.

Lasch, Christopher (1991). *Refúgio num mundo sem coração. A família: santuário ou instituição sitiada?* São Paulo: Paz e Terra.

Loche, Adriana (2003). *Direitos humanos e democracia no Brasil e na Argentina*. Dissertação (Mestrado). São Paulo: PROLAM/USP.

Luca, Tania Regina de (2001). *Indústria e trabalho na história do Brasil*. São Paulo: Contexto.

Magnani, José Guilherme de; Souza, Bruna Mantese de (2007). *Jovens na metrópole: etnografias de circuitos de lazer, encontro e sociabilidade*. São Paulo: Editora Terceiro Nome.

Malheiros, Carmelita (1952). *O serviço social no Instituto Modelo Feminino*. Trabalho de Conclusão de Curso. São Paulo: Escola de Serviço Social – PUC/SP.

Marin, Isabel da Silva Kahn (1999). *Febem, família e identidade*. São Paulo: Escuta.

Marins, Paulo César Garcez (2002). Mulheres de elite, filhos naturais – São Paulo, séculos XVIII e XIX. In. Fukui, Lia. (org.) *Segredos de família*. São Paulo: Annablume: Nemge/USP: Fapesp. p. 43-60.

Martins, José de Souza. Introdução. In. _____. (coord.) (1991). *O massacre dos inocentes*. São Paulo: Hucitec. p. 9-18.

Mendes, Luiz Alberto (2001). *Memórias de um sobrevivente*. São Paulo: Companhia das Letras.

Mesquita, Paulo Neto (2006). Segurança, justiça e direitos humanos no Brasil. In. Paula, Liana de; Lima, Renato Sérgio de (orgs.). *Segurança pública e violência*. São Paulo: Contexto. p. 53-64.

Meyer, Philippe (1975). La correction paternelle ou l'État, domicile de la famille. *Critique*. Paris: tomo XXXI – n. 343, dez. p. 1266-76.

Miraglia, Paula (2001). *Rituais da violência: a Febem como espaço do medo em São Paulo*. Dissertação (Mestrado). São Paulo: Departamento de Antropologia – FFLCH/USP.

Moura, Esmeralda Blanco Bolsonaro de (1999). Crianças operárias na recém--industrializada São Paulo. In. Del Priore, Mary (org.). *História das crianças no Brasil*. São Paulo: Contexto. p. 259-88.

Oliveira, Régia Cristina de (2001). *Jovens trabalhadores: representações sobre o trabalho na contemporaneidade*. Dissertação (Mestrado). São Paulo: Departamento de Sociologia – FFLCH/USP.

Parsons, Talcott; Bales, Robert (1960). *Family, socialization and interaction process*. Glencoe: The Free Press.

Passetti, Edson (1982). *A Política Nacional do Bem-Estar do Menor*. Dissertação (Mestrado). São Paulo: Departamento de Sociologia – PUC/SP.

_____. (coord.) (1999a). *Violentados*. São Paulo: Imaginário.

_____. (1999b). Crianças carentes e políticas públicas. In: Del Priore, Mary (org.). *História das crianças no Brasil*. São Paulo: Contexto. p. 347-75.

Paula, Liana de; Lima, Renato Sérgio de (2009). Violência e juventude: o sistema brasileiro de atendimento socioeducativo. *Cadernos da Fundação Konrad Adenauer*. São Paulo: vol IX, n. 04, p. 71-82.

Paula, Liana de (2015). Da "questão do menor" à garantia de direitos – Discursos e práticas sobre o envolvimento de adolescentes com a criminalidade urbana. *Civitas*. Porto Alegre, v. 15, n. 1, p. 27-43. Disponível em http://revistaseletronicas.pucrs.br/ojs/index.php/civitas/article/view/16937

_____ (2008). Adolescentes e o sistema de justiça juvenil. *ComCiência*. Campinas, n. 98. Disponível em http://www.comciencia.br/comciencia/?section=8&edicao=35&id=415

_____ (2006). Encarceramento de adolescentes: o caso Febem. In. Lima, Renato Sérgio de; Paula, Liana de (org.). *Segurança pública e violência*. São Paulo: Contexto. p. 31-40.

_____. (2004). *A família e as medidas socioeducativas*. Dissertação (Mestrado). São Paulo: Departamento de Sociologia – FFLCH/USP.

Penteado, Jacob (2003). O Belenzinho de outrora. In: _____. *Belènzinho, 1910*. São Paulo: Carrenho Editorial: Narrativa Um. p. 57-66.

Porto, Maria Stella Grossi (2010). *Sociologia da violência: do conceito às representações sociais*. Brasília: Verbena Editora.

Rolnik, Raquel (1999). *A cidade e a lei: legislação, política urbana e territórios na cidade de São Paulo*. São Paulo: Studio Nobel: Fapesp.

Rose, Nikolas. (1999). *Powers of freedom*. Cambridge (UK): Cambridge University Press.

Ribeiro, Rosa Maria *et alii* (1998). Estrutura familiar, trabalho e renda. In: Kaloustian, Sílvio Manoug (org.). *Família brasileira: a base de tudo*. São Paulo: Cortez; Brasília: UNICEF. p. 135-58.

Rodrigues, Gutemberg Alexandrino (2001). *Os filhos do mundo*. São Paulo: IBCCRIM.

Santos, Marco Antonio Cabral dos (1999). Criança e criminalidade no início do século. In. Del Priore, Mary (org.). *História das crianças no Brasil*. São Paulo: Contexto. pp. 210-30.

Santos, Wanderley Guilherme dos (1994). *Cidadania e justiça: a política social na ordem brasileira*. Rio de Janeiro: Editora Campus.

Sarti, Cynthia Andersen (1994). *A família como espelho: um estudo sobre a moral dos pobres na periferia de São Paulo*. Tese (Doutorado). São Paulo: Departamento de Antropologia – FFLCH/USP. [Publicada em 1996, pela Autores Associados, Campinas].

Saviani, Demerval (2010). *História das ideias pedagógicas no Brasil*. Campinas (SP): Autores Associados.

Silva, Roberto da (1997). *Os filhos do governo*. São Paulo: Ática.

Singly, François de (2007). *Sociologia da família contemporânea*. Rio de Janeiro: Editora FGV.

Souza, Adilson Fernandes de (2010). *A integração entre o Sistema Nacional de Atendimento Socioeducativo (Sinase) e o Sistema Único de Assistência Social (SUAS) na promoção dos direitos dos adolescentes em cumprimento de medidas socioeducativas*. Dissertação (Mestrado). São Paulo: Programa de Pós Graduação em Serviço Social

Souza, Regina Magalhães de (2003). *Escola e juventude: o aprender a aprender*. São Paulo: EDUC/Papilus.

Sposati, Aldaíza (1988). *Vida urbana e gestão da pobreza*. São Paulo: Cortez.

Sposati, Aldaíza et alii (2010). *A assistência na trajetória das políticas sociais brasileiras*. São Paulo: Cortez.

Toledo, Benedito de Lima (2004). *São Paulo: três cidades em um século*. São Paulo: Cosac & Naify; Duas Cidades.

Telles, Vera da Silva (2001). *Pobreza e cidadania*. São Paulo: USP, Curso de Pós-Graduação em Sociologia: Ed. 34.

Tönnies, Ferdinand (2002). *Community and society*. New York: Dover Publications.

Vaistman, Jeni (1995). Indivíduo, casamento e família em circunstâncias pós-modernas. *Dados*. Rio de Janeiro: vol. 38, n. 2. p. 329-53.

Veltri, Marcos (2006). *A construção da identidade profissional do orientador de liberdade assistida comunitária*: o processo de equilibração do saber, do fazer e do poder. Dissertação (Mestrado). São Paulo: Departamento de Serviço Social – PUC/SP.

Vianna, Luiz Werneck; Carvalho, Maria Alice Rezende de; Melo, Manuel Palácios Cunha; Burgos, Marcelo Baumann (1997). *Corpo e alma da magistratura brasileira*. Rio de Janeiro: Revan.

Weber, Max (1999). *Economia e sociedade*. Vol. II. Brasília: Editora Universidade de Brasília.

_____. (1994). *Economia e sociedade*. Vol. I. Brasília: Editora Universidade de Brasília.

Zaluar, Alba (1994a). *A máquina e a revolta*. São Paulo: Ed. Brasiliense.

_____. (1994b). Teleguiados e chefes: juventude e crime. In: _____. *Condomínio do diabo*. Rio de Janeiro: Revan: Ed. UFRJ.

Documentos e publicações técnicas consultados

Documentos de organismos internacionais

Anistia Internacional (2000). *Brasil: desperdício de vidas*. Relatório. [São Paulo]: Anistia Internacional.

ONU. (2002). *Um mundo para as crianças*. Disponível em http://www.unicef.org/brazil/pt/resources_10131.htm.

_____. (1990a). *Regras mínimas das Nações Unidas para a administração da justiça da infância e da juventude* (Regras de Beijing). Disponível em www.dhnet.com.br.

_____. (1990b). *Declaração mundial sobre a sobrevivência, a proteção e o desenvolvimento da criança nos anos 90*. Disponível em http://pfdc.pgr.mpf.gov.br/atuacao-e-conteudos-de-apoio/legislacao/legislacao/.

_____. (1989). *Convenção sobre os direitos da criança*. Disponível em http://www.unicef.org/brazil/pt/resources_10120.htm.

_____. (1988). *Diretrizes das Nações Unidas para a prevenção da delinqüência juvenil* (Diretrizes de Riad). http://pfdc.pgr.mpf.gov.br/atuacao-e-conteudos-de-apoio/legislacao/legislacao/.

_____. (1985). *Regras mínimas para jovens privados de liberdade*. Disponível em http://pfdc.pgr.mpf.gov.br/atuacao-e-conteudos-de-apoio/legislacao/legislacao/.

_____. (1959). *Declaração dos direitos da criança*. Disponível em http://www.direitoshumanos.usp.br/index.php/Crian%C3%A7a/declaracao-dos-direitos-da-crianca.html.

_____. (1948). *Declaração dos direitos humanos*. Disponível em http://www.onu-brasil.org.br/documentos_direitoshumanos.php.

Documentos e publicações técnicas federais

Brasil. SDH (2010). *Construindo a Política Nacional dos Direitos Humanos de Crianças e Adolescentes e o Plano Decenal dos Direitos Humanos de Crianças e Adolescentes 2011 – 2020*. Brasília: Secretaria de Direitos Humanos; Conselho Nacional dos Direitos da Criança e do Adolescente – CONANDA.

Brasil. SEDH/PR (2007). Projeto de lei que Dispõe sobre os sistemas de atendimento socioeducativo, regulamenta a execução das medidas destinadas ao adolescente, em razão de ato infracional, altera dispositivos da Lei n. 8.069, de 13 de julho de 1990, que dispõe sobre o Estatuto da Criança e do Adolescente, e dá outras providências. Brasília: Secretaria Especial dos Direitos Humanos da Presidência da República – SEDH/PR. Disponível em: http://www.direitoshumanos.gov.br/sedh/.arquivos/.spdca/prejetodelei.pdf.

_____. (2006). *Sistema Nacional de Atendimento Socioeducativo – Sinase*. Brasília: Secretaria Especial dos Direitos Humanos da Presidência da

República – SEDH/PR; Conselho Nacional dos Direitos da Criança e do Adolescente – CONANDA. Disponível em http://www1.direitoshumanos.gov.br/sedh/.arquivos/.spdca/sinase_integra1.pdf.

Costa, Antonio Carlos Gomes da (coord.). (2006a). *Por uma política nacional de execução das medidas socioeducativas: conceitos e princípios norteadores*. Brasília: Secretaria Especial dos Direitos Humanos da Presidência da República – SEDH/PR. Disponível em http://www.direitoshumanos.gov.br/spdca/publicacoes.

_____. (2006b). *As bases éticas da ação socioeducativa: referenciais normativos e princípios norteadores*. Brasília: Secretaria Especial dos Direitos Humanos da Presidência da República – SEDH/PR. Disponível em http://www.direitoshumanos.gov.br/spdca/publicacoes.

_____. (2006c). *Os Regimes de atendimento no Estatuto da Criança e do Adolescente: perspectivas e desafios*. Brasília: Secretaria Especial dos Direitos Humanos da Presidência da República – SEDH/PR. Disponível em http://www.direitoshumanos.gov.br/spdca/publicacoes.

_____. (2006d). *Socioeducação: estrutura e funcionamento da Comunidade Educativa*. Brasília: Secretaria Especial dos Direitos Humanos da Presidência da República – SEDH/PR. Disponível em http://www.direitoshumanos.gov.br/spdca/publicacoes.

_____. (2006e). *Parâmetros para formação do socioeducador: uma porposta inicial para reflexão e debate*. Brasília: Secretaria Especial dos Direitos Humanos da Presidência da República – SEDH/PR. Disponível em http://www.direitoshumanos.gov.br/spdca/publicacoes.

Brasil. MDS (2005a). *Política Nacional de Assistência Social – PNAS/2004*. Brasília: Ministério do Desenvolvimento Social e Combate à Fome – MDS; Secretaria Nacional de Assistência Social; Conselho Nacional de Assistência Social – CNAS. Disponível em http://www.mds.gov.br/assistenciasocial.

_____. (2005b). *Norma Operacional Básica – NOB/SUAS*. Brasília: Ministério do Desenvolvimento Social e Combate à Fome – MDS; Secretaria Nacional de Assistência Social; Conselho Nacional de Assistência Social – CNAS. Disponível em http://www.mds.gov.br/assistenciasocial.

Documentos e publicações técnicas estaduais

São Paulo. Fundação CASA-SP (2010). *Medidas socioeducativas em meio aberto*. São Paulo: Fundação Centro de Atendimento Socioeducativo ao Adolescente – CASA.

São Paulo. Febem-SP (2006a). *Plano Estadual de Atendimento Socioeducativo*. São Paulo: Fundação Estadual do Bem-Estar do Menor – Febem-SP.

_____. (2006b). *Medidas socioeducativas em meio aberto: histórico, realidade e desafios*. Caderno Temático, n. 01. São Paulo: Fundação Estadual do Bem-Estar do Menor – Febem-SP.

_____. (2006c). *Família: conceito, origem e considerações sobre o trabalho*. Caderno Temático, n. 02. São Paulo: Fundação Estadual do Bem-Estar do Menor – Febem-SP.

Febem; Faculdade de Saúde Pública. (1998). *Caracterização das famílias de jovens privados de liberdade da FEBEM/SP*. Relatório Final de Pesquisa. São Paulo: Fundação Estadual do Bem-Estar do Menor: Faculdade de Saúde Pública – USP.

Documentos e publicações técnicas municipais

São Paulo. SAS (2003). *Tudo sobre o processo de municialização da medida em meio aberto Liberdade Assistida*. Rede SAS. Boletim Eletrônico Interno da Secretaria Municipal da Assistência Social, n. 05. São Paulo: Secretaria Municipal da Assistência Social – SAS.

São Paulo. CONPRESP (2003). Resolução 02/2003 do Conselho Municipal de Preservação do Patrimônio Histórico, Cultural e Ambiental da Cidade de São Paulo. São Paulo: Secretaria Municipal de Cultura: Departamento do Patrimônio Histório. Disponível em

http://www.prefeitura.sp.gov.br/cidade/upload/84b46_02_T_Febem_Sampaio_Viana.pdf.

Legislação federal (disponível em www.senado.gov.br)

Brasil. *Constituição da República Federativa do Brasil*. Texto consolidado até a Emenda Constitucional nº 57 de 18 de dezembro de 2008.

Brasil. Regulamentação do ensino fundamental em nove anos. Lei 11.274, de 06 de fevereiro de 2006.

Brasil. *Lei de Diretrizes e Bases da Educação Nacional* – LDBEN. Lei 9.394, de 20 de dezembro de 1996.

Brasil. *Lei Orgânica da Assistência Social* – LOAS. Lei 8.742, de 7 de dezembro de 1993.

Brasil. Criação do Conselho Nacional dos Direitos da Criança e do Adolescente – Conanda. Lei 8.242, de 12 de outubro de 1991.

Brasil. *Estatuto da Criança e do Adolescente*. Lei 8.069, de 13 de julho de 1990.

Brasil. *Código de Menores*. Lei 6.697, de 10 de outubro de 1979.

Brasil. *Lei de Menores*. Decreto-Lei 6.026, de 24 de novembro de 1943.

Brasil. Criação do Serviço de Assistência a Menores – SAM. Decreto-lei 3.799, de 5 de novembro de 1941.

Brasil. Criação do Instituto Sete de Setembro. Decreto 18.923, de 30 de setembro de 1929.

Brasil. *Código de Menores*. Decreto 17.943-A, de 12 de outubro de 1927.

Legislação estadual (disponível em www.imesp.com.br)

São Paulo. Criação do Conselho Estadual dos Direitos da Criança e do Adolescente – Condeca. Lei 8.074, de 21 de outubro de 1992.

São Paulo. Criação da Fundação Estadual do Bem-Estar do Menor – Febem. Decreto 8.777, de 13 de outubro de 1976.

São Paulo. Reorganização do Serviço Social de Menores. Decreto 9.744, de 19 de novembro de 1938.

São Paulo. Criação do Instituto Disciplinar. Lei 844, de 10 de outubro de 1902.

Agradecimentos

Este livro é resultado da minha tese de doutorado em Sociologia, defendida na Universidade de São Paulo em 2011, após quatro anos de muito trabalho, acúmulo de tarefas e jornadas, noites não dormidas e um grande esforço para conciliar vida acadêmica com trabalho, filhas pequenas e vida pessoal. Por sorte, pude contar com muitas e muitos amigos velhos e novos, companheiros, aliados e sua imensa solidariedade e acolhida diante da árdua tarefa de fazer a pesquisa de campo e concluir a redação da tese no prazo estipulado.

Um grande e especial agradecimento à querida Maria Helena, professora, orientadora e companheira nesses quinze anos que agora se completam de minha chegada à Universidade de São Paulo para iniciar o mestrado, em 2001. Se pude concluir tantas etapas da vida acadêmica, em muito devo a suas orientações, sua atenção e seu apoio intelectual e afetivo. Agradeço também a Ana Lúcia Pastore Schritzmeyer e Marcos César Alvarez, pelas importantes contribuições no Exame de Qualificação do Doutorado e na Defesa da Tese; e a Maria Stella Grossi Porto e Gabriel de Santis Feltran pelas contribuições na Defesa da Tese. Agradeço aos colegas e amigos de doutorado, em especial à Stella Schrijnemaekers, Lilian Sampaio, Marta Kanashiro, Camila Nunes

Dias, Arlene Ricoldi, Fábio Keinert e Daniel Andrade, pelos instigantes comentários sobre o projeto.

Ao Renato, meu ex-marido, faltam palavras para agradecer pelo carinho e apoio intelectual, lendo e relendo o texto, comentando, discutindo, aguentando junto as tensões da redação da tese. Também agradeço a ele ter viabilizado esta publicação.

A Lígia e Clara, minhas filhas queridas, pela graça de serem, por seu carinho, afeto e beijinhos e pela oportunidade de aprendermos juntas e compartilharmos os desafios do mundo. Em 2011, Clarinha, na perspicácia dos seus cinco anos, quatro deles passados com a mamãe fazendo doutorado, explicou de forma impressionante e precisa o que foi essa experiência: "A tese é um livro enorme que a mamãe está escrevendo".

Agradeço a Marta, minha mãe, Eliel, meu pai, e a meu irmão Lucas, pelo afeto, incentivo e apoio nessa jornada, sempre orgulhosos pelas etapas concluídas e incentivadores dos desafios que me coloco. Agradeço também a Heloísa, minha sogra, e Cláudia, minha cunhada, pelo apoio, generosidade e enorme suporte logístico para ajudar a cuidar das minhas filhas. Agradeço a meus avós maternos, Jacira e Mário, pelo apoio e compreensão das ausências dos almoços familiares, orgulhando-se sempre em dizer a todos que sua neta estudava na USP. Agradeço também a meus avós paternos, Diva e Mário, especialmente a meu avô que, tendo sido filho de "mãe solteira" e criado pelo mundo, conseguiu construir para si uma trajetória diferente, demonstrando para mim, com sua história de vida, que nenhum destino é inexorável e que sempre é possível recomeçar.

Aos colaboradores da pesquisa, meus mais sinceros agradecimentos, pois, sem sua generosidade, atenção e interesse em ajudar, a tese e este livro não seriam possíveis. A Theo e José Carlos Dias, pela abertura do acervo do "velho Theodomiro" à pesquisa documental. A Adilson Fernandes de Souza, Tania Maria Spinosa, Noeli Buono e Norma, amigos queridos e atores no processo de municipalização das medidas socioeducativas em meio aberto, pelo empenho em conseguir informações, colocar-me em contato com a Prefeitura e as entidades conveniadas para execução dessas medidas e pela enorme paciência em ouvir os achados da pesquisa de campo e fazer suas ponderações. À irmã Maria do Rosário e à d. Ruth Pistori, pela generosidade em me receber e recontar a história da liberdade assistida comunitária juntamente com suas histórias de vida e luta em defesa dos direitos das crianças e dos adolescentes. Seus exemplos de vida, solidariedade e amor ao mundo e ao próximo não serão esquecidos. Aos coordenadores e equipes das entidades conveniadas, cujos nomes estão preservados para protegê-los das intempéries da política, pela abertura de seus trabalhos, pela disponibilidade em se deixarem acompanhar pela pesquisa no cotidiano e pelas importantes interlocuções. Enfim, um agradecimento especial aos adolescentes e suas famílias, que permitiram minha participação em um momento difícil de suas trajetórias.

Aos amigos que fiz em minha passagem como servidora da Fundação CASA, especialmente à Monica, cuja generosidade, sensibilidade e respeito ao ser humano são exemplos de vida e de postura profissional. Agradeço também à Roseli, Patrícia, Ana Cristina, Marisa, Ana Maria, Brunini, Sérgio, Teresa, Vicente, Carmem, Cláudia, Lucas, Márcio, Wellington, Volúnia, pelo companheirismo e pelos debates acalorados e instigantes sobre as intervenções socioeducativas. Agradeço, enfim, a Carmem Argarate e Berenice Giannella pela oportunidade de trabalho na Fundação durante quase cinco anos.

A outros tantos novos e velhos amigos, pelos ombros, ouvidos, olhos, mãos e casas sempre disponíveis para ajudar: Simone, Alexandre, Joana Mariz, Carla, Joana Porto, Claudia, Rosane, Melissa, Laura e Angelinha. E também ao Vaney, pelo socorro na tarefa de última hora de impressão da tese em suas muitas cópias, e à Tatiana Guedes, minha irmã de coração, por ter feito uma leitura minuciosa do livro e feito várias sugestões, e ao Rogério Fernandes, pela cessão de uso das imagens da capa.

Alameda nas redes sociais:

Site: www.alamedaeditorial.com.br
Facebook.com/alamedaeditorial/
Twitter.com/editoraalameda
Instagram.com/editora_alameda/

Esta obra foi impressa em São Paulo no inverno de 2017. No texto foi utilizada a fonte Arno Pro em corpo 11,5 e entrelinha de 14,5 pontos.